ORIGINAL EN COULEUR
NF Z 43-120-8

PARIS
TRESSE & STOCK
LIBRAIRES-EDITEURS
8, 9, 10, Galeries du Théâtre-Français

1894

SOIRÉES PERDUES

SOIRÉES PERDUES

PAR

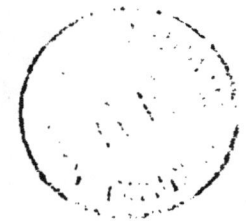

WILLY

PARIS
TRESSE & STOCK
LIBRAIRES-ÉDITEURS
8, 9, 10, Galeries du Théâtre-Français
—
1894

ANNÉE 1891

SOIRÉES PERDUES

1ᵉʳ JANVIER. — Bien qu'il s'agisse d'un empereur qui tenait son cheval en haute et singulière estime, la partition de *Caligula* ne sent point l'écurie, comme les mélodies de crottin amoncelées par M. Widor, auteur de *Jeanne d'Arc*. M. Gabriel Fauré qui, lui, ne travaille pas pour l'Hippodrome, fait preuve d'un talent typique. Celui de Widor était hippique. Dans la partition de *Caligula* abondent les intentions subtiles, les modulations chatoyantes et les exquises délices des sonorités... Mon Dieu! je ne dis pas cela pour l'air de ballet où la gamme de *sol* majeur se rehausse d'un *do dièse* assurément pas banal.

Et puis, et puis, voilà ce qui ferme la bouche aux pédants : impossible de découvrir dans la partie du chant deux quintes de suite. (C'est peut-être parce que les chœurs sont écrits à l'unisson.) Maintenant, si Johannès Weber, le Tombeur du *Temps*, se hérisse contre certaines fausses relations, on lui répondra qu'il en va d'elles comme des liaisons dangereuses : elles sont plus réjouissantes que les autres.

*

Un monsieur bien étonné, s'il revenait au monde, ce serait le père Dumas dont le rire formidable éclaterait en tonnerres à l'idée du collabo que lui donna Porel. De fait, ce nègre et Fauré étaient faits pour s'accorder comme violons en foire, je veux dire chez Colonne. L'un, colosse exubérant et batailleur, hure crépue, prunelles de braise ; l'autre, mélodiste nonchalant aux gestes doux, menus, charmant avec sa courtoisie qu'on dirait un peu lasse, ses cheveux argentés, et ses yeux bistrés, noyés de langueur !

Or, dans les théâtres, on ne jouera plus la partition de Fauré à cause du mélo de Dumas père, mais, aux concerts, ces paroles mirlitonnesques se chanteront encore grâce à la musique. Tant il est vrai qu'en cette affaire, comme en beaucoup d'autres, ô Dumas, ce n'est pas le mâle apparent qui a le dessus. Gamin, va !

*

On sait l'immense succès de *La Révérence*, mimée aux Bouffes vers le milieu de décembre par cette inquiétante prématurée qui déjà se fane, Biana-Duhamel. Mais on ne sait pas que, pour un musicien, rien n'est facile comme de réussir une pantomime.

Il suffit de connaître son métier à fond, comme Paul Vidal ; puis, de faire choix d'un livret original comme celui de Le Corbeiller. Alors, enfermez-vous dans une chambre bien chauffée, allumez une bonne pipe et trouvez le thème de la révérence *(tempo di minuetto maestoso)* ; le thème risible et suffisant de Cassandre ; celui de Colombine, aux perfides caresses ; celui de Pierrot avec le « clair de la lune » obligé ; enfin le thème martial qui caractérise si heureusement ce soudard fat, Lescaut.

C'est fini ? Parfait. Rendez-vous à la répétition avec du papier réglé, un crayon, et beaucoup de patience ; faites la musique de chaque geste ; servez-vous judicieusement du trille, usez du point d'orgue et multipliez les points d'arrêt pour permettre au mime de rattraper le temps perdu. De vos thèmes, faites une amusante salade ; orchestrez avec une infinie délicatesse, soignez l'entrée de Pierrot avec les cors d'un si joli effet ; rappelez-vous que la guitare du rêveur lunaire et le luth de Beckmesser doivent sortir de la même fabrique, montrez du talent, de l'esprit, du savoir, et votre œuvre réussira.

C'est bien simple !

4 JANVIER. — Colonne jouait Relâche, aussi l'on s'écrasait au Cirque d'Été, malgré la concurrence du Conservatoire qui, pour attirer les foules, affichait le populaire *Paulus*. Les habitués du Châtelet qui n'avaient pas renâclé, le dimanche précédent, devant le vaseux bafouillage de la *Pastorale*, ont pu apprendre, en écoutant la symphonie en *ut mineur*, comment on doit jouer le Beethoven. C'était parfait. Et dans le trio du scherzo les lourdes contrebasses ont fait merveille.

Bien, et très bien, l'archaïque *Menuet*, curieusement timbré, d'Albéric Magnard ; idée séduisante, développée avec beaucoup d'habileté, trop peut-être. Cette œuvre plus qu'intéressante (où je signale un adorable trio), rappelle un peu la manière de Vincent d'Indy et de Castillon : *Suite pour trompette*, *Suite dans le style ancien*, etc., n'est-ce pas ?

Alfred Ernst a su dire, comme personne, le troisième acte de *Tristan et Yseult*, et l'impression de deuil irrémédiable ressentie dès le début du prélude : « Je crois entendre encore ces sombres harmonies, cette lugubre plainte du désir dans l'isolement, ces tierces qui s'échelonnent aux violons, comme si le regard allait languissamment se perdre sur le vide des eaux, jusqu'à l'horizon morne. » On a, comme toujours, acclamé Dorel qui a rougi virginalement, comme toujours.

Grand succès pour ta *Marche des Pèlerins*, Harold, pour la note pincée par la harpe et soutenue par le hautbois, à la fin; pour le cor, si délicieusement suggestif, qui vient interrompre le chant — pas prétentieux, non! — comme une cloche lointaine. Croirait-on que le même cor, au milieu des enlacements orgiaques du Venusberg a projeté un *couac* anéantissant ?

9 JANVIER. — Dieu de mes pères, que ces Débats sont ennuyeux ! Ce ne sont pas ceux de la rue des Prêtres Saint-Germain l'Auxerrois qui m'arrachent cette exclamation, mais ceux de l'affaire Fouroux-la Jonquières, où, hélas! nul Lemaître n'étincelle.

Hier, tout flambant d'enthousiasme, j'aurais voulu vous conter quel merveilleux spectacle nous avait tous ravis, au *Chat noir* ; dire la pantomime de M. Fau, *Cruelle énigme*, d'un amusant fumisme britannique; et les consciencieuses paysanneries de Pille qui, malgré son nom, ne m'électrise pas ; et Georges d'Esparbès, auteur d'une *Mort de Roland*, aux inspirations généreuses et carlovingiennes, dans laquelle Mme Lanier ne profite pas de ce qu'elle s'appelle Aude pour jouer comme à Carcassonne. Impossible ! le procès de Toulon occupait une place considérable, énorme, et encore notre rédacteur judiciaire la voulait plus grande — la place du Carrousel, alors ? — Si bien que je dus rengaîner mes enthousiasmes.

Aujourd'hui encore avec toutes leurs histoires de sage-femme, d'avortement, de fœtus jeté à la mer, qui font ressembler ce procès à une pièce du Théâtre Libre, les Toulonnais — que Dieu confonde — me contraignent de restreindre douloureusement mon compte-rendu. Impossible de parler des pièces curieuses ou charmantes, dont je n'ai pu donner plus haut qu'une énumération sèche comme un coup de trique.

Impossible, surtout, de m'étendre à loisir sur l'adorable *Phryné* de Maurice Donnay, sur ces exquises « Scènes athéniennes » qui semblent rimées par Théodore de Banville et conçues par Lucien de Samosate. Quel dommage !

Dans un Chat noir du temps, en d'artistiques décors qui ne pouvaient valoir ceux de notre contemporain Henri Rivière, des fantaisistes représentaient les amours de Zeus et de Léda. Tous les spectateurs applaudissaient, religieusement émus, à l'exception de Phryné, la belle sceptique, dont la voix moqueuse tout à coup perça le silence, criant à la Tyndaride : « Léda, plume cet oison ! »

Tumulte effroyable. On ne badine pas avec les amours divines, en Grèce, et l'audacieuse courtisane, traînée devant le tribunal des Héliastes, eût été rapidement condamnée à mort, si l'astucieux Hypéride n'avait usé, pour la défendre, d'un effet d'audience dont M⁰ Decori ne s'est pas souvenu lors de l'affaire Gouffé, malheureusement pour Gabrielle Bompard. — Vous n'avez pas oublié cet artifice oratoire. Voici les vers étrangement savoureux, souples, chantants, d'allure audacieuse, semés de ternaires — pourquoi non ? — en lesquels Hypéride, gorgé d'amour, expose son plan à celle qui ne lui a rien refusé de ce que peut donner la plus belle fille du monde :

O Phryné, ne crains rien ; autrefois, dans Athènes
Pour être un orateur éloquent, Démosthènes
Se promenait aux bords de la mer en courroux,
Et là, parmi les vents, en suçant des cailloux,
Jetait aux flots hurleurs une longue harangue.
Or toi, tu m'as offert, pour délier ma langue,
Mieux que de vils cailloux, les pointes de tes seins,
Cailloux roses, cailloux fleuris où par essaims
Se posent les baisers des lèvres butineuses ;
Et, pendant cette nuit, mes caresses glaneuses
Ayant glané le long de ton corps savoureux
Une blonde moisson de souvenirs heureux,
J'aurai, pour te défendre, la toute-puissance
Des paroles d'amour et de reconnaissance ;
Mon plaidoyer sera la gloire de ton corps :
Ainsi que les piliers harmonieux et forts
Des blancs portiques, tes jambes de chasseresse
En soutiendront l'architecture, ô ma maîtresse !

Et, pour le rehausser, j'enchâsserai dedans
Les gemmes de tes yeux, les perles de tes dents.
J'aurai, pour ordonner le nombre de la phrase,
Le rythme de tes seins affolés dans l'extase
Et que le doux repos vient apaiser soudain.
Et surtout, j'ai cueilli dans ton secret jardin,
Mieux que dans les traités d'éloquence publique,
La fleur qui fait fleurir les fleurs de rhétorique !

N'est-ce pas pitié de n'en pouvoir citer davantage ? Maudit procès ! excécrables avortements ! Si les dames de Toulon savaient dans quel embarras elles jettent un honnête soiriste, jamais elles n'auraient le cœur de tromper leurs maris et de commettre les atrocités si longues à juger, qui sont la conséquence de cette aimable fantaisie.

10 JANVIER. — On sait que l'Odéon, théâtre des jeunes, avait choisi pour le mettre en lumière un petit débutant, M. Euripide ; la pièce de ce compatriote de Jean Moréas, mise au point par M. Gassier, c'était *Alceste*. M. Porel la reçut, distribua les rôles, inonda la presse de communiqués, fit signe à son fidèle Lamoureux de venir à la rescousse... quand un beau jour, tombant au milieu d'une répétition, le sympathique directeur s'aperçut, horrifié, que ses acteurs jouaient en costumes grecs.

Quos ego !... s'écria-t-il (en français). M. Gassier, sévèrement interrogé, avoua que l'action de la pièce, en dépit d'une querelle entre beau-père et gendre, étonnamment fin-de-siècle, se passait pas mal de lustres avant la venue de Porel sur la terre. En moins de temps qu'il ne faut à M. Mermeix pour se déshonorer, l'œuvre de MM. Gassier et Euripide était remisée dans la fosse aux ours par le directeur, qui ne l'avait reçue que trompé par le titre : ingénument il pensait *Alceste* une adaptation du *Misanthrope*, où devait jouer Mlle Réjane, revêtue de toilettes assez somptueuses, pour faire crever les Rothschild de jalousie.

C'est pourquoi, pris de court, il remonta *Les Faux Bonshommes*. Autrefois, c'était sous le tyran je crois, la critique fut unanime à déclarer que l'auteur pouvait taper sur le ventre de Molière, et même que, ce faisant, il se montrerait conciliant, et pas fier. Car enfin, Molière, peuh! Molière... tandis que Théodore Barrière, ah! dame, Théodore Barrière!...

Aujourd'hui on en rabat, et ce vaudeville satirique est tombé dans le décri. Situations éculées, procédés moisis, style rance. L'horripilante gaîté d'estaminet dont pas un instant ne se départent ces deux rapins, parangons de vertu et de désintéressement, mais elle tordrait les nerfs de Philippe Auguste, bien qu'il soit en bronze! (La chanson dit « en pierre », elle a tort). Quant aux petits comiques tristes qui jouent la plupart de ces rôles écroulés, la langue manque d'épithètes pour qualifier leur talent. Voyons, voyons, jeunes gens, il en est temps encore, essuyez ce rouge végétal et ce blanc gras que, d'ailleurs, vous vous appliquez gauchement, dites adieu à ce bon M. Porel et souvenez-vous que la charcuterie manque de bras.

Les chefs d'emploi donnent avec entrain. Phraseur, lanceur de couplets en prose, sémillant, odieusement fertile en mots (c'est ça un homme d'esprit? mon Dieu, merci de m'avoir créé bête), M. Duményl est un Edgard plein d'élégance, mais d'une froideur septentrionale; nous l'appellerons, si vous le voulez bien, Edgard du Nord. Mme Crosnier remplit le rôle de la vieille Dufouré, cependant qu'aux Variétés elle est remplacée, dans *Ma Cousine*, par une artiste appelée Méranie « rapport à » ce qu'elle fait l'Agnès comme la bonne amie du Philippe-Auguste ci-dessus mentionné.

J'avoue n'avoir prêté qu'une oreille distraite au rôle mi-sentimental mi-taquin d'Eugénie Péponet, tant j'étais occupé à lorgner les toilettes de Mlle Déa Dieudonné qui le remplissait : aux dames qui veulent bien me lire, je signale principalement la robe en surah blanc à manches *à gigot*, dont je ne pouvais me rassasier et qu'il faudrait être bouché pour ne pas applaudir. C'est pour l'œil une réjouissance.

Superbe également, la toilette du dernier acte : robe de faille rose glacé — dame, par un froid pareil — avec manches bouffantes.

Quant à Daubray, moins joli que Mlle Dieudonné, il sacrifie à la coquetterie, lui aussi, et ses bretelles cerise feront fureur dans le monde où l'on se déshabille. En garde national, au premier acte, il a l'air d'un mirifique Daumier, avec son énorme shako sur le chef, son coupe-chou au côté... et sa bouillie dans la bouche. Car il a copieusement bafouillé, au début de la pièce, le pauvre !

P. S. — Dans une proclamation extraordinaire aux habitants de Caen, l'impresario Albert Chartier leur promet quelques représentations du *Pompier de Justine*, qu'il qualifie de « le plus grand succès de Paris ».

Le regretté Jules César, lui-même, n'ajouterait pas de commentaires.

★

Parmi le grouillement des Revues qui encombrent les scènes parisiennes, il convient d'accorder une spéciale mention à celle dont MM. Bataille et Sermet ont bien voulu gratifier la Scala. Elle fait fureur dans le quartier. Elle mérite cet engouement. Titre : *Paris sans Paris*.

La troupe de ce joyeux café-concert donne avec un ensemble que ne connaissent pas les chœurs de l'Opéra. C'est Libert, qui parle belge comme le roi Léopold lui-même ; le fort ténor Marius Richard qui a beaucoup de rondeur (deux mètres soixante de tour de taille) ; Maurel, très nature en *serrurerier*, et bien d'autres seigneurs, tous d'importance.

Du côté de ces dames, j'ai remarqué Mme Paula Brébion qui a des jambes puissantes, la tête penchée sur l'épaule comme Alexandre le Grand, un drapeau tricolore, et quelque chose (je ne dis pas quoi) de Félicia Mallet. Puis, l'aimable Bob, cinq centimètres de jambes et le cou tout de suite ; puis Valti qui sera, dans un mois, plus grosse que Dumaine. L'indolente et gracieuse Anna Thibaud se trouvait sur le programme, non sur la scène ; j'aurais préféré le contraire.

De la bonne humeur, pas de prétentions, des plaisanteries un peu salées, des brocards trop lourds contre les séminaristes incorporés, à dessein de dilater les rates libres-penseuses, une troupe batifolarde de figurantes dûment décolletées, voilà, je pense, de quoi justifier le succès de *Paris sans Paris*.

Mais pourquoi diable M. Battaille conserve-t-il une figure immuablement funèbre ? Serait-ce parce qu'on n'applaudit guère que les mots de son collaborateur ?

★

Le Directeur du Théâtre-Libre ne parle plus de représenter la *Princesse Maleine*. C'est grand dommage.

Dans ce drame shakespearo-fumiste, M. Maurice Maeterlinck, proclamé le plus haut génie du siècle par Mirbeau, qui la connaît, avait accumulé à plaisir tous les éléments d'un stellaire succès !

Qu'on se rappelle la dernière scène du deuxième acte : *Hjalmar*. A quoi songez-vous ? — *Uglyane*. Je suis triste. — *Hjalmar*. Vous êtes triste ? A quoi songez-vous, Uglyane ? — *Uglyane*. Je songe à la princesse Maleine. — *Hjalmar*. Vous la connaissez la princesse Maleine ? — *Uglyane*. Je suis la princesse Maleine. — *Hjalmar*. Quoi ? — *Uglyane*. Je suis la princesse Maleine. — *Hjalmar*. Vous n'êtes pas Uglyane ? — *Uglyane*. Je suis la princesse Maleine... etc., etc.

Ça peut durer un an, deux ans,
Ça peut durer tout l'temps !

Cette littérature romanticomateuse a inspiré à un jeune dramaturge certain dialogue maeterlin-cocasse qui, cet hiver, fera fureur dans tous les salons ou l'on pose. Le voici :

— Est-ce que vous pensez qu'il y a là un peu de talent ?

— Oui ! Il me semble qu'il y a là un peu de talent...

— Est-ce que vous pensez qu'il y a un peu de folie ?

— Oui ! je crois qu'il y a un peu de folie.

— Pourquoi dites-vous qu'il y a un peu de talent ?

— Est-ce que j'ai dit qu'il y avait un peu de talent ?

— Mais oui. Vous avez dit qu'il y avait un peu de talent.

— C'est que j'ai dit ce que je ne voulais pas dire.

— Alors, vous êtes certain qu'il n'y a pas un peu de talent ?

— Il y a peut-être un peu de talent...

— Et un peu de folie ?

— Et un peu de folie !

— Est-ce que vous ne sentez pas comme un petit frisson en lisant ?

— Il me semble que j'ai senti un petit frisson en lisant...

— Est ce parce qu'il y a un peu de talent ?

— Etes-vous sûr d'avoir eu un petit frisson en lisant ?

— Il me semble que j'ai eu un petit frisson.

— C'est peut-être parce qu'il y a un peu de folie...

— Et un peu de talent...

— Oui... Et un peu de talent...

— Est-ce que vous croyez que l'auteur se f...iche de nous ?

— Il se pourrait bien que l'auteur se f...ichât de nous...

— Est-ce que vous croyez que l'auteur pense que c'est arrivé ?...

— C'est peut-être parce qu'il y a un peu de talent...

— Il se pourrait que l'auteur pensât que c'est arrivé.

— Alors il ne se f...icherait pas de nous ?

— Non... Dans ce cas, il ne se f...icherait pas de nous.

— De la salade ! de la salade ! de la salade !

La chanteuse Judassohn, de Francfort, entre autres prétentions, a celle de posséder un col de cygne. A ne vous rien cacher c'est une oie.

Ainsi se vérifie une fois de plus la justesse de la belle définition de Buffon (œuvre inédites) : « Le cygne c'est une oie qui se monte le cou ».

Elle raffole de ce palmipède ; elle en a six dans sa pièce d'eau, deux dans ses armes, un au dessous du sein gauche, etc., etc. Tout récemment, elle s'est fait sculpter par Moreau Vauthier en Léda.

Et, pour que nul n'en ignore elle montre l'œuvre à tous ses amis, leur déclarant, avec une majesté à troubler les ossements de Louis XIV : « Léda c'est moi ! ».

★

Pierre de Cantelaus s'en est allé interviewer tous les bipèdes susceptibles (attendez, ce n'est pas ce que vous croyez ; ils seraient trop nombreux !) susceptibles de devenir directeurs de l'Opéra.

Le concurrent qui a les chances les plus sérieuses, c'est incontestablement le majestueux Louis, « l'huissier de la Direction de l'Académie de Musique ». C'est aussi lui qui a soumis à notre sympathique confrère le projet le mieux conçu. Oyez :

— Je ne jouerai jamais que les *Huguenots*.

D'abord c'est un très beau spectacle, et puis c'est de la crâne musique. Y a pas mieux. Citez-moi quoi d'autre qui dégote ça ? De la mise en scène, de la danse, du chant, c'est complet. Je n'en sortirais pas. Pour la frime, je changerais les affiches. Du moment que le programme leur indiquerait une autre pièce, les spectateurs s'en rapporteraient à lui et n'y verraient que du feu. On ramasserait comme ça rudement d'argent, sans grands frais !

*

11 JANVIER. — Au Cirque d'Été, obscurité funèbre, gaz gelé, programme lourd, convenable exécution de la *Pastorale*; l'andante marche à ravir ; dans l'allegretto final, un peu de bafouillage de la part des violoncelles, mais le public ne s'en aperçoit mie et trouve seulement que la Pastorale d'abord, et *Manfred* après, c'est beaucoup de paysage pour un seul concert.

M. Guy Ropartz, l'année dernière, pour un sujet de la plus simple rusticité, *Le Convoi d'un Fermier*, s'était offert une telle débauche de cuivres que certaine Ouvreuse — éditée chez Vanier — s'effarant devant ces martiales sonneries, avait murmuré « C'est au moins un fermier général ! » Dans la symphonie bretonne : *A Marie endormie* jouée dimanche chez Lamoureux, il n'a pas voulu se cantonner dans les sourdines et les chuchottements, et le pianissimo ; bravement, il a multiplié les strideurs retentissantes, et les duretés (peut-être pas indispensables), insoucieux de la plaisanterie obligée : « Il faut que Marie ait le sommeil diablement dur ». Le public n'a rien compris, mais là, rien du tout, à cette idylle d'Armorique où pourtant fleurissent d'adorables dessins d'orchestre. Quelques ânes, même, ont protesté, d'un air de dégoût excédé. Pfeiffer ouvrait des yeux énormes. Lucien Lambert disait : « Très bien ! ».

En revanche les enthousiasmes béotiens ont

fulguré quand une petite rousse dont le nom m'a fait songer à celui de Widor, Mlle Silberberg, a tricoté le 3e concerto en *ré* de Rubinstein ; des poses, des mines, des contremines, un petit pied ramené contre le barreau de la chaise avec des précipitations furtives, un dandinement à donner le mal d'adjoint, une affectation de relever les mains bien haut, bien vite, à peine les touches effleurées. Si le clavier est trop chaud, mademoiselle soufflez dessus ; vous phrasez bien, vous ne hacheriez plus comme il y a douze ans l'allegro de la Sonate en *si mineur* de Chopin qui vous valut le prix (avec Kleeberg) ; vous avez assez de talent pour laisser aux cabotines du Pleyel ces mesquines fumisteries ; soyez naturelle, et ne pressez pas, à l'avenir, le premier morceau de votre Rubinstein, car Lamoureux l'obstiné ne cherchera jamais à vous rattraper et il en résultera entre vous et le cor anglais un duo canonique, à coup sûr intéressant, mais bien fait pour impressionner et Dorel qui roulait vers son capellmeister impassible des yeux éperdus, et l'auteur à qui je vais l'écrire, et Mme Jaëll, hypnotisée au premier rang du parquet, et Julien Tiersot qui n'en croyait pas ses oreilles — pourtant fidèles et capaces.

Pour remplacer le rhume de Mlle Landi (à vous, Paschal Grousset !) on nous a donné Houfflack ; il n'a pas chanté, malheureusement, et s'est contenté de perler le prélude diluvien de Saint-Saëns, que je me reproche de chérir, malgré ses allures gounodiques. Mais c'est plus fort que moi !

★

Joli programme, bien joli, chez Colonne.

Mlle de Montalant sirote, pleine de prétention, la berliozique Villanelle du « Lapin caché » et dit *Armide*, grandiosement, de façon à rappeler les concerts Maurice du passage Chausson ; on dort à l'*Orientale*, si batignollaise, de M. Dolmetsch et le prodigieux talent de Mme Montigny-Remaury ne peut rendre intéressante la composition de Herr Professor R. Fischof : variations nulles sur un thème quelconque. Et puis du *Jocelyn.*

Du Dolmetsch, du Fischof, du Paladilhe, du Widor, du Godard; il manque Ben-Tayoux! où est Ben-Tayoux? Je demande du Ben-Tayoux!

★

A Tournai, on donne le *Tribut de Zamora.* Pauvres Belges! c'est vouloir les jeter, par dégoût de cette musique, dans les bras de l'Allemagne! Je me reprocherais de changer une virgule à la délicieuse appréciation que porte sur les interprètes de ce gounodage un journaliste local.

« M. Léonce, lui, ne connaît pas autre chose que les ovations; jamais nous n'avons eu un premier rôle sachant, disant, se grimant et se tenant aussi bien. C'est, avec M. Dolne, les enfants gâtés du public, et ils le méritent. »

Oui, mon petit, t'es belge et tu sens bon.

★

Une correspondance adressée de Périgueux au *Monde artiste* débute ainsi :

« Du nouveau, toujours du nouveau! Telle est la devise de notre directeur, M. Mario Widmer, qui a su comprendre, etc., etc. »

Après cet exorde lyrique, le correspondant rend compte des trois nouveautés offertes à l'admiration de la Dordogne; ce sont le *Lycée de jeunes Filles, Fatinitza* et *Madame Favart.*

Ne trouvez-vous pas qu'au lieu de s'occuper de critique dramatique, cet enfant du Périgord devrait bien chercher des truffes?

★

Donc, la Société nationale de Musique était en liesse, et l'annonce de sa grande séance avait amené des quatre coins de Paris tout ce que la jeune École compte de raffinés, ceux qui réagissent contre la populacière brutalité de Wagner, ceux qui regrettent les concessions au public du bienheureux Franck, ceux qui pensent trop pour avoir le loisir d'écrire, et quelques gaillards trop occupés à écrire pour avoir le temps de penser.

On a rendu les honneurs au nouveau Comiteux remplaçant Messager, l'adolescent Ch. Bordes, que son frère aîné couvait d'un regard attendri. Sa *Suite basque* a été applaudie avec une vigueur qu'on aurait pu souhaiter aux exécutants, surtout à cet alto mollasse qui traînaille et patauge dans les rythmes à cinq temps, consterné : œuvre charmante où les thèmes populaires se mêlent aux idées personnelles de l'auteur avec une habileté qui faisait couler des larmes heureuses sur les joues bistrées de Poujaud. Surtout la douce poésie du *Paysage* fut acclamée, sauf par quelques bourriques.

Vive Fauré! Vive son admirable Quatuor fort et humain dans la grâce, *innig*, disait le nommé Schumann; que n'avez-vous pu contempler le maître lui-même, interprétant son œuvre avec une résignation touchante! Camille Benoît s'en montrait ému, cœur de roc, cependant.

Voici Hennebains et sa flûte enchantée, voici Vincent d'Indy qui joue du clavecin comme Bach lui-même; ils vont donner la deuxième sonate de Sébastien; ils commencent. Horreur! le clavecin est faux comme un serment de Mermeix, si bien que le flûtiste énervé s'impatiente et veut cesser la partie; on le supplie, on le presse, il exécute, *All right!* Chausson pousse des rugissements d'enthousiasme.

Le temps de morigéner Georges Hüe qui, incorrectement, passe la main dans les cheveux agacés de Beau Braud, au scandale du public, et je reprends mon palmarès.

A l'exception de la *Procession* de Franck, le reste du programme semble un peu petit à côté de ces œuvres si hautes : quatre morceaux de Stojowski, même interprétés par lui, c'est beaucoup. Tout d'abord, les vingt-cinq minutes que dure le *Prélude* habilement chopinesque ont donné des inquiétudes pour la suite ; puis vint une *Toccatina* correcte, sans plus, dont les tierces furent jouées faiblement, suivie d'une *Légende* réellement intéressante et de l'enlevante *Mazurka*, pendant laquelle Gedalge a sommeillé. O Gedalge !

Absorbé dans la contemplation du brun Debussy (Achille-Claude), je confesse avoir mal écouté l'*Extase* de Pierre de Bréville, pourtant expressive, qu'a honorablement chantée M. Imbard de la Tour, fort engraissé.

Joli, malgré quelques fautes de prosodie, le duo de Bordes, et très chaleureux malgré son titre hivernal.

Tous mes compliments à de Wailly, s'il est vrai qu'il ait persuadé à Mlle C. Carissan — chanoinesse discrète — de jouer ces deux mélodies loïsapugeardes, ineffablement raplapla, telles que depuis les productions de Guittard, d'humoristique mémoire, on n'en avait pas entendu à la Nationale. L'auteur accompagnait, pénétrée ; on se tordait. Si je n'en suis pas malade, c'est que le Créateur me concéda des muscles zygomatiques en acier.

17 JANVIER. — Le nouveau Cirque de la rue Saint-Honoré vient de modifier son programme, tout comme un politicien ; et la soirée à laquelle je viens d'assister comptera parmi les plus douces d'une existence qui pourtant..., ne craignez pas d'indiscrétion, mesdames, je saurai me taire.

Outre les attractions coutumières : écuyers, singes savants, clowns, etc., etc., nous avons applaudi une pantomime-bouffe à grand spectacle de MM. Victor Meusy et Pierre Delcourt. Ce dernier n'est pas un inconnu des amateurs de feuilletons qu'il écrit d'une plume élégante et vigoureuse (je n'insiste pas); quant à M. Victor Meusy, il est l'auteur de quelques milliers de chansons très personnelles, orgueil du *Chat Noir* qu'il débite d'une voix flûtée, avec une pointe d'émotion dont il ne se départ guère, un succès qui ne se dément point, et un aimable bedon naissant qu'il ne quitte pas non plus. *Garden-Party*, l'œuvre poignante et si suggestive due à ces deux talents, a obtenu un succès retentissant; on ne peut narrer l'inénarrable *(Is it a truism? — Nothing else)*. Je ne tenterai donc pas de vous conter comment le douteux chevalier de Saint-Ygrec, auquel Derame a donné les traits d'un envoyé de Charles X dans l'île de Tulipatan, se trouve chargé par les Mouilleron, enrichis dans la quincaillerie, de convier à leur Garden-Party la noblesse du voisinage; on danse, on reçoit en famille d'épouvantables secousses électriques, on tombe dans les bassins, on s'entr'asperge d'eau de seltz, les hommes sautent sur les épaules des femmes, d'un bond, pour voir venir les événements; on se gifle formidablement, les bourriques éperdues caracolent sur les tables écroulées, Mlle Amélia Barenco poursuit un soulier fugace et, dominant le tumulte infernal de cette fête-salpêtrière, un pensionnat exquis de fillettes roses mêle ses voix cristallines au babil d'un jet d'eau jaseur.... Et puis, on entend Yvette Guilbert, toujours accrocheuse de succès.

*

Pendant que sévissaient ces gaietés vésaniques, les lettrés écoutaient avec admiration, au Théâtre Moderne (salle de la Gaîté Montparnasse), la merveilleuse traduction que F. Raabe a donnée des *Cenci*, l'une des œuvres les plus poignantes de ce Shelley, si supérieur à Byron par la sincérité de l'inspiration, par l'absence complète de pose et de romantisme, presque un Grec par son libre esprit et sa vision lumineuse de la nature, tel enfin que l'a si délicieusement décrit Maurice Bouchor, le Shelley français.

Cette effroyable histoire d'un inceste approuvé, du moins absous par le pape Clément VIII (est-ce bien lui, mon Dieu! je n'ai pas sous la main le volume qu'a publié Savine sur ce sujet, en tous cas, l'action se déroule au commencement du XVII° siècle) cette tragique aventure ne saurait être résumée en quelques lignes; j'en parlerai plus à l'aise, demain.

*

A tous ceux qui, le dos à la cheminée, récitent des vers, on doit recommander *Diseurs et Comédiens*, le nouveau livre dédié à M. Francisque Sarcey par le sociétaire Dupont-Vernon, catholique convaincu, ce qui est bien, classique endurci, ce qui me plaît moins, et admirateur forcené des poésies de M. Manuel, ce qui mériterait les plus cruels châtiments.

*

18 JANVIER. — M. Gabriel Sarazin, dans sa lumineuse *Renaissance de la Poésie anglaise* a trop savamment parlé de Shelley « dont le génie poétique dépasse son pays et a quelque chose d'universel » pour qu'il soit possible d'étudier après lui l'auteur des *Cenci* dont, au Théâtre d'application, M. Raabe faisait représenter une belle traduction, au milieu de cris d'animaux variés que tentaient vainement de couvrir les bravos indignés et les généreuses protestations des rédacteurs du *Mercure de France*.

Comme je le disais hier, le cadre d'un journal ne permet pas de raconter l'épouvantable fait-divers incestueux, rappelant par son horreur sinistre les fatalités criminelles d'*Œdipe*, qui forme le sujet des *Cenci*. Je renvoie à l'admirable version publiée par M. Raabe les lettrés qui voudront connaître cette œuvre sans pair dont le critique anglais Georges Moore a dit : « Je n'imaginais pas qu'une langue étrangère pût, à ce degré, conserver les teintes et les harmonies aériennes des vers de Shelley. »

Que ne puis-je renvoyer aussi, mais pour toujours, au Théâtre d'Art, l'extraordinaire auteur de l'extraordinaire *Morised*, moins extraordinaire pourtant comme littérateur que comme secrétaire général, qui a laissé pendant vingt minutes, morfondus, grelottant à la porte du contrôle, les infortunés critiques, avant de les admettre à escalader les hauteurs du « poulailler » d'où ils purent contempler, mélancoliques, la fleur des épiciers de la rue Saint-Placide confortablement installée aux fauteuils d'orchestre.

Interprétation délirante ; Béatrice Cenci, tous les auteurs s'accordent à le proclamer, était d'une beauté ravissante, c'est donc une idée singulière d'avoir confié le rôle de cette martyre, aussi séduisante que malheureuse, à Mlle Camée qui n'a du bijou que le nom ; d'ailleurs, pavée comme l'enfer.

M. le directeur-acteur Paul Fort aura beaucoup de succès au Palais-Royal, s'il persévère ; son bafouillement bredouillard est d'un comique irrésistible. Mais, à sa place, je me laverais les mains quelquefois, pour voir.

Malgré cette troupe qui serait sifflée par le public de la foire aux pains d'épice, l'œuvre de Shelley est si puissante, la traduction de Raabe si merveilleusement adéquate au texte, que les rares lettrés de l'assistance, perdus au milieu de ce public de calicots, ont pu, insoucieux des lazzis grossiers, des interruptions ordurières qui insultaient à la plus sublime poésie, admirer cette terrifiante et géniale conception.

19 JANVIER. — *L'Hôtel Godelot*, c'est une réé-

dition de la *Demoiselle à marier* agrémentée de grosses calembredaines, construite sur la scène pivotale de *She steps to conquer*, avec l'idée mère de *M. de Chalumeau*.

Est-ce parce que l'action se passe à Montélimar, patrie du nougat, je n'en sais rien, mais le sujet a paru agréable et de digestion aisée; si enfantin, au demeurant que, sans ma courtoisie coutumière, je le déclarerais nougâteux. Je gage qu'à ce jugement la population de Montélimar, que dis-je, toute celle du département de la Drôme adhère (N'allez-vous pas rire comme bossus)?

En 1876, malgré son toupet, Sardou n'avait pas osé signer ça. Aujourd'hui qu'il a toute honte bue, il campe son nom sur l'affiche, à côté de celui de Crisafulli. Sois fière, Académie française!

Deux Parisiens, logeant dans l'hôtel particulier de M. Godelot, pensent être à l'auberge. Ils se conduisent là comme des goujats, si bien qu'à la fin du troisième acte, Godelot donne sa fille au plus mal élevé.

Francès qui créa le rôle de Godelot, il y a quinze ans, n'avait pas, alors, beaucoup de naturel. Il n'en a plus du tout aujourd'hui; il prodigue ses grimaces les plus vomitives, roule des yeux sarahbernhardiques, hurle, piaffe... Les petites places de la Renaissance l'applaudissent comme l'incarnation de la vieille gaîté francès.

Si l'on payait Mme Irma Aubry à raison de cinq sous la livre, il y en aurait au moins pour soixante dix francs. Et la débutante, Mlle Calix, a une bouche où l'on entrerait à cheval.

★

Je n'aime pas l'ouverture de *Ruy Blas* et j'en suis bien content, car, si je l'aimais, j'arriverais chez Lamoureux à temps pour l'entendre, et elle m'embêterait prodigieusement. Par bonheur, je ne suis entré au cirque, hier, qu'au moment où la dernière note sonnait — j'allais écrire mendelssohnait — mais à temps pour entendre la *Symphonie en ré mineur* de Schumann, dont le trio du scherzo fut dit à ravir par les violons qui avaient à se faire pardonner leur savonnage de l'allegro.

Chut! un frisson parcourt l'auditoire; les intransigeants du promenoir ôtent leurs chapeaux; un grand silence tombe. C'est la *Forêt enchantée* de Vincent d'Indy, dont Lamoureux nous offre une première audition. Il y a déjà une douzaine d'années que Pasdeloup, de bafouilleuse mémoire, avait cochonné cette page toute parfumée de promesses si bien réalisées depuis, sans en comprendre une seule note; je ne sais plus quel fumiste lui avait logé cette idée dans la tête, mais le pauvre homme répétait à ses intimes, la bouche crispée d'une grimace douloureuse : « Dommage, grand dommage, qu'il ait fichu là le motif de *Siegfried* avant le premier six-huit ». Paix à tes gaffes, brave Pasdeloup. C'est bien un enchantement, cette *Forêt* : d'abord, l'héroïque et brillante chevauchée, puis un épisode infiniment gracieux et d'un charme suprême, les Elfes enjôlant, si j'ose dire, les cavaliers d'Harald. — Conduite par Pierre de Bréville, la phalange sacrée des élèves de Franck a crié la gloire du jeune maître, et par ses applaudissements la foule a répondu, domptée, subitement amoureuse de cet adorable morceau symphonique à programme, un, sans menus détails descriptifs, où les Mathieu de la Drôme musicaux ont pu, dès 1879, pressentir *Wallenstein* et *Sauge fleurie*, et même la *Cloche*, dont la vision n'est pas sans analogie avec la scène des Elfes, délicieuse. Oh! le thème confié à la petite flûte, avec harpes à l'aigu et violons en sons harmoniques!

Respectueusement, je ferai observer à l'impeccable Lamoureux que si sa harpe part trop tôt, les violons suivront peut-être, mais le cor résistera. Après tout, comme les auditeurs n'y verront jamais que du feu, mettons que je n'ai rien dit.

Vous m'amusez, jeunes wagnériens du promenoir, quand le fracas de vos bravos salue la marche funèbre de la *Gœtterdæmmerung*, insoucieux des trombones qui jouent trop bas, et des clarinettes qui jouent trop haut, oui vous m'amusez beaucoup.

Et le public m'épate quand il s'emballe sur le prélude du troisième acte de *Lohengrin*, vingt fois entendu, avec une telle frénésie que le capellmeister doit revenir saluer cinq fois, stupéfait.

Joyeux accueil à l'*Espana* de Chabrier, une des farces les meilleures de ce wagnérien de table d'hôte.

★

De très bonnes choses, oui-dà, dans le Colonne! passons sur un indigne savetage de la *Symphonie en fa* pour ne retenir qu'une suffisante exécution de l'ouverture du *Roi d'Ys*. Du reste, pour une telle page, suffisant est insuffisant.

Auguez, remplaçant Boudouresque promis, a chanté sans style un air de Caron (rien de Rose) pour lequel Weckerlin (conspuez!) avait « reconstitué » l'orchestre de Lulli, et beaucoup mieux les *Deux Grenadiers*, de MM. Guiraud et Schumann, écrit sur d'admirables vers épiques; je parle du texte de Henri Heine.

Petit succès pour les petites pièces de Th. Dubois extraites d'un petit recueil pour piano et petitement orchestrées. C'est Georges Lorin, le poète de *Toute Petite*, qui, seul, pourrait en donner un petit compte-rendu.

> Seul, un fils de la Muse, éclos à Lilliput,
> Dans des vers d'un seul pied, même moins, aurait pu,
> En y regardant bien, de tout près, les décrire.

23 JANVIER. — Deux jeunes gens riches, MM. Moch et Vély ayant avancé trente mille francs à la direction débutante des Folies-Dramatiques, on leur reçut une revue — une politesse en vaut

une autre — tripatouillée par les mains habiles, et glorieuses déjà, de M. Clairville qui porte ce grand nom dignement.

Elles ont réussi à souhait, ces *Paris-Folies*. Un comédien de haute valeur, Guyon fils, par la prestesse de son jeu fûté, le naturel de ses ahurissements, la netteté de sa diction mordante, a ravi les spectateurs qui, désarmés par lui, ont usé d'indulgence et sont partis à minuit, les yeux mouillés de larmes heureuses, la bouche ouverte d'un rire incompréhensible, sans force pour siffler la balourdise obèse de Gobin.

Mlle Piercy, la Fortune des Folies-Dramatiques, se fit quelque peu enlever jadis, si j'en crois les potins de coulisses. Aujourd'hui elle enlève son public. Ça vaut mieux.

Paris-Folies sans faire défiler sous nos yeux toutes les insanités commises en 1890 dans notre capitale — il faudrait huit jours, en se dépêchant — nous en exhibe néanmoins un nombre considérable ; nous avons applaudi un duel fin de siècle, un quadrille ultra naturaliste, où s'agitent des dames souples qui dansent comme l'anse de vos paniers, ô cuisinières, d'alertes couplets, une pantomime exubérante, des costumes concis, et, pour représenter les millions prêtés à la Grande Bretagne par la Banque, de petites femmes à un louis — l'une dans l'autre.

★

On m'écrit de Bruxelles : « Impression fortement rasante causée par les deux premiers actes de *Siegfried* remplis de dissertation ois(èl)euses. Ce terrible bavard de Wotan, avec ses charades proposées à Mime, a beaucoup embêté. Le dragon Fafner, en revanche, a fait rire. Mlle Langlois, une invention du dénicheur d'étoiles Oscar Stoumon, s'est fait applaudir, courtoisement, à la fin du troisième acte, mais l'orchestre manque de conviction et les malheureux exécutants qui ont subi

37 répétitions pataugent de plus en plus sous la direction de l'illustrissime Servais, si barbu qu'il ne lui manque qu'une sauce aux câpres, toujours féru de son procédé de simplification consistant à ne battre qu'un temps de chaque mesure, pour employer les autres à tremper dans un mortier imaginaire un pilon virtuel. Costumes ineffablement ridicules. Les chœurs, seuls, ne méritent aucun reproche, dans ce drame lyrique basé sur l'inceste. »

Il n'y a pas de chœurs dans *Siegfried*; d'ailleurs, ça n'empêche pas mon correspondant brabançon d'avoir beaucoup de mérite.

24 JANVIER. — Il ne saurait être question de discussion littéraire à propos de *Thermidor*, puisque :

1° La pièce est de M. Victorien Sardou (notable commerçant, exportation, articles de Paris).

2° Des moutons enragés qu'excite un ramassis de braillards conspuent cette adroite ressucée du *Chevalier de Maison-Rouge*, pour obtenir des lâchetés ministérielles l'étranglement d'un drame anecdotique où nulle tirade anti-terroriste ne se trouvent qu'ils n'aient admirée dans Michelet, écrite d'un autre style.

Egalement éloigné des énergumènes qui prennent leur revanche du 24 mai en huant le *9 Thermidor*, et des quincailliers orléanistes qui crachent sur la Révolution pour se faire ouvrir la porte des salons bien pensants, je reproduis en la faisant mienne, l'impartiale et fine appréciation que m'envoie un anonyme, spirituel et sensé comme le sont rarement les correspondants anonymes.

« Mardi à la Comédie-Française, le spectacle était moins sur la scène que dans la Salle. Un certain nombre de personnes s'étaient rendues au théâtre avec l'intention bien arrêtée d'y faire une manifestation en faveur de la République. Ces sentiments, qui partent d'un bon naturel, se sont traduits par des sifflets.

Mais quels sifflets! De notre vie nous n'en ouïmes de pareils. Un ancien lieutenant de l'exilé de Jersey, que nous avons trouvé dans les couloirs, nous disait que, depuis Amiens (Amiens fut, paraît-il, une journée dans l'épopée boulangiste) il n'avait entendu si beau vacarme.

Nous sommes sortis de cette aimable séance un peu assourdis et passablement décontenancés, ainsi qu'il arrive aux plus sincères gens du monde quand ils viennent d'assister à quelque chose qu'ils n'ont pas compris.

Il paraît que la République est en danger à la frontière qui sépare le Palais-Royal de la rue de Rivoli, et que le devoir des bons patriotes est d'aller, pour la défendre, braver le feu de la rampe derrière laquelle MM. Coquelin et Marais, séides stipendiés de l'infâme réaction, crachent à la face de nos institutions démocratiques des bordées d'insultes et d'outrages.

Nous croyons qu'on s'exagère les choses. Il est certain qu'il y a, dans l'histoire de la Révolution dont nous sommes *tous* les fils, des pages sur lesquelles nous ne croyons pas porter un trop sévère jugement en disant qu'il aurait peut-être mieux valu que la postérité n'eût pas à les écrire.

Il est certain que M. Sardou, dont les instincts politiques sont connus, a pris quelque chose comme un amer plaisir à mettre surtout ces pages en évidence. Mais il a pour excuse, étant donnée l'époque historique qu'il avait le droit absolu de prendre pour cadre de son œuvre, de dire qu'il n'a pas eu le choix, et que, pour nous faire pleurer sur le sort de deux jeunes amoureux séparés par le fer de la guillotine, il était bien forcé de nous montrer pour de bon des guillotineurs et des guillotinés.

Si les uns et les autres ont existé, ce n'est certainement pas sa faute.

Ce n'est pas la nôtre non plus, et, tout en rendant aux géants de 93 — aux vrais — la justice qui leur est due (nous ne sachons pas que personne ait en France le monopole de ce tribut) nous ne sentons aucun goût pour hisser sur le piédestal d'un paradoxe légèrement odieux, les sanguinaires avortons qui n'ont rien épargné pour compromettre et déshonorer leur œuvre sublime....

25 JANVIER. — Mon cher ami,
Il est une petite ville brabançonne où l'on s'est donné comme tâche de représenter, chaque année, une contrefaçon d'un chef-d'œuvre étranger, dans un théâtre qui porte ce nom significatif : *La Monnaie*. Depuis quelques années un naturel de l'endroit, nommé Wilder, fait jouer, à ce qu'on nous a raconté, des œuvres qui portent le même nom que celles du maître allemand, Richard Wagner, mais dont les paroles et la musique sont bien de lui. On a signalé, notamment dans la *Revue Wagnérienne*, cette contrefaçon et cette fraude, qui ont causé déjà de déplorables erreurs. Certaines bonnes âmes, en effet, qui ne demandent pas mieux que de connaître Wagner, dont elles ont beaucoup entendu parler, prennent le train pour Bruxelles, et ne s'aperçoivent que le soir de la représentation qu'elles sont en présence d'une œuvre belge, qui a certainement des qualités comme produit du crû, mais qui n'a qu'une parenté de nom avec l'œuvre du maître allemand.

Ce qu'il y a de particulièrement sinistre, c'est qu'une sorte d'attraction pousse les malheureux, chaque année, comme emportés par une hallucination douloureuse, vers le même guichet, et qu'ils prennent toujours leur ticket pour Bruxelles, croyant se rendre à Bayreuth. Après la *Valkyrie* (ils avaient cru lire : *Die Walküre !*), ils retournent voir *Siegfried*. Ici le nom était malheureusement le même.

Il paraît que la veuve du maître sérieusement inquiète, et prenant en pitié les malheureux dévoyés, avait eu l'intention de protester et d'interdire la représentation de *Siegfried* à Bruxelles. Mais elle s'est heurtée contre un syndicat puissant, ayant des ramifications à Bruxelles et à Paris, et dont les deux directeurs sont MM. Lamoureux et Wilder. On a invoqué, nous a-t-on dit, les principes du libre-échange et de la liberté du commerce!

Quoi qu'il en soit, quelques rares personnes, averties par le merveilleux article de M. Stewart-Chamberlain dans la *Revue wagnérienne*, étaient restées chez elles. Cependant, poussées par une curiosité malsaine, elles ont voulu savoir si vraiment tout espoir de guérison devait être abandonné pour les malheureux jeunes gens, victimes de l'enchanteur Wilder qui restent, comme dans le conte de Grimm, attachés aux branches et aux herbes potagères qui entourent la Monnaie.

La chronique de M. Reyer, que certains appellent musicien par antiphrase, a renseigné les wagnériens curieux. Quelques mots sur ce critique dramatique et musical sont ici à leur place. Le public de l'Opéra a entendu de lui et de M. Camille du Locle un *Sigurd*, qui faisait tous ses efforts pour ne pas être pris pour *Siegfried* et qui y arrivait sans peine. On parle même d'une *Salammbô* jouée à la Monnaie, qui était remarquable par une instrumentation lâchée et des motifs vagues et lunaires. Mais nous ne parlons pas de M. Reyer comme musicien. Nous ne l'étudions que dans ses rapports avec Wagner. A côté d'Adolphe Jullien, on peut le ranger parmi les gens qui ont trouvé la sublime formule : « J'admire Wagner dans ce qu'il a de bien, mais je condamne ses défauts. »

A ce propos, une remarque curieuse. Il suffit, dans un certain monde, de se déclarer sainement modéré pour que le public ajoute foi à vos critiques. Vous dites, au hasard : « Tel maître a de grandes qualités, mais de nombreux défauts »; vous développez ensuite cette vérité profonde dans un gros volume, comme le « *Richard Wagner* » de lugubre mémoire, composé par M. Jullien. Il n'est plus question alors de votre ignorance absolue et profonde du sujet que vous traitez : vous êtes sacré critique, et, en fait, vous ne l'avez pas volé!

M. Reyer disait jadis dans un de ses volumes de critique : « Dans l'œuvre de Wagner, je vais jusqu'à *Lohengrin*, et je crois que peu vont jusque là ». Après la représentation d'une œuvre de Wilder, écrite dans le dialecte des faubourgs de sa ville natale, et qu'on appelle les *Maîtres Chanteurs de Bruxelles*, M. Reyer, croyant, à la suite d'une déplorable erreur, qu'il avait à faire à une œuvre de Wagner, la trouvant même très bien, ce qui témoigne chez lui plus de bonne volonté que de science, a adopté les *Maîtres Chanteurs*. Puis, les années sombres sont venues : on a joué *la Valkyrie*, *Siegfried*, et M. Reyer poursuit toujours sa marche ascendante, trouvant de plus en plus de qualités, sans cependant se dissimuler qu'il y a des défauts graves.

Voyons son jugement d'aujourd'hui. Notez qu'il est très juste au fond, il n'y a qu'à mettre à tous les endroits où la critique parle de Wagner, le nom de M. Wilder, pour tomber d'accord avec lui. Quand il nous dit par exemple, que « l'action de Siegfried est suffisamment rattachée aux épisodes antérieurs », nous trouvons qu'il a rencontré juste. Le Siegfried de M. Wilder est assez bien rattaché à la Valkyrie du même. Il n'en serait pas de même pour l'œuvre de Wagner, car ce maître a eu la singulière idée de faire une seule œuvre en quatre parties, qui ne peuvent être jouées séparément, sous peine d'être incompréhensibles.

Il en est de même pour les critiques portant sur la longueur de quelques scènes (scène d'amour, le dialogue de Wotan et d'Albéric, rébus de Mime et de Wotan). — Oui, dans l'œuvre de Wilder ces scènes sont longues, désespérément longues, aussi nous comprenons bien que M. Reyer en veuille retrancher une partie. Coupez, coupez, M. Reyer, il en restera, hélas! toujours quelque chose!

Que le poème ne soit pas toujours du goût le plus fin, c'est ce que nous accordons. Nous trouvons, par exemple, adorables, mais un peu vifs, les vers libres de M. Wilder :

> Viens, mon fils, viens fils de loup,
> Prends et crève du premier coup!

ou bien cette perle :

> Qu'as-tu? Je cherche à boire et je trouve à manger!

Mais combien ces vers, un peu brutaux peut-être, sont adoucis par cette délicieuse imitation d'une fable que nous avons tous apprise dans notre enfance, *Le lapin et la sarcelle* :

> Viens à mon aide, ô mon oiseau chéri,
> Parle! Ne me connais-tu pas d'ami ?
> Ne peux-tu me tirer de peine ?

Et l'oiseau, dit M. Reyer, est touché de la plainte du jeune héros belge! Qui ne le serait à sa place?

Maintenant, après le côté populaire et tendre, voici la grande lyre :

> Ah! qu'il est beau! ses boucles ondulées
> Frangent de vagues d'or son noble front vermeil!

Nous n'osons pas mettre à côté de ces nobles vers les allitérations du poète allemand, qui les ont peut être inspirés. Ils sont trop beaux pour ne pas rester seuls!

Nous avons montré à M. Reyer qu'il avait fait une déplorable erreur en confondant les deux œuvres, brabançonne et bayreuthienne. Cela lui prouve que les Wagnériens ne lui en veulent pas. Il pense, peut-être, qu'ils lui reprochent de ne pas aller assez loin dans l'œuvre de Wagner. Qu'il se détrompe : ils pensent au contraire qu'il va trop loin et que ce chemin rude et âpre du génie est trop dur pour ses pieds délicats et bien parisiens. Pourquoi tant d'efforts inutiles?

Laissant M. Reyer, nous nous tournons vers un autre point sombre à l'horizon wagnérien. Des bruits courent que, M. Wilder étant consul, l'opéra français aurait l'intention de jouer ses œuvres, sous la direction du maestro Lamoureux, bien fait pour le comprendre. Pourquoi ne pas rester à la Monnaie, œuvres Wildériennes ? Nous étions si tranquilles avec notre vieux répertoire de l'Opéra : nous n'allions pas l'entendre, mais nous savions qu'il vivait encore. Maintenant quelques-uns de nous pourraient, égarés par une ressemblance de noms, entrer dans cet édifice splendide ! Qu'on nous ramène aux carrières, qu'on nous laisse *Sigurd, la Favorite* et Gailhard.

Tout à vous, cher Willy,

Charles BONNIER.

26 JANVIER. — Chez Lamoureux, hier, foule dense. Je note la présence du sénateur E. Magnier et de Ganne-la-Victoire, je m'apprête à écouter la musique de Lambert, respectueusement, je vois le chef d'orchestre lever son bâton et !... Pouat ! un canard, Pouat ! Pouat ! Pouat ! sur fa sol fa sol fa. C'est Delsat qui trompette l'ouverture de *Brocéliande*. Dans la coulisse, Sabatier lui répond, et l'on achève sans encombre cette petite chose dont la confection n'a pas dû coûter beaucoup de veilles au rossiniste que, prudemment, le programme qualifie de « très jeune élève de Massenet. » Il a 35 ans.

Attention ! souriante, exquise dans sa robe azurée, voici Mlle Landi, di, di, di qui s'avance et susurre la *Captive* du vieux Berlioz, délicieusement ; dame, ça date, cette Orientale de Keepsake, turban et shall, avec le petit boléro sous les vers des compagnes douces qui « Du pied rasent le sol. » Mais la phase initiale « Si je n'étais captive » est belle et triste, si triste et si belle que M. Gounod, qui ne laisse rien traîner, l'a plaquée dans sa barcarolle « L'aviron est d'ivoire. » T'as bien fait, papa ; continue.

Gros succès pour la *Chevauchée de Vincent* par Harald d'Indy, où des fouineurs veulent retrouver un peu de *Siegfried*, les valeurs changées, quatre ou cinq mesures avant le premier six-huit de la Forêt. Les aériennes harmonies des Elfes énervent jusqu'à ce vieux dur à cuire de Munkacsy, troublé, qui frissonne.

Pierre de Bréville applaudit, parce qu'il l'aime, cette fière musique. Tiersot l'applaudit aussi, parce qu'il veut faire croire qu'il y comprend quelque chose : et une bienveillance complimenteuse s'épand sur son visage de Socrate fatigué par le *Folk-Lore*.

Pour complaire aux mânes du brave Delibes, on lui joue un peu de *Sylvia*. C'est gentil de la part de Lamoureux, qui est toujours courtois avec les compositeurs, dès qu'ils sont morts, et ça ne peut faire de mal à personne ; on demande les *Pizzicati*, comme par hasard, à l'instigation de Poujaud, gars imbibé d'ironie, qui les bisse frénétiquement.

Et *Espana*, pour la clôture. Enivré de son succès de dimanche dernier, le bon Chevillard-grosse-caisse, flanque dans son instrument la bourrade la plus formidable, retentissante et catapulteuse, une mesure trop tôt. Ah ! il fallait voir les yeux sauvages de son capellmeister de beau-père : le public, terrifié, s'attendait à la malédiction classique : « Tout est rompu, mon gendre ! » Ce sera pour la prochaine fois.

★

Pendant ce temps, Colonne exécutait la symphonie en *si bémol* de Schumann, délice de Mangeot, réellement pas trop mal ; ce serait même bien si des violons *quo-non-ascendam* ne s'obstinaient à jouer trop haut dans l'Allegretto, pour le puéril plaisir d'exaspérer Georges Lecomte, mais sans réveiller le doux widoromane Francus qui somnolait étayé de son ami Paulin.

Pendant que les bravos retentissent, une voix susurre à mon oreille, une voix que je reconnais pour la vôtre, Viviane : « Un matin d'avril, à l'époque où déjà l'on vend du lilas blanc sous les portes cochères, n'avez-vous pas ressenti le charme indicible de cette rencontre : un jeune couple en grand deuil ? Elle, pâle, rose en un flot de crêpe, et si blonde. Deux anges planent sur leurs têtes, doux et cruels tous deux, la Mort, la Volupté... Eh bien, je revois toujours cette impression chaque fois que j'entends le divin Larghetto, chaque fois que je salue cette fine passante dont la parole grave et douce a la mélancolie du bonheur ».

Dites donc, Edouard aux boucles délurées, pourquoi diable venir nous parler de la « Première audition » du *Réveil de Galathée*, puisque Gabriel Pierné l'a déjà fait chanter par Mlle Deschamps au cercle de l'Union artistique, par Mlle Janvier au concert de la Trompette, par Mme Durand-Ulbach à Genève, à Bordeaux et ailleurs ?

En tous cas, neuve ou non, l'œuvre de mon copain Gabriel a du charme, surtout dans la première partie ; l'orchestration en est voluptueuse et câline, et je vous recommande, mesdemoiselles, certain petit effet de hautbois, de harpes et d'alto, qui vous fera rêver. L'emballement de la fin, destiné à rafler les bravos, me plaît moins ; Mlle Marcella Pregi, en dépit d'un trac intense, a eu du succès, avec cette œuvre qu'on nous redonnera, Dieu merci, dans une quinzaine de jours. — M. Paul Collin a écrit, sous cette jolie musique, des phrases non rythmées qui n'ont aucun motif pour rimer entre elles. Il les appelle des vers. Je veux bien, moi.

On n'a pas applaudi comme elle le méritait la *Vision de Jeanne d'Arc*; Paul Vidal, pour nous donner une idée des voix célestes a ciselé un charmant solo de violon *(Hennequin executavit parfaitementum)* qui sert de thème à la marche finale. Très joli, le solo de trompette avec les flûtes, les harpes et les premiers violons divisés en quatre parties — il y en a plus que cela à la Chambre. — Georges Hüe a manifesté une paternelle satisfaction à entendre cor et harpe en sons harmoniques imiter les cloches de Reims avec autant de précision que Tarride imite Kam-Hill. Le finale archaïque a de la branche.

Malgré la saharienne aridité du Concerto de Wienawski, le public a trouvé Dantin dans l'train ; on l'habille en gamine, cette violoniste de 18 ans, mais ses aisselles pileuses protestent ; jeu très net, beaucoup d'aplomb ; un seul petit sol bémol pas très bien attrapé. Mais bah ! ça va si vite !

★

Courrier de Nice. — Au Casino Municipal : Théo chante *Ma Cousine* et parle l'opérette.

M. Durier, le barnum du Théâtre-Français, pousse l'économie un peu loin : pour s'épargner des frais d'affiche, la semaine dernière, il a donné *Jean Marie*, joué par la charmante Mlle Malvau, sans faire annoncer cette pièce. Malgré ce mutisme hermétique, il paraît que la recette aurait dépassé la moyenne habituelle. M. Durier parle même de 60 fr., ce qui est absolument invraisemblable. On craint que ce malheureux *manager* ne soit atteint de la folie des grandeurs.

Au Grand-Théâtre, on étudie avec acharnement *La Prise de Ill* et *Richard Troie*.

★

Un étrange littérateur, c'est celui qui représente, à Nice, la Société des auteurs dramatiques en même temps que la Compagnie d'assurance le *Phénix*.

Dernièrement, une société de jeunes gens, *les Echoliers,* donne une représentation composée d'un acte de Labiche et du *Misanthrope.* A ces débutants, plus riches d'espérance que de numéraire, Faraud réclame vingt-cinq francs.

— Mais, monsieur, y songez-vous, nous sommes si pauvres ! Vingt-cinq francs pour un petit acte de Labiche !

— Et ben, et le *Misanthrope,* il a deux actes ou même trois !

— Au moins trois, c'est vrai, M. Faraud. Mais l'auteur, Molière, est mort depuis quelque temps, et ses œuvres sont tombées dans le domaine public.

— Vous êtes sûr de ça ? oui ? Nom de nom, je ne peux pourtant pas connaître tous les décès qui surviennent. Jamais la Société n'aurait la prévenance de m'en informer. Quelle boîte !

Et il maintint sa taxe : Vingt-cinq francs.

25 JANVIER. — On ne m'étonnerait mie en disant que Marx a passé la main au docteur Charcot, désormais chargé de surveiller les ébats des fous de l'asile Cluny ; à la Salpétrière, le *Carnaval d'un Merle blanc* semblerait un peu incohérent : ce fiancé qui scie le bois de son futur beau-père pour se faire bien venir de la famille ; ce Bordelais dont la susceptibilité vésanique organise des duels au deuxième sang en cabinet particulier ; cette comtesse polonaise — Encaustika est son nom — pleurant un époux défunt dans le récipient que lui présentent des larbins en livrée demi-deuil ; sans parler du garçon de café qui allaite son enfant avec des bavaroses et l'oublie dans un buffet ; des fous, des fous ; plus il y en a, plus on rit.

Dans cette pochade mardi-grasse et bouleversante, Véret et Dorgat se sont montrés parfaits, l'un de bonhomie effarée, l'autre d'exaspération tumultueuse. Quand à Mlle Dionys, elle est assez jolie pour voir mérité d'Ernest Raynaud, dans les *Cornes du Faune,* un délicat sonnet dont voici, tout au moins, le premier quatrain :

> Au bas du front glacé d'ivoirines pâleurs,
> Les sourcils blonds ont presque un reflet de pépite ;
> Et la dentelle d'or des cheveux fins palpite
> Hors d'un chapeau de fleurs de toutes les couleurs.

Malheureusement, la voix ne serait agréable que sur les huîtres. C'est drôle, la valse de *Chilpéric* acidulée par elle, mais ça fait beaucoup grincer. Le chef d'orchestre qui l'entendra verjuter pendant cent soirées et plus — car c'est un gros succès, je le répète — pourra écrire des mémoires odontalgiques : *Les Soirées de mes dents.*

Mais raconter la pièce en détail, non ! des auteurs pareils on ne les discute pas, on les douche.

26 JANVIER — Piron, qui était bien l'animal le plus irrévérencieux, disait un jour des membres de l'Académie : « Ils sont là-dedans quarante qui ont de l'esprit comme quatre. » S'il vivait encore, il pourrait dire des auteurs de la Revue représentée aux Nouveautés : « Ils sont quatre qui ont de l'esprit comme quarante. »

Quatre jeunes gens, unis comme les quatre mousquetaires, verveux comme le Diable à quatre, ayant le pied marin et habiles à louvoyer entre les écueils, en vrais « Mathurins » qu'ils sont. Car c'est le charmant *Cercle des Mathurins,* si connu pour son parisianisme comme on n'en voit guère, et sa gaieté comme on n'en voit plus, qui eut la primeur des *Coulisses de Paris,* ciselées par ce quatuor qui vaut celui de *Rigoletto.* Un couplet semble-t-il faiblard, les auteurs font entrer une jolie femme ; deux, quand la situation languit ; dix, si le public ronchonne. Cette abondance de déshabillées jette le critique le plus consciencieux dans un invincible éréthisme, qui lui retire toute impartialité. Moi, je ne lutte pas ; j'aime mieux déclarer les *Coulisses de Paris* très bien faites, les figurantes itou. Jamais je n'ai vu tant de jolies jambes à la fois, dans un théâtre, s'entend. M{ lle} Gilberte exhibe des bras qui feraient le bonheur de la Vénus de Milo. Et d'exquises petites femmes, qui pourraient s'assurer une malhonnête aisance sans quitter leur chambre à coucher, consentent, par amour de l'art, à venir faire le théâtre ; on leur distribue, un peu au hasard, des rôles qu'elles remplissent avec une adorable conviction, quels qu'ils soient : à M{ lle} Hicks, grasse comme un cure-dents, échoit le Lapin ; M{ lle} Villers reçoit l'Avre ; la si jolie M{ lle} Burty a le « Chat noir » ; et tout ça chante ! Avec ses imitations ingénieuses et artistiques de l'effondré Paulus et du raté Kam-Hill, M. Tarride a remporté un succès émancipé, *id est* hors de pair. Il suffirait à sauver une partie plus compromise que ne le fut jamais cette évaltonée de Lucy Tenner. Germain en baigneur prudent, ceinturé de vessies, a vaincu les gaîtés récalcitrantes. *Veni, vidi, vessies.*

Des parodies ingénieuses, celle de *Miss Helyett,* entre autres ; on voit se profiler la lune, argentée, copieuse, sur une toile de fond qu'illuminent les allumettes-bougies de la jeune retroussée. Le public acclame cette situation ; les femmes qui éclairent, dit-il, il n'y a que ça !

Malheureusement, le compère *Guy* me semble avoir des droits sérieux à s'appeler *Bollard*...

27 JANVIER. — Vous n'êtes pas sans avoir entendu parler d'un nommé Lesigne, subversif archiviste, qui s'est donné pour tâche de prouver que Jeanne d'Arc, au lieu d'être brûlée, épousa un bon gaillard qu'elle rendit père de plusieurs enfants. Cet iconoclaste doux et raseur doit ressentir forte déplaisance, car oncques ne vit-on tant de Jehanne monter sur le bûcher, depuis peu. Chaque théâtre veut la sienne. Le Châtelet, venu le dernier, est à coup sûr le premier pour la magnificence de sa mise en scène et pour le mérite

du drame qu'il représente, une œuvre forte, une œuvre de foi que les invraisemblables ritournelles de Benjamin Godard n'ont pu ridiculiser, ce qui est évidemment le signe d'un réel mérite

M. Joseph Fabre, qui promène *Jeanne d'Arc* héroïquement, depuis une dizaine d'années, sans qu'aucune rebuffade ait pu lasser sa persévérance de Dupanloup laïque, doit pleurer de joie à voir enfin sa bonne Lorraine recevoir des directeurs du Châtelet une hospitalité digne d'elle. Car MM. Floury n'ont rien épargné ; leurs quatorze tableaux sont quatorze chefs-d'œuvre de décoration, à commencer par le premier, la Prairie du Bois Chenu (rappelant tant elle est longue et plate, Mlle Yvette Guilbert), à l'horizon de laquelle se dessine le village isolé de Domrémy. Les musiciens admirent le bel effet que Domrémy fait seul assis. Toute la gamme !

Très appréciées aussi les danses « morisques » exécutées devant Charles VII qui éprouve le besoin de se distraire pour oublier ses défaites ; on a constaté depuis longtemps la corrélation existant entre la chorégraphie et les calamités publiques ou privées. Pour ne citer qu'un exemple, il est rare que des parents vraiment dignes de ce nom, quand ils s'aperçoivent que la vertu de leurs filles a subi quelque avaro, ne s'empressent pas de leur f... une danse.

Au cinquième tableau, les Français, avant de livrer une bataille décisive, prient Dieu avec des accompagnements de harpe si déplorables que le Seigneur, indigné, détourne d'eux sa face et laisse blesser Jeanne d'Arc, qui accomplit des prouesses d'équitation sur les juments du manège Charassé.

Après un court intermède pour nous montrer Talbot père sanglotant sur la mort de Talbot jeune occis par le beau Dunois (M. Segond) qui, effectivement, a tout à fait l'air... dunois, il nous est donné d'admirer les troupes royales, fantassins, cavaliers, etc.

> Les gens de pied, selon l'usage,
> Les gens de pied vont tous à pied ;
> Les cavaliers, pleins de courage,
> Vont tous à cheval comme il sied.

Les tambours ronflent, les trompettes strident, et, pour donner du cœur aux troupes, on leur en distille un tout particulièrement détestable. Mais bah ! ces imperfections disparaissent dans les splendeurs de la mise en scène, assez éblouissante pour faire oublier la grotesque musique de la Marche du Sacre, au tableau suivant : enfants de chœur chantant un *Venite adoremus* plutôt long, prélat majestueux, gentes damoiselles coiffées comme astrologues de bonnets pointus, cardinaux, évêques, bref tout ce qu'il faut pour un sacre bien conditionné.

Jeanne reste, mais Agnès sort, elle : le personnage de cette dame de cœur est confié Mlle Cogé, une charmante personne aux yeux de velours dont la bouche rose fait la plus jolie moue du monde, sans avoir égard aux situations : les jeux de la moue et du hasard.

Étonnant Mévisto — quel Cauchon d'enfant ! — dans la grande scène du tribunal, interrogatoire, répliques, contrerépliques, etc. On attendait la déposition de M. Liégeois, qui n'est pas venu ; mais son absence n'a pu affaiblir le succès qui, je le répète, a été considérable.

Plusieurs anglais « de qualité » se trouvaient dans la salle. Aucun n'a cru devoir siffler les tirades patriotiques débitées par les Français, ni jeter des poignées de sous aux acteurs, comme font les robespierrots du Théâtre-Français. Autre peuple, autres mœurs.

★

De Bruxelles, M. Alph. Charpentier écrit : « La parodie de « Salammbô » *Salle en beau*, permet d'attendre la première de *Sole Frite*, une parodie de « Siegfried », dont l'auteur est M. Boullard, un bien spirituel confrère. »

Bien spirituel, oh oui, bien spirituel. *Sole Frite*, ça est, pour une fois, un bien spirituel petit titre..

28 JANVIER. — La revue donnée par le club des Cyclistes Parisiens a ceci de particulier qu'elle n'est ni bête, ni grossière ; c'est en cela qu'elle diffère des choses représentées au théâtre de... ou à celui de... Mais chut ! je ne veux dénoncer aucune pièce de théâtre, de crainte que les siffleurs auxquels l'interdiction de *Thermidor* crée des loisirs n'aillent jeter des sous sur la scène que j'aurais désignée à leur vindicte.

Donc *C. C. P. Revue* a marché comme un « pedestrian », et les couplets de M. d'Estoc, sont des couplets de taille.

M. Abel Truchet, le compère, a remporté un très vif succès personnel ; grand, souple, de bonne mine, possédant une voix sympathique, (je ne pense pas qu'il m'envoie des témoins) il a su, par son jeu fin et sûr, mener à bien sa tâche, difficile entre toutes MM. Camille Steiner, Ballif, stylés par leur collaborateur Emile Cohl qui s'est révélé comme un incomparable metteur en scène, l'ont vaillamment secondé. Charmantes dans les coquets déshabillés de Gray, Mmes Philo, Véron, Gabrielle, etc., ont gazouillé savoureusement leurs couplets ; une mention spéciale à Mlle Andrée, très artistiquement costumée, dont la bonne grâce et l'élégance ont impressionné les spectateurs, violemment. Malgré une acteuse mal droite, Saint-Clair (ils feraient mieux d'être durs que clairs) *C. C. P. Revue* triomphe. Dommage d'avoir dû, si tôt, lui dire : *P. P. C.*

★

Mme Rachilde me prend à partie, dans le *Caril-*

lon, avec infiniment d'esprit, pour avoir osé dire que les acteurs du Théâtre d'Art avaient saveté *les Cenci*. J'avoue que tel était mon sentiment ; mais, puisque Mme Rachilde affirme que ces gaillards regorgent de talent, je n'y contredis plus.

C'est surtout Mlle Camée que Mme Rachilde abrite sous son aile, lui trouvant « un délicat petit corps, un joli visage de camélia blanc tout irisé d'immenses yeux de rosée pure... » Il faut croire que j'avais la vue déplorablement mauvaise, le soir où j'ai aperçu la débutante. Mais je le répète, je fais amende honorable : même si Mme Rachilde exige que je retourne voir *les Cenci*, j'y retournerai (après avoir fait mon testament) à condition toutefois qu'elle veuille bien m'accompagner.

Un mot pour finir ; j'avais parlé de la maigreur de Mlle Camée. « Toutes les femmes de grand talent ont commencé par devenir maigres, ô Willy ! » s'écrie l'ardente écrivain du *Carillon*. Je le sais bien, parbleu, Sarah Bernardht, Louise Michel, Yvette Guilbert, ressemblent plutôt à trois clous qu'aux trois grasses. Mais, la main sur la conscience, (où est-elle ?) je ne crois pas avoir reproché à votre protégée, Madame, son étisie. Car j'aime toutes les femmes maigres. Et toutes les grasses aussi.

✶

C'est encore du théâtre, l'opérette humanitaire à laquelle Henry Fèvre, l'auteur de l'*Honneur*, de *M. Pophilat*, de plusieurs œuvres originales et fortes, a donné pour titre ce distique.

Désarmement ?
Parfaitement.

L'intrigue est simple comme la colombe : l'empereur Guillaume propose un désarmement général ; par malheur, un poète revanchard, auquel je n'aurais pas cru tant d'influence, s'y oppose, « entraînant quelques amateurs de chansons, adeptes de sociétés de gymnastiques, fous de maillots et de claironnades, d'apparence saltimbanque... » C'est la guerre. Mais les peuples, pas bêtes, refusent de bouger. Les armées en activité se licencient d'elles-mêmes; il y a tant de réfractaires que les gendarmes, craignant pour eux-mêmes, se cachent, et les nations, internationalement, se mettent à l'œuvre fraternelle d'une grande réorganisation sociale, pour le plus grand bonheur de tous.

Avant de voir cela, mon cher Fèvre, je crois qu'il passera bien de l'eau sous les ponts, bien du sang aussi.

★

Le nouveau critique musical de la *Revue des Deux-Mondes*, M. Camille Bellaigue, qui, pour son début, a si brillamment franchi l'*Obstacle*, continue ses exercices de cirque au Théâtre d'Application : banderoles, oriflammes, phrases à panache. « Quel admirable poète! » s'est écriée la bonne dame de lettres que Jean Lorrain appelle « La Couveuse », celle que la *Conversion* de Courcy déguise à peine sous le pseudonyme affirmatif de Mme Auberoui.

Toutes ces dames étaient-là, les lèvres humides, l'œil aux anges, le cœur battant la chamade, pâmées : jamais l'adorable blonde du deuxième rang n'avait clos plus délicieusement ses paupières veinées d'azur; jamais on n'avait entendu s'envoler autant de « Ah! ma chère! », et de « rrravissant! »

> Prenez garde, prenez garde,
> Dames blanches, c'est vous qu'il regarde!

Des femmes, des femmes! le parfum des femmes est doux! Scandaleusement échauffé à la vue de ce parterre de reines, l'élégant Kam-Hill oubliait un peu l' « Histoire de l'Opéra-Comique depuis Jésus-Christ jusqu'à nos jours » promise à ses jolies dévotes et, la gorge en feu, ce raffiné, j'allais dire ce raffineur, s'inondait de verres d'eau que son éloquence diabétique suffisait à sucrer.

Il serait puéril de nier le talent de Bellaigue ; surtout, cette critique n'irait pas sans danger et je me soucie peu d'être charcuté par les Ménades du faubourg Saint-Germain, pour avoir égratigné leur Orphée. Prudemment, je reconnaîtrai donc l'effet très grand, et très mérité, de la tirade roucoulée par ce Coppée fleuri, sur les petits et les humbles, les vieilles bonnes, l'amour et la nuit, la nuit et l'amour. Romances des *Deux Nuits*, romances de *Jean de Paris*, chantés par Soulacroix et Clément, vous pâlissez auprès des romances de Camille !

Le mois prochain c'est Hérold qu'il exaltera à la grande joie des rendez-vous de noble compagnie qui se donnent tous en ce charmant séjour. Mais Adam et Auber, en mars, seront sacrifiés sur l'autel de *Parsifal* (vous avez bien lu, de *Parsifal*) par le grand prêtre de la *Revue des Deux-Mondes* dont l'éclectisme obstiné se rit du mot terrible « Ponce-Pilate, le plus mal famé des dilettantes », lancé à la face des dilettantes par le dilettante Jules Lemaître.

30 JANVIER. — Grâce à *Sainte-Russie*, le Pactoloff va couler dans la caisse du Château-d'Eau ; le drame de MM. Le Faure et Mohr... non, Gouguenheim a fait hurler d'enthousiasme les slavophiles de la première ; bravo ! petits pères !

Il s'agit dans ce kopeck (un kopeck, mes enfants, c'est une pièce russe) de la construction du chemin de fer transcaspien, menée à bien par le brav' général Gregorevitch, malgré les bâtons que fourre dans les roues de la locomotive un trio ignoble, — comme ceux de Benjamin Godard, — composé d'un Anglais, d'une Anglaise et du Russe Ivan.

Insoucieux des bombes, des incendies, des attaques de Kirghiz, des stères d'embûches dressées par ces trois hypostases de la Haine, le général en verre incassable accomplit sa tâche. Ses ennemis sont réduits, ainsi qu'il est chanté aux vêpres, au rôle d'infimes tabourets, *scabellum pedum suorum*. L'Anglaise est coupée en deux parties inégales par la locomotive; Yvan remporte une vestine; quant à l'Anglais... tiens! je ne me rappelle plus ce qu'il devient. Allez donc voir *Sainte-Russie*, et vous m'écrirez pour me faire connaître le sort de ce gentleman-ripper.

Après ce drame franc, russe, et franco-russe, si le tzar ne se décide pas à signer avec Carnot, renonçons-y et tournons des regards quémandeurs vers la principauté de Monaco.

*

Beaucoup moins de succès au Vaudeville qui vient de représenter en matinée trois actes de paysannerie douceâtre, douloureusement inférieurs au *Maître*, de notre ami Jean Jullien. Le rôle de la protagoniste, une petite sauvageonne aux cheveux embroussaillés, au cœur d'or, reproduit, avec une fidélité ingénue, le personnage de Rose Friquet dans *les Dragons de Villars*, délices de nos pères. Sans aller jusqu'à prétendre, avec quelques soireux dénués d'indulgence, que « Fadette » m'a fadé, je ne puis celer à l'auteur — un tout jeune bas-bleu, paraît-il — que sa pièce n'aura jamais « sand » représentations.

*

SYMBOLISTES A TABLE. — Convoqué par une carte, de typographie médiocre, à une fête amicale donnée « à l'occasion du *Pèlerin passioné* » — moi, je mets deux *n*, — je me rends à l'hôtel des Sociétés savantes. Ironie des locaux!

L'arrivée au lieu du festin, par le dédale nauséabond de la rue Serpente, ne contribue point à la gaîté; elle éclate, pourtant, quand se confrontent aux lumières la variété et le disparate des visages. L'éditeur Lacroix ne semble plus s'y souvenir de Verbœckhoven, ni Redon de ses monstres dont l'effroyable, hélas, tourne quelquefois au pompier, au déjà vu, moins Odilon que Barrot. Rops, impassible, bavarde comme la pluie sur les toits. A la table s'agglomèrent des hommes prêts à parler, prêts à manger. Ils parlent. Beaucoup. Mais, manger, hélas!

Avant tous les autres, Stéphane Mallarmé, l'air d'un vieux petit capitaine d'habillement, en retraite, toaste; imperturbablement fumiste, il ne souffle mot du génie de Moréas et le félicite, seulement, « d'avoir, le premier, fait d'un repas la conséquence d'un livre de vers ».

Dardant — attention! le signalement est de F. F. — dardant les ténébreuses moustaches et aussi, derrière un monocle circulaire, l'arrogance d'œil d'un homme dont la famille a joué son rôle dans le grand cabotinage de l'Indépendance grecque, Jean Moréas se lève, et sa voix métallique clangore la santé de Paul Verlaine.

Barrès lui succède, matois, figure glabre, pif inquisitorial, accent nancéen « à la santé de Baudelaire, qui malheureusement, est mort. » L'annonce de ce trépas imprévu jette un froid.

Un court silence : Georges Vanor se lève et, de sa voix câline : « En entendant M. le député Barrès lever son verre à la santé d'un camarade défunt qui a emporté tous nos regrets, j'ai cru — sincèrement — qu'il allait proclamer le nom de Jules Laforgue. C'est à la mémoire de cette santé que je bois. » *(Frémissement approbateur.)*

Long, lent, doux, l'œil voilé d'un monocle, le fluide poète Henri de Regnier — organisateur, avec le précité, du banquet — parle poliment de Francis Poictevin, de Philippe Gille, de Moréas qui pratique la poésie « non sans éclat ».

Palabrent aussi le nimois acerbe, Bernard Lazare, et cet américain flegmatique Francis

Viélé-Griffin, celui-ci en toute hâte, l'enfant du Gard avec ironie.

Chansons du ventripotent Chabrier, le *Falstaff du Wagnerisme*, et de Georges Vanor, le *Massenet de la littérature symboliste* ; sonnet tarabiscoté de Charles Morice, littérateur de demain, dont la calvitie précoce luit au milieu d'une ébouriffée couronne capillaire, saugrenue. Vers dits par le mince du Plessis, rebondissant et frêle, avec, sous chaque semelle, un ressort de sommier Tucker, semble-t-il ; Clovis Hugues, tout petit, tout hirsute, tout agité, débonde des strophes à l'ail. Le professeur Lintilhac, discourt, hélas ! L'adorable Anatole France ne discourt pas, hélas ! Henri Lavedan, sourit, narquois. Alfred Vallette rêve et ses lèvres murmurent le nom de *Babylas*.

Mais, comme on ne mange toujours point, les symbolistes parlent de poursuivre ce restaurateur virtuel, pour les avoir, par manque de nourritures animales ou végétales, incités au cannibalisme le plus radeaudelamédusien.

6 FÉVRIER. — Tu t'en vas et tu nous quittes, ô Derembourg, tu t'en vas !

Avant de passer la main à M. Lagoanère, le directeur des Menus-Plaisirs nous a voulu, une dernière fois, réunir dans son immeuble — c'est ainsi qu'en partant il nous fait ses adieux — pour ouïr *Une Maîtresse de langues* (rien de la marquise Auguste de Beauvache), comédie-(?)-vaudeville de l'aimable Carcenac, additionnée par M. Crisafulli — place aux jeunes ! — de mots qui ont fait beaucoup rire, vers 1840.

Sans rancune, je déclare que certaines plaisanteries de cette chose ont fait long feu qui, d'autres soirs, auraient pu, sans endolorir aucune esthétique, susciter des enthousiasmes bien parisiens. Pourquoi les spectateurs des Menus-Plaisirs sont-ils restés réfractaires comme des briques ? Je l'ignore. *Habent sua fata* les vaudevillistes. Au fond, je m'en fiche !

L'originalité de la *Maîtresse* de ce que vous savez, c'est que tous les personnages portent des noms de stations : Vernon, Pontarlier, etc. On ne peut les appeler sans crier gare !

Une scène drôlette : pour récupérer le Théodore qui l'a plaquée, la verticale Vernon s'enferme avec ce ponte béant de stupéfaction dans une chambre dont les murs assourdissent les sanglots, étouffent la plainte. Elle arrache son corsage, elle bouscule le mobilier, elle se décoiffe comme Jean Rameau, elle crie au viol !

L'âme ravagée par cette folie amoureuse, son partenaire, qui a lu Catulle Mendès, s'humanise :

> Querelleuse, va ! j'aime encor
> Ton regard quand il se courrouce,
> Car dans tes yeux d'émail et d'or
> La colère elle-même est douce.

Dès qu'il veut d'elle, elle ne veut plus de lui ! Elle entend rester maîtresse de langues, mais pas de Théodore, et, v'lan ! elle le jette aux bras d'une Espagnole de tra los Montmartros, tandis qu'elle-même réintégrera le domicile conjugal avec le prétendu mari de ladite, en lequel elle reconnaît — ô coup du sort ! — son légitime époux : Pontarlier (vingt minutes d'arrêt, excellent buffet, marchande de journaux grande, brune, fort aimable, ma foi !).

Dans quelques jours, M. Lagoanère va nous ramener les jeux et les ris, et l'opérette, et Denise Peyral à la voix de fauvette.

14 FÉVRIER. — On rit aux Folies-Dramatiques, des *Mousquetaires au couvent*, une contrefaçon du *Comte Ory*, pas maladroite, où l'on a remplacé la musique originale par les flonflons de Varney, beaucoup plus appréciés. Morlet joue avec sa verve coutumière le rôle du beau Narcisse, auquel il a su donner des allures à la d'Artagnan bien

troublantes pour les madames Bonacieu du quartier. M. Lamy n'a plus de voix du tout; on l'écoute avec un plaisir infini. La plupart des dames qui figurent dans l'opérette de Jules Prével et de feu Paul Ferrier se montrent assez médiocres, à l'exception d'une certaine demoiselle Freder, qui, elle, s'affirme exécrable.

Et pendant c'temps là, Duquesnel reprend *le Courrier de Lyon*, joué, bien entendu, par Paulin-Ménier, le seul Ménier dont le talent ne blanchisse pas en vieillissant.

16 FÉVRIER. — Les personnes qui désirent parler des drames wagnériens avec agrément et compétence, ont le choix entre trois procédés, sans compter la méthode (elle eut son heure de gloire) qui consiste à vigoureusement abattre l'œuvre, comme une corneille des noix, sans en connaître une note, ce qui permet de n'être point influencé par elle, et de conserver ainsi toute liberté de jugement. Mais aujourd'hui, le vieux Commettant reste presque seul, à se permettre ces sortes d'escartades.

Premier procédé. — Se rendre à Bayreuth. C'est une petite ville de Franconie, laide et maussade, infestée d'Anglais, où les notes des aubergistes s'inspirent toutes — semble-t-il — de la devise *Quo non ascendam!* si chère à Fouquet (le meilleur café...) Dans les boutiques, on trouve des numéros dépareillés de la *Revue wagnérienne*, des cartes postales salies de hideuses photozincographies du Théâtre, des portraits de Wagner jeune, vieux, mort, des pipes dont le fourneau porte en exergue quelque leitmotiv. Guy Ropartz, un jour, me montra Edouard Dujardin — depuis bookmaker, je crois — en extase devant une paire de Pantoufles-Parsifal où le héros du Graal était représenté, au point croisé, à genoux devant la lance miraculeuse.

Deuxième procédé. — Les amateurs qui reculent devant les frais du voyage et l'horreur de la bimbeloterie wagnérienne se procurent moyennant la somme de 3 fr. 50 (avec remise 2 fr. 75) le volume d'Alfred Ernst : *Richard Wagner et le drame contemporain*. C'est Bayreuth chez soi. Il s'y trouve, outre l'analyse de tous les drames du Maître, depuis le *Vaisseau-Fantôme* jusqu'à *Parsifal*, de très originales théories sur l'impulsion donnée par Wagner au mouvement artistique actuel, littéraire et pictural, des idées ingénieuses et fortes dont le développement n'est qu'une affaire d'habitude, des citations en allemand (ô joie !) un paragraphe sur l'Idée religieuse qui fut colporté dans les salons bien pensants par Robert de Bonnières, en un mot, tout ce qu'il faut pour confectionner des articles compétents devant lesquels le *profanum vulgus* n'a plus qu'à s'incliner.

Lors du dernier pèlerinage à Bayreuth, j'ai rempli ma valise de linge, fourré le livre d'Ernst dans ma poche, embrassé ma petite amie (ce fut déchirant) et j'ai cinglé vers Asnières-les-Grenouilles pour y demeurer pendant tout le temps des représentations. Puis, j'ai regagné le foyer simili-conjugal, riche en impressions de voyage, truffé de documents, intarissable sur le peu de confort des chemins de fer allemands. Ma petite amie me trouva maigri.

Troisième procédé. — Celui des gens consciencieux, des centre-gauche du wagnérisme, honnis de Charles Bonnier : le voyage à Bruxelles. Au prix d'un déplacement de quelques heures, vous pouvez serrer la main aux caissiers qui ont franchi la frontière et avec lesquels vous n'avez pas eu la candeur de cesser toute relation, sachant bien qu'ils reviendront en France riches et considérés ; vous achetez pour les amis que leur petitesse attache aux rivages de la Seine (ô la volupté sournoise de frauder la douane !) vous achetez de

magnifiques cigares, d'ailleurs infumables ; et,
par dessus le marché, vous entendez des pièces
belges de Wilder qui — malgré le dire de certains
forcenés intransigeants — ont avec les drames de
Wagner d'indéniables ressemblances.

★

Et maintenant, voici qu'en France — où donc
étiez-vous, les Commettant de la critique, les
Grandmougin de la littérature, les Diaz de la
musique ? — à Rouen, berceau de notre Boïeldieu,
un homme s'est rencontré, d'un flair incroyable,
directeur raffiné, qui s'avisa de représenter *Lohengrin*, et de gagner ainsi la forte somme. Trois
mois avant la première, les feuilles locales citaient
des passages laudatifs de Malherbe et Soubies,
reproduisaient des effusions nébuleuses de Schuré,
démarquaient les intenses et poétiques analyses
de Catulle Mendès, préparaient l'opinion. Il est
mort, que diable ! On peut bien essayer de jouer
sa musique.

Seul, un organe de Pont-Audemer tint bon ;
jusqu'au bout, il empontaudemerda ses lecteurs
avec des âneries fulminantes, presque aussi bêtes,
ma foi, que les chauvinepties de M. Lucien Nicot,
le chef du rayon Patriotisme à *la France*. En
vain. Le *Réveil de l'Eure* eut beau prêcher l'heure
du réveil, la Ligue des patriotes rouennais ne
grouilla point. Nous avons eu *Lohengrin*. Demain,
c'est Nantes qui va l'applaudir. Et, n'en déplaise
aux crétins attardés qui voudraient recommencer
leurs manifestations du 3 mai 1887, nous aurons
Tannhæuser, *Siegfried*, *Rheingold*, autant d'événements dramatiques marqués par le destin
(Thème 21 en *la mineur* : mi fa sol fa mi ré do mi
ré do si) supérieur aux dieux, supérieur même au
Réveil de l'Eure.

24 FÉVRIER. — Il faut vous dire que je soirise à
la *Paix* ; c'est un métier honorable et pas fatigant,

payé d'ailleurs sans excès, mais avec une exquise régularité ; le 2, je touche dix louis et une poignée de main du caissier, M. Carlier ; c'est réglé comme... comme ne l'était pas souvent la prolifique mère Gigogne.

Seulement, si vous croyez que je puis dire, Fortunio pansu, qui j'ose aimer, quels auteurs me dégoûtent, quelles cabotines m'allument, quels vaudevilles m'anéantissent, vous vous introduisez l'index dans l'orbite jusques à l'aisselle inclusivement.

C'est ainsi que l'auteur de *Liliane*, Léopold Lacour, pouvant se targuer de ce bienfait des dieux, l'amitié du directeur de la *Paix* (Joseph Montet, esquire), il me fut interdit de déclarer que la nouvelle pièce du Vaudeville aurait grand mal à franchir le cap de la cinquième représentation. Bien plus, Félicien Champsaur bénéficia de la sympathie inspirée par son collabo à mon singe. Ici, je me rattrape.

Certes, j'ai vu développer, au théâtre, pas mal d'idées niaises, mais je ne me rappelle rien de plus navrant que la conception-mère de *Liliane* ; l'idée de nous intéresser à un ruffian, épouseur d'une Américaine truffée de millions, sur lesquels il promet une bédide gommizion de dix pour cent à l'ami qui a maqu...ignonné ce mariage, cette idée ne pouvait germer que dans le cerveau du plus félicien des Champsaur. M. Léopold Lacour qui, lui, ne manque pas de talent, bien qu'il ait longtemps professé la rhétorique à Nevers, a donc la rage de ne collaborer qu'avec des gaffeurs ? Pour ses débuts, il s'acoquine à Pierre Decourcelles ; aujourd'hui, il s'engante de Félicien Champsaur ; demain, qui, alors ? Paul Alexis ?

Jolis décors ; toilettes enivrantes ; le jour de la répétition générale, Mlle Brandès, agacée du bruit que faisaient les franges d'acier de sa traîne, a pris un parti énergique : comme Gambetta, comme le chien d'Albert Wolf, elle a coupé sa queue.

P. S. — Aux Menus-Plaisirs, fructueuse reprise des *Noces de Mlle Loriquet*, un allègre vaudeville Clunyque de l'ami Grenet-Dancourt, joué avec un entrain du diable par la troupe du sinistre Derembourg. On sent que ces braves gens ne se tiennent pas de joie en songeant que leur négrier va bientôt vuider les lieux, — ce à quoi il s'entendra beaucoup mieux qu'à remplir une salle de théâtre.

26 FÉVRIER. — *La Meule*, a broyé des fausses pudeurs, concassé des indignations de commande; mais qu'elle fut donc lourdement jouée par Antoine, avec quelle veule gaucherie, presque aussi mal qu'auraient pu le faire des cabots de théâtres subventionnés. Et puis, dites, c'est un parti pris de ne plus jamais apprendre ses rôles ? Si la Compagnie du Gaz voulait bien ouvrir des bras miséricordieux à son employé prodigue, las d'avoir fait paître tant de cochons (sans compter celui de *la Nuit de Noël*), je crois qu'elle ferait une médiocre acquisition, mais elle nous rendrait un signalé service.

Car, enfin, elle méritait une autre interprétation, cette œuvre cruelle, d'une férocité logique, sinistrement glaciale. Accoutumées aux mornes turpitudes des naturalistes, les bouches des acteurs, grimaçantes, ne savaient plus prononcer les phrases de Georges Lecomte, d'une originalité fière.

On a feint de s'effarer des audaces; devant moi, un gros peintre brun, décoré, criait: « C'est invraisemblable et dégoûtant ! » Dis donc, obèse fignoleur de scènes Louis XV, tu ne connaîtrais pas un monsieur — un peintre brun, décoré, — qui, après la mère, s'est offert la fille ?

Je crois, dit l'auteur, que ma pièce était d'une tenue serrée. Il a raison. Au fait, si je lui laissais la parole. Il s'exprime mieux que moi. Marchez, Lecomte !

« Comme l'indique nettement Willy, l'intuitif soiriste, j'ai tenté de « montrer l'écrasement des bonnes volontés et des caractères, même loyaux, sous les nécessités sociales. D'où ce titre : *la Meule.* »

Je prenais deux âmes honnêtes, celles de M. Rousselot et de sa fille Jeanne ; à la fin du premier acte, elles réalisaient le maximum de beauté humaine. Et il fallait que, par une démonstration rigoureuse et très précise, elles fussent, à la fin du quatrième acte, complètement déprimées et vaincues. Je ne vois le drame que comme un raisonnement mathématique mis au service d'une passion ou d'une philosophie et j'ai tenté, sans y réussir évidemment, de déduire logiquement jusqu'au bout les scènes les unes des autres.

Or, après le premier acte, il est entendu que le père ne transigera jamais et que la fille résistera aux volontés de sa mère qui, dans mon esprit, symbolise toutes les compromissions et toutes les défaillances. (Le rôle de la femme dans la vie conçu philosophiquement me semble délétère).

Dès le début du deuxième acte, on apprend que, trahissant leurs promesses, Mme Rousselot et sa fille ont aussitôt revu M. de Stellanville. C'est la première défaillance, sans gravité encore, mais qui est une indication des défaillances futures. J'avais d'ailleurs, dans les dernières répliques du premier acte, légèrement fait pressentir les désobéissances possibles de Jeanne, qui résiste aux exhortations de M. Rousselot, l'adjurant de ne pas regarder les soldats et s'écriant, courroucé : « Jeanne, tu me désobéis déjà ! »

Aussitôt après, il me fallait justifier par les troubles moraux et physiques de la jeune fille, par son ennui, ses inquiétudes, sa nervosité, son ardent désir du mariage et d'une situation sociale, l'acceptation qu'elle fera ultérieurement de la main du vieux Stellanville. Elle exprime donc toute sa tourmente d'âme et de corps, en un langage d'ingénue que de tristes visions ont un peu déniaisée, à son ami Edmond Morin, type nettement indiqué du jeune homme contemporain, sans élan, sans cœur, pratique et d'un scepticisme irrémédiable. Comme leur enfance a été réjouie par une tendresse réciproque, elle pense que cette tendresse s'est perpétuée dans l'âge mûr et, délicatement, discrètement, chastement, elle montre à son ami qu'avec bonheur elle deviendrait sa femme. Mais celui-là, qui ne songe point à s'empêtrer d'une épouse non rémunératrice, chavire ses rêves, candides encore malgré leur complexité déjà bien féminine. Donc, après cette scène, on sait que Jeanne a perdu ce dernier espoir longtemps caressé et que, sans un stupéfiant hasard, elle est vouée aux rigueurs du célibat pauvre.

M. de Stellanville survint. Il réalise cette difficulté lourde de demander en mariage la fille de sa maîtresse en ne cessant de lui faire la cour et de la cajoler. Il exprime, en outre, de très caractéristique façon et dans un style fort enveloppé, tous ses érotismes cérébraux de vieillard. Très emphatique et poète à sa façon, enjolivant d'arabesques de style la nudité de ses désirs pervers, il s'explique entièrement sans user d'un mot malpropre ou trop crûment révélateur.

Il débite avec emphase le poème alambiqué de ses appétits sans un détail cynique et révoltant. Il se sauve par des joliesses de style. (Les deux répliques excessives ont été supprimées entre la répétition générale et la première, non pour plaire plus aisément au public, mais parce qu'elles étaient sans utilité pour une plus intégrale explication du type). Mme Rousselot, d'abord interloquée, inquiète de voir cette affection, réfléchit, en femme pratique et prête à toutes les transactions, aux avantages sociaux de l'offre, et consent. Je prétends encore que cette scène, si enveloppée, toute de réticences, n'était pas brutale et valait par la prudence enguirlandée du style. Mais la tête de l'acteur (plein de talent pourtant), qui fut chargé du rôle, contribua à l'enlaidir : il avait fait, du vieux beau indiqué, un gâteux croulant et cette exagération de sénilité rendait, en effet, la scène terrifiante : au fond de mon avant-scène, le jour de la répétition générale, j'en fus épouvanté.

★

Dès le lever du rideau, au troisième acte, nous savons que M™° Rousselot et le jeune Edmond, d'accord dans la machination, vont chercher conjointement à circonvenir Jeanne et à la convaincre. On est dans l'alanguissement de la digestion d'un très fin déjeuner. Jeanne est rebelle, malgré toutes les gâteries de Stellanville, aux premières attaques : elle reste froide. Mais on recense les cadeaux ; très femme, et naturellement très sensible aux attentions, elle s'anime, mais dès que M™° Rousselot, croyant trop tôt que le moment décisif est arrivé, commence à insinuer doucement la candidature du vieux beau, Jeanne s'exaspère, pleure, exige le renvoi immédiat des présents qu'il lui fit ; on sent que, malgré la séduction de l'or et de la situation, elle ne veut pas fléchir.

Il fallait trouver dans la conduite de la pièce un évènement assez dramatique et assez puissant pour vaincre ses résistances et arriver logiquement au dénouement. S'il s'était agi d'un roman, je n'aurais pas eu recours à un moyen brutal, trop violent. En cinquante pages, où l'enveloppement progressif de la pauvre fille, par Stellanville, sa mère, et son ami, eût été relaté, j'aurais montré ses résistances peu à peu moins âpres se résolvant insensiblement en concessions, en faiblesses, en transactions qui, par dégradés ténus, eussent abouti, après d'inutiles révoltes, au mariage nécessaire.

Mais au théâtre, j'ai deux heures pour parachever une démonstration et, qu'on veuille bien ne pas l'oublier, j'ai prétendu laisser mes personnages dans un état d'âme absolument antipathique à celui dans lequel je les ai présentés au début de l'action.

Or, dans la pièce, quelle scène pourrait être assez forte pour déterminer une brusque évolution dans l'esprit de Jeanne ? Je n'en ai pas vu d'autre qu'une déclaration chaleureuse du jeune cynique à Mme Rousselot dont, au premier acte, je l'ai indiqué follement épris. Jeanne ouvre silencieusement la porte, perçoit les phrases les plus ardentes, et s'enfuit épouvantée.

Toutes ses illusions s'envolent : c'est l'écroulement définitif de ses espoirs et de ses croyances. Il est évident que ce spectacle l'a vaincue. Mme Rousselot et Edmond ont entendu le bruit de la porte soudain refermée, ils y courent, l'ouvrent, interrogent l'obscurité effrayante du couloir d'hôtel : Rien. Un grand silence de crainte douloureuse. (L'effet tragique a parfaitement porté sur le public). Jeanne rentre, sûre d'elle, énergique dans sa candeur blessée, tandis que sa mère est encore haletante de son effroi. À une nouvelle interrogation directe de sa mère, Jeanne accablée, fort tristement, en un *long* couplet où elle énumère ses douleurs, son amertume, ses regrets et son honnêteté persistante, dit, au milieu de larmes et de sanglots, qu'elle consent à tout. La bonne volonté de la jeune fille est bien manifestement écrasée.

Il faut convaincre le père : après des phrases de prudence serpentine, Mme Rousselot émet sa proposition. La rébellion de l'honnête M. Rousselot est énergique : il crie, menace, mais sa femme, en un résumé complet circonstancié, concluant, fait l'exposé précis de la situation ; il se résout en ces mots : « Si tu ne consens pas, nous mourrons tous de faim. Nous ne pouvons pas mendier. Il n'y a pas de salut ». Rousselot examine toutes les hypothèses, s'arrête aux plus fugitifs espoirs, aux plus vagues possibilités. Mme Rousselot lui démontre le néant de ses conceptions. Le pauvre homme est vaincu, fatalement vaincu. Il récrimine, il gémit. Sa femme a raison; c'est l'écrasement, et des phrases comme celles-ci montrent son désespoir: « Que c'est commode d'être honnête quand on est riche! » Après cette scène, prudente, délicatement traitée, je crois, malgré ces rudesses nécessaires et ces tristes constatations sociales, Jeanne rentre. Son père n'ose point avoir une explication avec elle. L'hypocrisie est installée au foyer. J'ai évité un nouveau dialogue entre le père et la fille qui eût été la vaine réédition du dialogue précédent entre M. et Mme Rousselot, non pas seulement pour abréger le drame, mais dans un but de vérité: l'hypocrisie règne généralement dans les intérieurs troublés.

★

La pièce s'achève dans un silence lourd de signification sinistre; les tambours du bataillon qui passe viennent ranimer un peu, de leur vie extérieure et factice, la mortelle torpeur de cette intimité...

3 MARS. — Voilà les drames terroristes qui recommencent! Le Châtelet exhume un fétide *Camille Desmoulins* — ça vous apprendra, mes enfants, à siffler *Thermidor*, qui, sans vos huées jobardes, fût tombé tout seul, avec une rapidité qui aurait, pour longtemps, dégoûté les théâtres des pièces 1793. — Rien de particulier à signaler dans ce mélo guillotinard où cette grande seringue de Scipion joue le rôle de Westermann: « Fife la Rebiblique! A pas Ropesbierre! » Ah! ma chère, ce que j'ai ri!

★

Passionnément, comédie delpiteuse, a été agrafée à plusieurs reprises. On jouera ça dix fois. Ça défie l'analyse. C'est la réhabilitation de Georges Ohnet.

Lugubre, cette salle de l'Odéon. Sans les gaffes de tenue, de diction, de jeu, du célèbre Albert Lambert père (qu'applaudissait à l'unanimité le jeune Albert Lambert fils), on n'aurait pu rire une pauvre petite fois, tant il se dégageait de ces situations éculées, de cette prose pompier, de ce tas de loques vieillottes, une odeur entêtante d'embêtement.

Cependant que se déroulent des tirades à la Pixérécourt, on cause; cette femme-colosse, Mᵐᵉ Meley, c'est pour elle que Delpit vient d'écrire le rôle de l'*Étrangère*, fille de Mistress Clarkson, petite-fille de la Milady d'Athos, élégante et sournoise comme ses aïeules, mais plus rococo.

— Alors, c'est le *Delpit Amoureux*, cette pièce?
— Non, ce brave garçon n'est amoureux que de l'Art.
— Amour sans espoir, en ce cas.

La pièce continue à sévir. Cambré dans une redingote-guérite « *non pluribus impar* » Albert Lambert agite des mains gantées de peau de chien cruellement rouge, qui semblent tracer dans l'air des sillons lumineux.

Camille Doucet, frileusement enfoui dans sa pelisse de fourrure, déclare la pièce « vieux jeu » Tu quoque, Brute! (un B majuscule, s. v. p.). Pendant l'entracte, il monte sur la scène et serre, plein d'affection les mains loyales de l'auteur. « Vous n'avez rien fait de mieux, mon cher Delpit ». C'est peut-être vrai.

Mᵐᵉ Meley n'embellit pas. Le voisinage même de Mˡˡᵉ Kesly ne suffit pas à la faire trouver jolie. Et quand Duményi — médiocres, ces jaquettes d'appartement — parle avec enthousiasme de « la séduisante créature qui... » un rire incoercible lui coupe son lyrisme. Le blond Doumic plisse ses yeux fins et songe aux malices qu'il cisèlera dans le prochain feuilleton du *Moniteur* à l'adresse de cette jeune géante; Camille Bellaigue du haut de son balcon télégraphie à son éditeur, l'aimable wagnérien Delagrave, des appréciations joyeuses; Adolphe Brisson, indifférent et beau comme le Bacchus indien, susurre dans l'oreille paternelle de Sarcey, d'ironiques réflexions. « Pourtant, mon gendre, Delpit est homme de théâtre. Seulement, quand il rate, il rate bien. Quand je songe qu'il a raté, jadis, Paul Alexis ! » Le général de Galiffet applaudit poliment. Ollendorff ne bronche pas; il a édité *Passionnément*; il songe. Albert Wolf trouve la pièce bien froide pour arborer en titre cet adverbe échauffé.

La petite Déa Dieudonné joue aussi faux, aussi mièvre que possible, mais on la trouve gentillette, son amazone l'amincit encore et, si grêle, elle impressionne énormément les messieurs âgés, amateurs de saucisses plates.

Etrange inadvertance : d'un rôle épisodique supprimé à la répétition générale, dix lignes ont été conservées par mégarde, dix lignes incompréhensibles, n'ayant plus avec l'action le moindre rapport, qu'un doux comparse a bafouillées, plein d'émoi. Mais on n'a plus la force de s'étonner. Veston « dernier cri » du *masher* Paul Reney; deux justiciers de l'école Dumas fils insultent vidangeusement une femme qui pleure; tous les personnages qui causent en vrais pédezouilles, férus d'élégances pétrousquines, répètent avec conviction : « Je suis trop Parisienne pour... Un vieux Parisien comme moi... Nous autres Parisiens... » M⁽ᵐᵉ⁾ Melcy grandit encore.

Raoul Toché confie à son voisin que Porel fait bien les choses. « Car, enfin, il a prêté à Delpit cette actrice tout entière. Un directeur de l'Odéon moins généreux, possédant une pensionnaire de cette taille, en aurait certainement gardé la moitié pour le répertoire. Et, encore, il lui en serait resté un peu pour les représentations populaires à prix réduits. »

Ah! Fuyons, fuyons Delpit et l'Odéon, rentrons

à Paris, escaladons Batignolles-Clichy dont les Couturat, « chanteurs ivres du vin des rimes miroitantes » ont célébré le los.

> L'omnibus est lancé sur le pavé qu'il brûle ;
> La vitre geint, les ais craquent, l'essieu garrule ;
> Les voyageurs, au gré d'innombrables cahots
> En un roulis cruel entrechoquent leurs os ;
> Et filent, visions vaguement apparues,
> Vitrines, gaz, maisons, églises, places, rues ;
> Quais, ponts et Carrousel, comme un éclair ont fui ;
> Et l'Opéra lointain, les Français pleins d'ennui
> Qui baillent, ont passé pareils aux silhouettes
> Qu'un vent de songe évoque en l'esprit des poètes !

Aux pauvres diables encrassés de prose delpiteuse, qu'un bain de poésie est doux !

8 MARS 1891. — Par deux fois, au cirque Lamoureux, le couple Lehmann-Kalisch, aggravé de Mlle Mangin, chevrotante Brangaëne, a chanté de copieux fragments de *Tristan et Isolde* (IIe acte) « depuis l'entrée de Tristan » dit le programme — en réalité 48 mesures plus haut — « jusqu'à l'arrivée du roi Marke », cocu triste et doux.

Ivres de snobisme, les bourriques distinguées des places chères ont furieusement acclamé cette œuvre surhumaine, malgré leur ignorance des thèmes conducteurs, l'insuffisance du ténor, la redoutable sécheresse de l'orchestre, l'emballement final des violons (ont-ils pressé, les mâtins !) malgré l'absolue impossibilité de comprendre, phrasée sur une estrade de concert, cette musique essentiellement scénique à l'intelligence de laquelle sont indispensables les jeux de scène admirables, minutieusement réglés par Wagner.

Les cuivres s'obstinent à écraser les voix : C'est la Nuit, la Nuit protectrice et douce aux amants enfin délivrés des contraintes du Jour. Isolde vient de jeter à terre la torche, signal du rendez-vous, et, tandis que la fidèle Brangaëne, en haut de la tour du veilleur, l'oreille aux fanfares de la chasse royale, déjà lointaines, fouille l'horizon de ses yeux inquiets, l'épouse du roi Marke, divinement adultère, frémit aux bras de Tristan, si loin du monde, abîmée dans une extase infinie. Oh! ce dialogue haletant, à voix basse, après le premier cri exaspéré par l'attente, cette voluptueuse prière de la Chair, plus furtive qu'une caresse, où ces ennemis du Jour appellent, enlacés, l'ombre protectrice et l'oubli de tout! (*Queen Mab*.)

« Descends sur nous, Nuit de l'Amour, enlève-moi la notion de l'être, affranchis-moi de l'Univers... Illusions et souvenirs, l'auguste divination de l'obscurité sainte les éteint... Dès que l'œil haï du Jour s'est fermé, les étoiles de la Félicité, lentement, nous versent leur souriante pâleur. Le monde s'efface, et c'est nous, les amants, qui sommes le Monde. Cœur à cœur, lèvre à lèvre, ô Nuit, plonge-nous dans l'éternel sommeil sans aurore. » *Sink hernieder, Nacht der Liebe!...*

C'est le moment que, soucieux de faire du bruit dans le monde, choisit un corniste distingué pour meugler comme un veau ayant perdu Madame sa mère.

16 MARS. — Excusez-moi si je suis un peu long, mais le livret fourni par J. Richepin à J. Massenet est trop touffu pour que je ne le suive *pas pas à pas*. (Le temps de recommander aux symbolistes cette sonorité suggestive, et je suis à vous).

Abrités par un conifère dont la croissance rapide justifie la comparaison « vite comme un cèdre » un tas de touraniens vaincus fredonnent mélancoliquement, sous la conduite de M. Affre qu'accompagne une plaintive clarinette basse d'un bel effet. Eclatent les fanfares persanes — Guerre au Touran! jamais, jamais en Perse..., etc. — sur les frémissements en triolets des cordes graves, procédé *Lohengrin*, et le vainqueur Zarastra, au sortir de sa tente, reçoit à brûle-cuirasse une déclaration violemment sensuelle, en *mi mi* majeur de la nommée Varedha, qu'il repousse pour soupirer avec la captive Anahita un duo câlin : « Dis moi que tu m'aimes » destiné à faire fureur dans les casinos, cet été.

Recalée, la pauvre fille songe à s'ensevelir dans une cave et exhale sa douleur en un monologue assez puissant, retranché jadis des *Erinnyes* parce qu'il faisait longueur. Mais son papa, prêtre rancunier, dans l'âme dévote duquel il entre beaucoup de fiel, l'incite à la vengeance « J'ai consulté les dieux » dit-il, avec trombones à l'appui de son affirmation, et, aidé de l'orchestre qui reprend le dessin sur lequel le couple a roucoulé, il lui dépeint le militaire qu'elle aime, aux bras d'une rivale, si astucieusement, plein d'une cautèle si karnac, que Margared, je veux dire Varedha, exaspérée, vomit du Verdi, à six-huit, allegro *con fuoco*. Voilà où mène la jalousie!

Grand défilé sur le pont de Bakhdi, *via* Avignon, où tout le monde passe, prisonniers noirs, chefs aux tiffes péladaniques, vierges magdaléennes — si j'en crois le motif qui souligne leur venue — exprimant leur douleur par des agitations ombilicales, esclaves porteurs de peaux, de cornes de buffles, d'articles divers, grand déballage fin de saison. Le gros lot, c'est Anahita ; engluée par une sirupeuse cantilène à 3 bémols de Zarastra, dont la péroraison se souvient trop fidèlement du *Roi de Lahore*, elle accorde à son vainqueur son cœur, sa main, et ses dépendances. On va les marier, quand...

Quand arrive Varedha ; étayée d'une grosse de faux témoins, tous prêtres comme son auteur (vive l'article 7!) elle jure que Zarastra lui a promis le mariage et chante de l'*Hérodiade* avec une conviction assez bien jouée pour persuader tout le monde, même Anahita, qui repousse son fiancé, en lui esquissant un douloureux cantabile destiné à servir de thème au prélude du cinquième acte.

Fureur du général, il crie comme un putois, on l'insulte, il se rebiffe, il prend le maquis, i' s' fait curé, non sans avoir chanté en *la* — il est si fatigué ! — un petit thème que développeront plus tard ses disciples, dans leur hymne.

A l'acte suivant, nous le retrouvons mage encor beau, sur sa roche perché, conversant avec Dieu pendant que son peuple tournant le dos au public, — selon les fortes traditions du Théâtre-Libre — marmonne des psalmodies épouvantées, à douze-huit, sous un orage effroyable, tempête orchestrale, éclairs orientaux accompagnés de fumée Camille Flamarion, obtenus avec un mélange de poudre de magnésium et de phosphate de chaux projeté sur une tôle rougie; l'uniforme des figurants aidant, on se croirait encore dans l'enfer (pé)-Dantesque de Benjamin Godard. Enfin, le baromètre remonte et le mage redescend débiter à ses disciples un andante douceâtre provenant de *Marie-Madeleine*, histoire de nous prouver que la religion catholique a copié les livres Zend, et que le sermon sur la montagne reproduit les discours, également orographiques, de Zoroastre. — Massenet, ton symbolisme à la détrempe m'épanouit.

Pour se dépoisser de ces phrases à la gélatine, tout le monde entonne un hymne pénitentiaire, d'orchestration maigre, dont les vers feront difficilement oublier Virgile, et pas jeune d'inspiration, qui, arrivant là comme mars en carême est, vous vous y attendiez, écrit à quatre temps. Après quoi, l'orchestre murmure le motif entendu au commencement du trois, et Zarastra qui connaît son *Parsifal* exécute une prière mimée à faire crever Gurnemanz de jalousie; mais Varedha vient troubler ses dévotions, aguicheuse : « Joli mage, monte donc chez moi, je serai bien gentille. De quoi? tu veux me cogner? vas y! un pain de toi, c'est un bécot d'un autre. » Et les appâts ballottent, et les changements de rythmes se multiplient, haletants, et les promesses se précisent, et la mélodie évoque les abords du Gymnase entre onze heures et minuit; je vous recommande le rallentando « Ce sera comme un baiser! » *Très expressif*, dit la partition. J' t'écoute!!!

Malgré tout, Zarastra tient bon; enragée de cette résistance, Varedha s'en va, avec sa veste, et le prévient que son Anahita va épouser le roi du pays, un monsieur bien vêtu, coiffé d'une tiare à trois ponts.

Effectivement, on fait une noce, à tout casser. Dans le sanctuaire de la Volupté, au pied d'une statue haute de six mètres — représentant, sauf erreur, Mme Adiny, grandeur nature — se trémoussent des derviches tourneuses qui jadis, adorèrent Dagon, à en juger d'après certaines réminiscences de *Saint-Saëns et Dalila* (toujours drôle, s'pas?). Tapages scandaleux, la fête de Neuilly et les trompettes des *Meistersinger*, le marchand de robinet, le « sarussophone » qui beugle comme un Fafner influenzé; on s'enivre avec la liqueur Homa, inventée par Galli de *l'Intransigeant*, que célébra *Mireille*, vous savez bien « Homa-Galli, ma bien aimée… » Quand tout le monde a son plumet, les portes d'or d'*Esclamonde* s'ouvrent; le roi sort d'une niche, Anahita sort d'une autre niche; la troisième niche, vous la verrez tout à l'heure. En vain la pauvrette qui ne veut pas de cet amant couronné lui chante la berceuse-lamentation touranienne du premier acte en la finissant, cette fois, sur un accord majeur, parce qu'il y a cas de *force idem*. En vain elle prophétise — « comme une sibylle » dit le livret qui se souvient des services rendus par Mlle Sanderson — la venue de son peuple vengeur, autant recommander la continence à un gorille en rut. On entend un formidable coup de gong et le mariage est prononcé. C'est ici qu'intervient la troisième niche.

Elle est bien bonne, la niche que font à leurs vainqueurs du premier acte les Touraniens revanchards. Ils bousculent tout, effondrent les escaliers, chambardent le Temple, égorgent le roi, jugulent le grand prêtre, massacrent Varedha et crapsent toute la figuration.

Le bon statisticien Zarastra s'occupe à recenser les cadavres avec un dégoût qui nuit à la cohésion de ses métaphores:

..... Varedha, les yeux *vides!*
La haine rend vivants ses yeux *qu'emplit* la mort!

quand il voit entrer Anahita. Ivresse. Frénésie.
« — Quel dommage que tu sois entré dans les ordres! — Je m'en fiche pas mal; mon seul Dieu c'est toi! » Et il le lui prouve en affublant de paroles érotiques l'air religieux de l'acte précédent. Pour ne pas être en reste Anahita ajoute un temps à la phrase d'amour qui n'en comptait que trois au premier acte. On s'empile dans les extases. Patatras, Varedha ressuscite!

Décidée à tout, elle y va de sa petite incantation du feu et, maudissant les amants inquiets, elle supplie la statue de Mme Adiny de les brûler de plus de feux qu'elle-même n'en sut allumer dans le cœur du Mage: « O flamme agrandie, sois sur eux brandie, et retombe en pluie aux flots crépitants, pour illuminer mes derniers instants! » La fumée envahit la scène, les flammes escaladent les murailles, puis la statue incandescente s'effondre dans un gouffre embrasé d'où jaillissent des tourbillons d'étincelles. C'est splendide cet incendie. On dirait qu'il a été réglé par M. Carvalho.

Rassurez-vous, Zarastra commande aux éléments; à sa voix, les vagues ardentes s'écartent pour le laisser passer avec sa dame. Varedha crève de rage, et le rideau tombe pendant que tonne à l'orchestre l'Hymne des Mages. Ouf!

29 MARS. — Une grande salle du faubourg Poissonnière (*Théâtre d'Art*) bête comme un Carnot en pain d'épice, avec des toiles de pom-

piers, de tachistes et de pompiers-tachistes qui attristent le vestibule. Mais vite, au rideau.

★

Assez longuement, avant de s'étendre, répandant une pesanteur de mèche insuffisamment ointe et d'huile bon marché, crépitèrent les *Veilleuses*, de M. Gabillard. L'intrigue, plutôt gaie, voici : un sonneur de village a cassé sa cloche ; sur son lit, raide, il gît ; un peu d'odeur, déjà. L'orpheline le veille, assistée de maritornes dont les confabulations, après de courtois regrets à l'adresse du D. C. D., glissent à des banalités égoïstes. L'orpheline s'en affecte ; à tort : pourquoi demander à ces femelles un altruisme auquel, mille diables, elles sont bien en droit de préférer ton égotisme, divin Barrès !

D'ailleurs, le bonhomme au sable ne tarde pas à passer ; l'orpheline va ronfler, comme une jeune fille munie d'un père ou de deux. Et seule, auprès du cadavre qui s'obstine à fouetter, demeure une folle. Vous comprenez de reste : ni les indifférences du voisinage, ni la douleur tôt apaisée, rien que l'inconscience, et patati, et patata...

Au fond, je m'en fiche pas mal, moi, de votre sonneur : seul, son collègue nocturne, Adolphe Retté peut s'intéresser à lui. Si encore c'était le Cartahaix dont la science campanalogique et le catholicisme vigoureux effarent, chaque jour, les lecteurs de *Là-bas*.

★

Le « Clou » de la soirée, comme ils s'expriment, c'est *Madame la Mort*. Mᵐᵉ Rachilde a pu, quelquefois, se tromper, elle ne peut faire quelconque ; nul penser banal ne fut sécrété par ce cerveau « infâme et coquet », disait un jour Maurice Barrès ; nul truism, écrit par ces petites mains, inquiétantes et pâles, comme celles dont elle dit le los...

L'action de ce drame cérébral n'a point de milieu, à vrai dire. Que le décor représente un fumoir avec boîte de cigares empoisonnés et panoplies kirghiz, ou un jardin dont Odilon Redon aurait dû être Le Nôtre, peu importe ; il s'agit de scènes qui se déroulent dans la vie, quelque part, voilà tout. Et seul, culmine, essentiel, le deuxième acte qui se passe dans le cerveau d'un névrosé, terrassé par l'hallucinant *verium ohé Lambert !* et que se disputent la Mort et la Vie, personnifiées par deux actrices de bon vouloir, ainsi qu'en usaient les auteurs de soties et moralités, il y a quelques mois déjà.

A parler net, cette matérialisation forcenée me déroute. Passe pour Mlle Camée — acteuse encombrante — le corps enveloppé dans un long voile qui la cache tout entière. Mais pourquoi l'autre femme (la Courtisane, la Vie), son exubérance de mots et d'attitudes, ce brutal décolletage, cette accumulation de contingences odieusement précises ? A tort, peut-être, je souhaiterais que la mélopée de deux voix, sans inflexion, monotone, venues d'on ne sait où, pût murmurer, autour du patient, autour de l'halluciné, qui, *perinde ac cadaver,* nous épargnerait ses contorsions, ses yeux blancs, tout ce bagage de jeune premier (soupirs, mains tordues, bouche crispée); son immobilité poignante, je crois, toucherait...

J'estime l'écriture de *Madame la Mort* très supérieure aux précédentes œuvres de l'auteur, depuis *Monsieur Vénus* jusqu'à *Sanglante ironie* : le style cursif et blanc, à peine teinté, de ces romans à succès acquiert ici des sonorités nouvelles, s'élève. Non, certes, qu'il faille déprécier l'écriture rachildienne d'autrefois « sans falbalas et flexible », qu'a louée — c'est son honneur — ce Talentueux aux cladéliennes truculences Camille Lemonnier, obstiné fabricant, pour son propre compte, de belgimathias triple.

★

Henri Mazel, diable retraité dans son *Ermitage*, méridional sans exubérance, binocle malicieux, m'a défini Pierre Quillard « le trait d'union entre le talent plastique d'Ephraïm Mikhaël et la manière rêveuse d'Henri de Regnier. « Le grand Remacle, d'autre part — du talent et des cheveux — déclare la poésie de la *Gloire du Verbe* » magnifiée, éclatante, mais douce ». Vous voyez, je m'informe, je cherche. Et les vers somptueux de la *Vierge aux mains coupées* m'apparaissent chatoyants, enveloppés de rêve et d'éblouissement, faits de flamme subtile et de claire harmonie, d'une infinie roublardise, au surplus, aussi vrai que l'auteur demeure 10, rue Nollet. — (Non, mais vous savez, si vous connaissez un chroniqueur plus documenté que Willy, montrez-le, je demande à voir!)

Le sujet, que je sache, n'a pas encore tenté les vaudevillistes : une jeune fille que son père embrasse sur les mains, les fait trancher par le valet de chambre *(sublatâ causâ, tollitur effectus)*. Mais elles repoussent, et, comme la vierge aux mains coupées n'est pas d'bois, tout me porte à croire qu'elle va commettre des impudicités avec le Poète-Roi qui lui promet :

>De faire vivre par delà les étendues
>Son nom glorifié sur les cordes tendues.

Des anges l'encouragent, des anges selon le cœur de Catulle Mendès, prétendant — tout de même ça me semble fort, je consulterai un prêtre éclairé — que les jouisseuses entrent au Paradis comme au Moulin-Rouge, cependant que gémissent à la porte les pucelles, chaste bouquet

>Dont le brasier du Christ aviré de colères

fondrait « les froides fleurs des soirs polaires ».

>Qui ne parfument pas les hommes avant Dieu

Parfumez, mesdames ! parfumez !

★

Réciter *le Guignon !* pourquoi pas *le Vase brisé ?* C'est trop facile, vraiment, de faire acclamer ces claires strophes romantiques, que d'inquiètes retouches n'ont pu obscurcir, pour crier après « Hé ? hé ? la prétendue opacité de Mallarmé » ! Quand mes amis se plaignent, retour de *Tristan*, de ne rien entendre à Wagner, je leur joue le limpide et vibrant « Frühlingslied » de la *Walküre*, et ils courbent la tête, vaincus. Mais moi, je suis un fumiste.

J'aurais préféré que Mlle Camée nous vînt dire le goguenard et libidineux

> M'introduire dans ton histoire,
> C'est en héros effarouché
> S'il a, du talon nu, touché
> Quelque gazon du territoire,

ou les *Lèvres roses* que l'on s'obstine à ne pas citer ; curieuse, pourtant, cette goinfre, cette négresse, par le démon secouée, qui « veut goûter une enfant naïve aux fruits nouveaux. » O la routine ! Je m'imagine l'auteur écoutant ces strophes saphiques, doucement ému, abaissant ses cils de velours sur ses yeux de chèvre amoureuse, qu'a célébrés François Coppée...

Après le *Guignon*, fracas de bravos fusant vers le Maître aux gestes de mime sacerdotal. On hurle d'admiration. Heredia-jus-de-réglisse, Dierx chauve et quiet, Verhaeren aux cheveux couleur de faro, Jean Lorrain ironique, Camille Lemonnier dont la moustache d'or fauve se hérisse, Mme Tola Dorian crucifiée entre Adolphe Tabarand (socialiste, fumiste, talleyrandiste, etc.) et l'inoffensif Joseph Gayda ; Mario de la Tour Saint Je ne sais plus quoi, l'ex-Boulmichard Joseph Caraguel, Zola des Barthozoul, à qui les jeunes symbolistes s'accordent à trouver du talent — quel est donc ce mystère ??? — le dessinateur verlainien Cazal, si 1830 ! Ajalbert grassouillet, Darien rageur à la façon de Biribi mon ami, Bernard Lazare sémite talentueux fécond en paraboles, Ferdinand Hérold qui n'aime point l'Ouvreuse du Cirque-d'Été, le chevalier Maurice Apollodore du Plessis dont le front juste est bienvenu, l'irascible Wallon Albert Mockel massacreur de René Ghil, et tant d'autres !

★

Sous l'inspiration d'Édouard Dubus, bus, bus, qui s'avance, bus qui s'avance, on siffle férocement la malpropre et dennerydicule *Prostituée* de Frédéric de Chirac. L'auteur vient de m'écrire qu'il n'a rien de commun avec son homonyme, de *l'Égalité*, dont on n'a pas oublié les paternelles tendresses. Je l'en félicite sans ambages. Je complimente également le socialiste Chirac de n'avoir point écrit *Prostituée*.

4 AVRIL. — En 1796, dans la ville de Saint-Sébastien (Folies-Dramatiques), habitée par des Basques aux costumes andalous, le populaire, las du joug anglais, murmure, s'agite, fait appel aux incorrigibles commis-voyageurs en révolution qu'ont toujours été les Français. Malgré l'opposition des classes dirigeantes, le soldat Belamour parvient à faire pénétrer dans la ville, déguisés en pèlerins passionnés, trois cents compatriotes qui refoulent tes fils, perfide Albion ! Le gaillard, sous la perruque blonde de *Juanita*, flirte avec un alcade fourbu, dont il amuse la femme quand il a repris son uniforme... Ces équivoques fumisteries amusent, relevées par l'alerte musique viennoise du capellmeisterlein Suppé, qui se disait élève de Donizetti. Y a pas de d'quoi se vanter ! Décors exquis de Cornil. Marguerite Ugalde, crâne et délurée, Gobin poussif, Zélo-Durand si province, Darcour qui finira par chanter juste, font de leur mieux. Le roi de ces gaîtés, c'est Guyon, l'inimitable colonel anglais, sourd, borgne, bègue, boiteux et boulangiste.

Aussi fantaisiste que ce valet emmarquisé dont le désir était de mettre en madrigaux toute l'Histoire romaine, M. Paul Milliet la réduit en pantomimes. C'est *Néron* qui écope. La direction de l'Hippodrome a demandé quelque musique à MM. Lalo et Xavier Leroux, qui ont « établi » une partition très suffisante avec des fragments de *Fiesque*, un chœur du *Roi d'Ys*, une romance souvent chantée par Mme Lalo, *la Fenaison*, l'Hymne russe et un certain nombre d'airs nouveaux, honorables. Nous voyons le miracle d'une croix flamboyante revigorer les chrétiens que consternait le généreux fils de Lycisca mis à mort ; nous voyons des dames en galant costume se démener allègrement, mais nous ne voyons pas les lions promis. Ils ont mordu dans leur bestiaire, qui se saupoudre d'iodoforme, très embêté.

En revanche, la ménagerie du Nouveau-Cirque enthousiasme les potaches et leurs familles. Ces fauves obtempérants montent en tricycle, franchissent des écharpes, donnent la patte, font tout ce qui ne concerne pas leur état et finissent par traîner le dompteur autour de la piste, dans une brouette étonnée ; le courrier de lions, quoi !

11 AVRIL. — Quand parut la *Visite de Noces*, — tu n'étais pas née, mignonne, — la vertu de la Critique s'alarma. M. Francisque Sarcey rougit avec plus d'intensité que ses confrères, et publia des protestations si cramoisies que l'auteur, inquiet, dut élaborer une défense, spirituelle, paradoxale, et prétentieuse aussi, à dessein de prouver qu'il fallait plonger un acier hardi dans les gangrènes, au lieu d'user des émollients, etc., etc. Le coup du bistouri moralisateur, quoi !

Le théâtre, aujourd'hui, plus avancé, sent fort mauvais. Et les jeunes s'ébaubissent : « Comment ! tas de vieilles rosières, c'est cette panade qui vous prenait à la gorge, autrefois ? » si bien que les ancêtres, en flagrant délit de pudibonderie, s'excusent comme ils peuvent et insinuent que l'auteur a peut-être bien adouci quelques passages. — Jamais de la vie, mes vénérables ; il les aurait accentués, plutôt !

Attendons avec confiance le théâtre de l'avenir, puisque les brutalités de la *Visite de Noces* nous semblent timides, puisque notre coprophilie ne se contente plus, insatiable, de M. Paul Alexis ; espérons ! voici venir les gosses annoncés par des Hermès, les gosses issus des fétides bourgeois de ce sale temps. Ce qu'ils feront, le dernier feuilleton de « Là-Bas » le prédit : « Ils feront comme leurs pères comme leurs mères ; ils s'empliront les tripes… et ils se vidangeront l'âme par le bas-ventre ! »

★

M. Jules Lemaître se crée beaucoup d'ennemis, et c'est bien sa faute. Tous les journalistes de quelque autorité se sont accordés à prédire que *Mariage Blanc* serait joué trois fois. Or, on a refusé du monde, le soir de la quinzième représentation. L'engouement du public se peut excuser, d'autant plus que les acteurs, aujourd'hui sûrs de leurs rôles, ont fait d'immenses progrès, surtout Mlle Marsy. Mais la conduite de l'auteur est inqualifiable. En ne retirant pas sa pièce, ce petit monsieur manque de respect à la Critique. Elle le lui fera bien voir quand on reprendra *Révoltée*.

★

Nous allons, de nouveau, assister à ces délicieuses passes d'armes entre les champions de Regnard et ceux qui tiennent le pître des *Folies Amoureuses* pour un pauvre écrivain… Attendons sans impatience. Et, dès aujourd'hui, proclamons que la musique dirigée par M. Danbé, écrite par M. Emile Pessard, est alerte et pimpante, allante et pimperte.

18 AVRIL. — Au risque de me faire conspuer par Charles Bonnier, intransigeant sans défaillance, je confesse que le dernier concert donné par la Société nationale de musique, « au pied de la Montagne des Martyrs » m'a semblé pourvu d'intérêt.

La première audition « en France » du magnifique quatuor en *ré* de Vincent d'Indy avait attiré une foule compacte. Plus de cent personnes debout. Beaucoup de monde dans l'écurie des pianos qui précède la salle de concert, les trois portes restées ouvertes; courants d'air, pieds écrasés. Toute la lyre. Avec des formes, je ne puis m'empêcher d'insinuer que cette œuvre a été cochonnée déplorablement : la bonne volonté ne suffit pas, et, sauf Liégeois dont le violoncelle marche bien, ce quatuor d'instrumentistes ne vaut pas tripette. En raison de cette exécution, plutôt infecte, on a peu compris le premier morceau, pourtant splendide : après une grandiose introduction contenant en germe l'idée mère du quatuor, qui se développe surtout dans l'andante, fleurit le véritable thème du premier morceau, suivi d'un second plein de chaleur et de charme qui rappelle un peu la nature de la deuxième idée de la *Mort de Wallenstein ;* développement merveilleux, sonorités inentendues ; épatant, je vous dis. Pour être complet, je signale aussi, esquissé dans ce premier morceau — préface et synthèse de l'œuvre — le thème du finale.

Après l'andante, frémissant d'émotion contenue, après les éblouissements du scherzo, après un récitatif original où repassent les thèmes du premier morceau et de l'andante, éclate la gaieté du finale, où, peut-être, j'aimerais un peu moins que le reste certain petit développement en triolets... Mais quelles merveilles surgissent, dans la péroraison! Le thème de l'andante hésite, cherche à se faire jour, puis, grandiosement, fait irruption, flamboie.

On peut écrire de la musique excellente et parler médiocrement en public. Exemple, cette phrase du bon d'Indy : « Mesdames et Messieurs, obligé de nous quitter et même de..., de partir pour aller autre part et pour se rendre ailleurs et dans une autre soirée... M. Taffanel, qui est forcé de se retirer de bonne heure, va jouer ensemble... non, coup sur coup, les deux morceaux qu'il devait jouer séparément, et alors, pour vous dédommager, puisqu'il lui faut s'en aller avant la fin, il jouera aussi la *Berceuse de Fauré* parce que... » (Ça dure un quart d'heure) *L'allegro* flûteur de Paul Fournier n'est pas méchant. Mais la *Valse* flûteuse de Mme de Granval est bien méchante. Oh oui ! Quant à la *Berceuse* de Fauré, le Pan de la Société la bafouille sauvagement. Joue plus correct, ne t'agite pas tant, inutile de mouiller *ta fanelle.*

Chantées avec beaucoup de *Gemuth*, les très distinguées mélodies de Silvio Lazzari ont réussi à souhait, surtout la dernière où, fort adroitement il a enchâssé l'air de Schumann en *fa dièze* mineur « Ces nuages dans la nuit sombre. »

Bien que la sonate pour piano et violoncelle de M. Luguet ne dure que deux heures trente-cinq minutes, elle a semblé longuette. Schneklud en suait sur ses cordes, mais l'impassible Paul Braud malaxait l'ivoire sans broncher, héroïque et fier. Quant au public, il avait fini par se désintéresser tout à fait de la question. On potinait, on flirtait. Sur l'estrade, quelques membres avaient organisé le petit baccara des familles, une manière comme une autre d'avoir un peu de neuf.

25 AVRIL. — Quoi ! l'Odéon, l'austère Odéon joue *Amoureuse !*

Quelle *priapée*, mes *p*etits *p*ères ! Quels *p*ropos *p*olissons *p*rête *P*orto-Riche à ses *p*ersonnages *p*rincipaux ! Allitérons ! allitérons !

(Un bourgeois riche, médecin de son état, sur

les boulets ; un artiste amoureux sans espoir de la bourgeoise ; et la bourgeoise, hystérique, jamais « satiata », toujours collée aux lèvres de son mari qu'elle empêche, à coups de baisers, — je gaze — de travailler une heure par jour, dont elle délabre l'estomac en le bourrant d'écrevisses aphrodisiaques, tous les soirs, oui, tous les soirs ; le fabricant de sommiers qui a la fourniture de la maison s'est retiré, au bout de deux ans, pour vivre de ses rentes.)

Fatigué, tiens ! de trouver son dictionnaire de médecine invariablement ouvert à l'article *Rapports*, agacé, fourbu, poussé dans ses derniers retranchements, mis au pied du lit, le docteur bien-aimé (Guérison certaine, sans mercure) finit par piquer la rogne intense, et, un vilain jour : « Dis donc, eh ! l'artisse, tu veux une maîtresse chaude ? applique-toi donc ma femme ! » Sitôt dit, sitôt cocu. La dame incandescente se précipite avec rage sur le peintre, et tous deux forniquent éperdument, à ce que j'ai cru deviner, du moins, car ces ébats ne se passent pas sur la scène.

Quand le mari sait que sa femme l'a pris au mot et que son ami lui a pris sa femme, il prend une résolution : c'est de renvoyer le peintre à ses toiles et de se recoucher dans les siennes, avec l'épouse coupable, malgré un dégoût dont il ne faut pas disputer, non plus que des couleurs.

L'inapaisée, c'est Réjane ! à la voir, une allumette de la régie flamberait. Bien froid, au contraire, Calmettes, débondeur d'aphorismes à la Dumas fils, paradoxal sans gaîté, correct, raseur ; comme le disait mon voisin (bénédictin défroqué) : « Il n'a pas le dom, Calmettes ! » M. Duményl baisse ; le voilà mûr pour la Comédie-Française.

Dans un rôle de cocotte économe, Mlle Pistorino, dite Julia de Cléry, recueille les applaudissements unanimes de Mlle Debay.

25 AVRIL. — Les bookmakers ayant été suppri-

més, M. Edouard Dujardin utilise ses loisirs en faisant du théâtre. Le résultat des veilles de cet habitué d'Auteuil, *Antonia*, enrage les jeunes poètes, navrés de voir leur cause perdue de trente longueurs au moins, par ce « rogue » du symbolisme loufoque.

Pour narrer cette chose éperdûment maboule, annoncée à 30 francs la ligne dans les journaux riches, et jouée à 30 francs le cabot au Théâtre d'Application, Grosclaude fut le Sarcey rêvé. Son article du *Gil Blas*, il faudrait le graver sur des tables d'airain, et que l'ex-directeur de la *Revue Wagnérienne* portât au cou ce carcan vengeur.

O le chœur de ces jeunes personnes en chemise (nous sommes rue Saint-Lazare, ne l'oublions pas) plats du jour à l'usage de quelque Chabanais pour maçons, qui, d'une voix sexuelle, invoquent :

> La nuit, la nuit,
> Et ses lascifs circuits !

O ces quatre gigolos de la classe de Comédie, tordus dans les convulsions d'un rire incoërcible, pouvant à peine prononcer les strophes (?!?!) de l'auteur, tant ils pouffaient, cependant que Lugné-Poë semblait dire au public, hurlant de joie : « Faut bien vivre ; je sais que c'est idiot ces machines-là ; pas ma faute ! »

Quoi encore ? Dujardin lui-même, jouant l'Amant, en redingote — une veste eût suffi — à côté des Vierges costumées dont l'une répond au nom de *Murcie* (toujours l'obsession des *Paris* supprimés !) l'Amant hurlant, l'Amentable, « Antonia, Antonia, je paye trois ! » et voulant la trousser « Voyez la cote, la belle cote ! » Et elle, postant la sacoche à un *berger des rires adverses*, ce qui est une jolie profession à inscrire sur ses cartes de de visite, pour filer avec lui jusqu'à la frontière, en reculant celle du grotesque !

Cependant, les surins sortent des profondes, car nulle mention *Défense de suriner* ne flamboie aux murs ; un berger, vêtu d'un petit complet de bicycliste semblable à celui qui renfermait Georges Vanor, roulant, l'été dernier, sur les plages de Saint-Enogat, un berger tue l'Amant Dujardin qui meurt presque tout de suite, le temps de prononcer un millier de phrases rimées, douze cents au maximum. Réflexion faite, je crois me souvenir que c'est Dujardin qui jugule l'autre. Mais qu'importe !

Telle est, Mesdames et Messieurs, *l'Antonia* qui fut représentée, lundi 20 avril, à beaux deniers comptants — ne pas imprimer « à Bodinier content » s. v. p.

Si j'étais Albert Guillaume, je croquerais l'auteur, son manuscrit sous le bras, avec, en légende, le titre d'une fable de Lafontaine : *L'Ours et l'amateur Dujardin.*

29 AVRIL. — Reparlons d'*Amoureuse*, car elle trouble la Critique ; on ne sait sur quel dogme danser ; les « canons » ne partent pas tout seuls et les juges inquiets s'effarent devant l'imprévu de cette pièce grosse de conséquences, ah ! si grosse... (Ça lui apprendra à se tenir en dehors des règles).

Sur le cas de M. de Porto-Riche, adhuc sub judice, les plus raffinés esthéticiens certant. Ainsi M. Léon Kerst conseille aux lecteurs du *Petit Journal* de garder leurs cent sous pour les ivresses de la Foire aux Pains d'Epice. A quoi bon, mes amis, aller à l'Odéon, voir une femme qui trompe son mari ? « Vous avez vu cela chez vous, hier. » Oh ! que je voudrais contempler la hure d'un abonné lisant ces « Horribles révélations » L'implacable, notez-le bien, précise : ce n'est pas l'an dernier, lecteur, ce n'est pas jadis ou naguère que tu vis ta femme dans le lit d'un peintre, c'est hier.

Jules Lemaître, beaucoup moins talentueux que M. Kerst (même, si j'en crois MM. Félicien Champsaur et Victor Joze, deux compétents, le critique des *Débats* est tout à fait bête) Jules Lemaître, l'éternel gobeur, nature grossière — n'est-ce pas? s'emballe : « Sachez que c'est la pièce la plus originale que j'aie entendue depuis longtemps; qu'elle est subtile, nerveuse, spirituelle presque à l'excès, mais profonde aussi, pénétrante et poignante; qu'elle contient, au second acte, une scène d'une absolue beauté et qui a soulevé de longues acclamations; bref, que vous devez aller la voir. »

Toute femme est nuisible à la production intellectuelle de l'homme qu'elle aime, époux, amant. Ces jolies empêcheuses de travailler en rond se peuvent répartir sous trois rubriques : Celles qui haïssent, celles qui sont indifférentes, celles qui aiment.

Sur les deux premières classes, la littérature s'est beaucoup exercée : la *Dalila* de Feuillet égorge lentement le « cygne dalmate » et se délecte à voir agoniser le génial André Roswein. Elle a eu plus de filles que la mère Gigogne.

Quant aux indifférentes, tout débutant désireux de s'immatriculer parmi les souffrants de la Jeunesse Pensive, les a maudites, une fois au moins, ces marmoréennes qui ne veulent pas comprendre, qui ne savent pas vibrer à l'unisson, celles qu'attrapent des mouches pendant c'temps là!

Avec une audace brutale, M. de Porto-Riche vient de mettre au théâtre la femme qui chérit trop, l'énamourée dont les baisers égoïstes effarouchent le Rêve, dont les aveux passionnés étouffent la voix grave de la Muse; celle qui, les bras au cou du chercheur, l'épuise de caresses, ne lui laisse pas la force d'arriver — si rude est la route ! — aux *templa serena* que vous savez ou, si d'aventure il y parvient, dresse aussitôt sur le parvis sacré un lit pour deux. Seulement, le titre même de poète étant devenu, depuis la dernière épizootie des symbolistes, tout à fait ridicule, l'auteur d'*Amoureuse* a dû prendre pour héros un médecin.

Dans le ménage Fériaud, on s'aime, on s'aime énormément; selon l'apophtegme de Pascal, un simili-Taupin chargé d'égayer les situations mélancoliques sinon avec des Pensées (ô Havet! ô Faugère!) du moins avec des mots à la Dumas fils : « Il y a des ménages où l'on n'allume le fourneau qu'à l'heure du dîner, il y en a d'autres où il brûle toute la journée. » C'est toute la journée, chez les Fériaud, et le torchon fait comme le fourneau.

Germaine avec la fraîcheur éperdue de ses vingt-cinq ans, adore le docteur illustre dont elle porte le nom, illustre mais rassis. Le jour, ses tendresses obstinées le retardent, tandis que les clients, dans le salon d'attente, exaspérés, piétinent; pour lui entendre répéter dix fois de plus qu'il l'adore, qu'il n'adore qu'elle au monde, elle lui fait manquer l'heure de son cours à la Faculté de médecine. Et la nuit, oh! la nuit! ses ardeurs d'épouse inapaisée, ses légitimes mais brisantes extases, vident le pauvre médecin. À l'aube, il est tout fripé.

Ces tendresses quémandeuses inquiètent Fériaud, l'énervent, l'excèdent; un futile incident déchaîne enfin sa colère longtemps contenue; Germaine le supplie de renoncer à un important voyage scientifique ; touché de ses alarmes naïves, faible contre les mignardes supplications de la jeune femme qui lui promet toutes les compensations, toutes, il cède. Il reste. Il est heureux. Mais, *omne animal post coitum triste*, les médecins comme les autres : son désir à peine apaisé, un mauvais regret lui point le cœur, lui dicte des paroles odieuses. « Si tu veux une femme aimante, crie-t-il à son ami Pascal, prends la mienne pour maîtresse. »

De rage, Germaine empoigne le complice que lui indique l'aveugle emportement du mari. Et, parbleu! sa malpropre vengeance à peine accomplie, sans aucun plaisir, même physique, la pauvrette sanglotte, se désespère, avoue son crime à l'époux atterré.

Que faire? La tuer? Il se sent trop coupable lui-même pour l'oser. Puis, que dirait sa clientèle mondaine! Se tuer? la laisser au voleur qui l'a prise? Bon pour le *Jacques* de cette déséquilibrée de Georges Sand, ces héroïsmes jobards. Les chasser tous deux? Dénouement de littérature, que la réalité ne supporte guère. Et s'ils allaient être heureux ensemble? Cela se voit, il est des couples adultères dont l'insolent bonheur offense la morale et la justice et fait crever de male rage le cocu solitaire. Et, que ferait-il, tout seul? Après tout, il l'aime encore, cette Germaine, il la désire. Quinze jours de jeûne l'ont disposé aux plus étonnantes indulgences; un éréthisme inaccoutumé — qui le flatte — ne lui permet pas de solutions violentes. Il pardonne.

Bien mieux, il refuse de se battre avec Pascal que, simplement, il renvoie, pour les domestiques. L'heureux coquin s'en va, braillant : « Ah! ma vie est brisée! » Quels fumistes, ces peintres!

Les défauts de cette curieuse et déconcertante comédie crèvent les yeux, mais si la décision de Germaine est follement injustifiée, si le dénouement — tel que l'auteur nous le présente — est inacceptable, *Amoureuse* n'en demeure pas moins une œuvre de haute valeur, dont la tristesse âpre n'a rien de commun avec le schopenhauerisme d'estaminet où se complaisent les jeunes de cinquante ans, qui encombrent le Théâtre-Libre. M. de Porto-Riche parle avec une langue intéressante, distinguée, sans vaines recherches byzantines, trop riche (à mon sens) en axiomes brillants, en ripostes lapidaires, tous défauts que l'on a, d'ailleurs fort applaudis. Ces cliquetis plairont longtemps.

La souplesse câline de Mlle Réjane, ses emportements, sa désolation morne, ne se peuvent assez louer. Tout à l'heure, j'entendais des hommes graves lui reprocher de dépasser parfois l'exacte mesure, de jouer en courtisane un rôle de femme légitime. Braves gens, bonnes gens, qu'il s'agisse d'une épouse amoureuse ou d'une fille ayant un béguin... Mais je m'arrête, ne voulant pas m'attirer les lettres indignées du ménage Prud'homme. MM. Duměny et Calmettes font de leur mieux. Ce n'est pas beaucoup. On peut jouer aussi mal que Mlle J. de Cléry, mais ça doit être difficile.

Difficile? non, impossible, plutôt. Et si aisé, cependant, ce rôle de cocotte pot-au-feu (dont le prototype est l'Albertine du *Père prodigue*) qu'un vaudeville gai nous a montrée « sablant » la camomille.

Finissons : *Amoureuse*, une des œuvres les plus originales que l'on ait jouée depuis dix ans, ne rappelle guère qu'*Un mari dans du coton, Si jamais j'te pince*, et une vingtaine d'autres pièces parmi lesquelles je citerai surtout *Le supplice d'un homme*.

2 MAI. — Les articles ont été sévères qui rendirent compte de la petite chose jouée à la Renaissance. Parce que, voyez-vous, on espérait que les auteurs de la *Famille Vénus* montreraient au public, toute déshabillée, Mlle Francine Decroza, si bien faite, dit la voix de Dieu ! Déçue, la Critique ronchonna. Le vaudeville de MM. Clairville et Bénédite fut déclaré niais ; la musique de Vasseur, foraine ; les rimes des couplets, pauvres comme Job. J'en connais de plus misérables.

Cette *Famille Vénus* c'est une famille de modèles ; sauf la modiste Frisette, tous sont modèles de peintres, modèles de vertu. Une seule exception ! Laissant en plan le rapin Petrus qui, d'après elle, blaireautait une Callipyge, certaine Olympia s'esbigne ; lors, pour sauver l'honneur de la famille, compromis par cette fuite, la jolie Frisette Decroza se dévoue, ou plutôt feint de se dévouer, et d'abjurer aux regards de l'artiste *positum cum veste pudorem*, etc. etc. Il y a des mots salés ; il y en a même de sales.

★

Dans *la Demoiselle du téléphone*, l'excellent Tarride est un *yankee* des plus *doodle*. On l'acclame. Très gaie, cette prose alerte de Maurice Desvallières : très gaie, un peu maboule, sans prétention : M. Antony Mars y a mis la patte.

La petite téléphoniste Agathe, en liesse, à l'idée d'épouser Sigismond, apprend, par une indiscrétion du fil, que le volage la trompe, avant la lettre (de faire part) avec une Olympia ultra cascadeuse et fêtardissime. Cel Agathe toute sa joie et lui inspire la résolution inédite autant qu'imprévue d'entrer, en qualité de femme de chambre, chez cette personne sans mœurs pour y pincer le coupable fiancé. C'est ce qui arrive. Mily-Meyer est une demoiselle du téléphone sémillante et pétillante. Pierny-Olympia semble peinte, comme son nom l'indique, par Manet. Pour cette piècette gentillette, on a musiquetté à Serpette. Énorme succès, surtout quand Tarride...

4 MAI. — A propos de cantharide, le Palais-Royal reprend le *Parfum*. Les ouvreuses vendent du minium aux dames qui désirent vertueusement rougir. C'est raide comme la Tour Eiffel, comme le lys « en la ferveur première » de l'*Après midi d'un Faune*, comme... Mais je ne suis pas ici pour me vanter !

Après une douche écossaise — alternativement chaude et froide — sur les reins, un joli dîner avec céleris en branches, truffes, etc., allez voir le *Parfum*. Et si ça ne suffit pas, dame, renoncez-y !

15 MAI. — Pardon, excuse, si je parle très compendieusement de *Grisélidis* mais je suis fourbu, parce que, parti de Montmartre pour vingt-

quatre heures, je suis resté à Dôle (Jura), mais un peu tard, quinze jours environ. Et pendant ce laps, j'ai reçu, moi, juré indigne, dans l'antique Dittavion de Ptolémée, où se donnait un grandissime Concours musical, l'hospitalité la plus archetriomphale, la plus festonastragaleuse, la plus « comtoise », c'est tout dire. Ah ! Dieu de mes pairs, qu'il est donc ardu de sainement apprécier le mérite déployé par la « Fanfare de la Vieille Loye », ou la suavité dont fait preuve la « Persévérante de Valentigney », alors que, cinq fois par jour, on pâture chez un amphitryon comme X. Chanaux, qui a un cœur de première qualité, et des crus comme son cœur !

Ça n'empêche pas *Grisélidis* d'être une très jolie chose, très habile. Ces banderoles où flottent haultes et sensées devises en vieil langaige, ces personnages qui semblent échappés des marges d'un authentique missel retouché par Célestin Nanteuil, tout ce bric-à-brac ingénieusement médiéval a ravi l'admirative ignorance des Mardistes. Dans les couloirs, ils prononcent des mots lus récemment : « Primitif, hiératique, etc... » et, en faveur de ces décors que la mode leur enjoint d'admirer, ils pardonnent à Silvestre et Morand ces vers, tant de vers, tous ces vers d'un lyrisme attendri !

Ce n'est pas pour me vanter, mais les acteurs du Théâtre-Français jouent comme des savates. Je le veux, Mlle Bartet est adroite, bien que lyrique comme un os de seiche ; Sylvain, dont j'aime le bon profil de César pondéré, dit les vers à merveille, et Bertrade-Moreno vaut qu'on l'applaudisse ; mais les autres, depuis Mlle Lynnès si Théâtre-de-Lons-le-Saulnier jusqu'au jeune Albert Lambert qui récite ses strophes lunaires, comme la lune, quelle dèche, mon empereur !

Quelque jour, je conterai, — si tu m'y autorises, ami Morand, — une macabre fumisterie de notre jeunesse, et quelle ultime demeure assigna ta fantaisie au squelette Francisque, pour le désennuyer d'une longue station dans un atelier où l'on ne peignait guère.

Mais aujourd'hui, c'est de *Grisélidis* seule qu'il convient de parler, et cela m'est une joie bien vive de constater le succès de cette œuvre fine et charmante, que le prologue, avec une excessive modestie, désigne ainsi :

Ce n'est qu'un conte en l'air fait pour les bonnes gens !

« Conte en l'air » est bientôt dit ! N'est pas « conte » qui veut.

« En l'air » non plus !

16 MAI. — Les paroles de Jaime et Crémieux sont à peine supérieures à celles que Barbier confectionna *ad usum Gounodi*. Et, comme le tout petit (celui que l'on joue à l'Opéra), le *petit Faust*, de la Porte-Saint-Martin magnifié par Duquesnel, a vieilli.

En quelques scènes, le trop sage libretto de ces gens rassis s'émèche; le couplet se décarcasse, la situation chaloupe; ohé! ohé! c'est l'influence du compositeur toqué qui soulève un instant ces ponctuels vaudevillistes, rien qu'un instant, hélas!

La valse de la Kermesse se laisse entendre, où Hervé introduit, contre-chant cocasse, le *Carnaval de Venise*. L'introduction-polka du second acte, je ne lui en veux pas. Et les costumes rutilent, époilants. Ballets aphrodisiaques. Chaleur mortelle. Généreuse, Mlle Jeanne Granier se dévoue, et chante terriblement faux, terriblement, dans l'espoir de jeter un froid. Elle transpire comme les secrets de notre mobilisation, et l'obligeant Valentin-Sulbac-à-la-Gueule-de-raie l'évente de ses oreilles éléphantines.

29 MAI. — La *Rosalinde* d'Aurélien Scholl est une impure qui danse à l'Opéra, et à domicile. Elle aime — c'est un gros mot — elle croit aimer

le jeune marquis de Helly, lui remet la clef de son appartement. Il arrive, le cœur battant la chamade, la tête en feu, trouve la nappe mise et la belle en chemise... Dieu! la serrure crie, il y a une autre clef, et Lélio qu'on n'attendait point, Lélio s'en sert malencontreusement, le comédien Lélio, sceptique, ricaneur, amusé de voir le pauvre petit marquis s'enfermer dans une armoire. Piqué par un mot gouailleur qui sonne mal, de Helly quitte bientôt son incommode retraite et tombe en garde. On va se couper la gorge? Point. Le comédien, gars d'esprit, explique à son rival que la meilleure des femmes ne vaut rien, et que Rosalinde, (prudemment envolée) est loin d'être la meilleure. Les aphorismes misogynes pleuvent. L'esprit pétille. La colère s'enfuit. Le souper de Rosalinde est croqué par les deux soupirants réconciliés. Ainsi finit la comédie qu'on applaudit furieusement.

Le malheur, c'est qu'à la faveur de ce joyau Louis XV, on glisse sur l'affiche du Théâtre Français un petit acte de petit mérite, le *Rez-de-Chaussée*, d'un M. Terr, Berr, non, Terr de Bourrique, je crois, secrétaire de M. Larroumet et vigoureusement pistonné par iceluy.

Je tiens M. Larroumet pour un aimable garçon, adroit, ami du Sexe — ce qui devient une qualité par ce temps de décadents unisexuels, — mais, mais, pour peu qu'il recommence à nous imposer la littérature (si j'ose ainsi m'exprimer) de ses sous-ordres, il faudra bien le dépiauter et lui crier aux oreilles le vengeur « Raca, hou! » des Arabes, dont a souventes fois parlé l'explorateur Delangrenier.

1ᵉʳ JUIN. — Paraît que *la Plantation Thomassin* est le type de la « Pièce d'été ». C'est bon enfant, ça désopile, ça fait le maximum. Alors, pourquoi ne joue-t-on pas des pièces d'été tout l'hiver?

Avec un bon sens qui l'honore, M. Ordonneau, trouvant que les cultures étaient déjà trop éprouvées pour qu'il fût possible de provoquer de nouvelles pluies, a refusé de donner au faux planteur Gobin le moindre couplet à chanter. Sans nul besoin de bravos soldés, sans secours de réclames adventices (qui se sent morveux, qu'il renifle!), Guyon fils, Belge comme la bière de Louvain, a su se créer un formidable succès, tout seul, de lui-même, *faro da se*, disait un brasseur italien. La petite Guitty a étudié l'accent brabançon en Seine-et-Oise.

Mise en scène digne de Vizentini, qui se connaît en décoration mieux que le grand chancelier de la Légion d'honneur lui-même.

★

Autre pièce d'été, avant-hier à l'Ambigu, avec le *Prix de Beauté*, — *id est* l'histoire d'une primée qui épouse un primate. Après des vicissitudes sans nombre, tous les personnages se retrouvent à la Foire de Neuilly et nous contemplons, diseuse de male aventure, France couverte d'oripeaux plutôt syriaques, somnambule extra-séleucide.

Grisier, à qui la *Patrie* est chère ainsi qu'à tous les cœurs bien pif, choisit, pour représenter le Prix de beauté, Germaine. Elle a ses fanatiques :

> J'écoute le murmure ailé de ses paroles,
> Une douce lueur étincelle en ses yeux;
> Son visage ému de sourires gracieux
> Brille de la blancheur des paisibles corolles...

a dit le poète Hérold. (Est-ce bien lui, mon Dieu?...)

D'autres la considèrent comme une belle oie grasse. *In medio veritas*.

Je reparlerai de ces trois actes.

P.-S. — Oh! que c'est crevant, *Israël en Egypte!*

Mme de Greffulhe avait réussi à faire venir pas

mal de monde au Trocadéro, mais, tout de même, que de places vides à l'amphithéâtre, surtout à droite. L'acoustique est exécrable et l'on n'entend guère que l'orgue de Vincent d'Indy; mais on l'entend bien, par exemple.

Faut-il dire que, dans l'un des premiers morceaux, Vincent est arrivé carrément en retard d'une mesure? Non, il ne faut pas le dire. Mais je ne puis celer qu'à l'exception de Mme Deschamps-Jéhin, frénétiquement et légitimement bissée, les autres dames se sont montrées fabiardes.

En particulier, Mme Krauss a détoné avec une enragée persistance. Mais quoi, pareil mécompte nous attend tous, un jour ou l'autre : *Hodié Mihi, Krauss Tibi*.

Un monsieur qui revient du Caire raconte dans les Revues que la ville est encore infestée de Juifs. Faut croire que Moïse en aura oublié là-bas; en tous cas, il y en avait des flopées qui grouillaient au Trocadéro, à dessein d'applaudir l'oratorio du Grand Raseur. Colonne s'y trouvait aussi, parbleu!

Gabriel Marie a très bien dirigé, un peu massenetiquement, mais très bien. S'il continue à « conduire » avec maëstria, il deviendra un rival sérieux pour le mail-cocasse Gordon Bennett.

Lafarge aboye. Et je me demande toujours quels motifs ont décidé Manoury à quitter Suresnes et la profession de garçon tonnelier pour laquelle il était si bien fait!

... Tout de même, entre nous, c'est plein de belles choses. Mais je ne l'avouerai jamais!

5 JUIN. — Depuis une demi-heure, le rideau est tombé sur le premier acte des *Deux Camille*, mais sans lui faire de mal, et les timbres électriques tintinnabulent éperdument le ranz des spectatrices. Cependant, devant la façade du théâtre, illuminée comme sainte Thérèse, une flopée de journalistes s'attarde, avec des manifestations non équivoques

de dégoût pour le génie de MM. Médina et Gourdier. Des colloques s'échangent, aussi librement que si le gonfalonier des ultraprotectionnistes français était encore dans le sein de Mme Méline mère.

LE SECRÉTAIRE DU THÉATRE. — Si nous rentrions? On sonne, là-bas.

ADOLPHE RETTÉ. — Cloches en la nuit!...

CHARLES MARTEL. — Zut! le temps de déposer quelques calembours à la *Justice*, et je laisse ces gens pour rejoindre les nôtres. *(La foule, bée.)* Ben oui, nos gens... sur Marne. N'est-ce pas, Scholl, nous caltons?

AURÉLIEN SCHOLL. — A la rouennaise. Le fait est que c'est aussi rasant qu'une séance de l'Institut. *Les Deux Camille*... Doucet!

GEORGES VANOR :

> Moi, j'avais rêvé de douceurs charmeuses,
> Et, déjà, mon cœur excédé jasait
> D'un cajolement de mains endormeuses...
> Voici le Devoir! Ecce Déjazet!

JULES LEMAITRE. — Τοῦ καὶ ἀπὸ γλώσσης μέλιτος γλυκίων ῥέεν αὐδή.

LE SECRÉTAIRE. — Messieurs, Mesdames, un peu d'indulgence, siouplaît, pour une pauv' direction d'été ; nous avons été si durement traités par M. Boscher...

LE BARON DE VAUX. — Boschérisés, oui ; vous auriez préféré la méthode d'Aure?

LE SECRÉTAIRE. — D'or? Je vous crois! Ah! voici M. Bauër! Cher maître, serez-vous dur, ce soir?

HENRY BAUËR. — Mais, je l'espère bien, jeune homme!... ah! pardon, je pensais à autre chose... vous parlez de vos *Deux Camille?* Pourquoi les écraserais-je? tous ces vaudevilles se valent.

LE SECRÉTAIRE. — Oh! se valent!

FRANÇOIS OSWALD. — Vous m'appelez?... Dites donc, je vais l'éreinter, votre pièce à fiacre.

LE SECRÉTAIRE. — Fiacre voluntas tua!... Pourtant, les auteurs ne sont pas les premiers venus, et...

LA FOULE. — Ouah! ouah! inepte!... idiot!... crétins... écrivant comme des cochons...

FRANCISQUE SARCEY. — Cochon est bientôt dit : il y a des cochons fort agréables. Ainsi, moi... *(Rire maréchal.)* Qu'en pense cette charmante petite dame dont Stock envierait les Tresses ?

JULES BRISSON. — Prenez garde, c'est une abonnée des *Annales*, tout ce qu'il y a de mieux comme jeune fille !

FRANCISQUE SARCEY. — Quel dommage ! avec une si jolie figure ! Alors, j'ai fait une gaffe ? c'est la faute de cette pièce qui m'abrutit. Ce que j'en saisis est idiot, et quant à cette muette d'Ellen Andrée, je l'entends à peine la petite misérable !

JOB. — J'en connais de plus misérables. En tous cas, elle porte.

L'OUVREUSE DU CIRQUE D'ÉTÉ. — Oui, la Muette porte ici.

On sonne toujours.

P. S. — Il serait peu charitable d'apprécier *la Femme*, trois actes où M. Valabrègue s'ingénie à enchevêtrer les Dumas ficelles chères à l'auteur du $\frac{Monde}{2}$. Albin, assurément, ne saurait croire en quel océan sans bornes de délices nous immerge sa naïve audace, quand il tente ainsi d'aborder les idées générales, lui qui semble dévolu à l'étude des cabinets particuliers par un décret nominatif de la Providence. Le directeur qui a monté ça, M. Derembourg, passe pour plus bête que méchant. Il est très méchant.

Le Prix de Beauté. — Revenons-y.

L'ami Grisier a présenté le *Prix de Beauté* à tous les théâtres de la Capitale, aux Nouveautés, au Vaudeville, à la Renaissance, etc., etc.

Et partout son œuvre fut reçue comme un cochon dans la cuisine d'un juif.

Un beau jour qu'au Café Anglais, notre aimable confrère de la *Patrie*, entre deux éclats de rire — ses malheurs n'avaient point abattu sa gaîté — contait ses pérégrinations infructueuses à M. Rochard, celui-ci dit, avec un petit sourire farceur :

— Tu aurais dû offrir ton ours à Déjazet.

— Parbleu, si tu crois que je n'ai pas porté le manuscrit à Boscher !

— Et ?

— Et il me l'a refusé, oui, comme pas assez littéraire.

Là-dessus, le brun directeur de l'Ambigu poussa un éclat de rire d'une telle vibrance que Jules Lemaitre, son voisin de table, se crut transporté dans l'Olympe et pensa voir, ceinturé d'un tablier presque blanc, le divin Héphaïstos lui-même verser le nectar aux dieux, en fredonnant la *Boiteuse*.

Un peu calmé, Rochard saisit les deux mains de Grisier et lui dit, d'une voix que le rire ponctuait encore de quelques hoquets : « Mon vieux une pièce que Déjazet trouve insuffisamment littéraire, je la reçois, et tout de suite ! »

Non seulement il la reçut, mais encore il la joua. (Ça fait deux, dans le monde des théâtres.) *O muthos dêloi oti* que, malgré le proverbe, pièce qui roule amasse mousse, quelquefois.

Premier décor. — Un grand parc non pas « solitaire et glacé » mais au contraire animé et chatoyant de lumière ; platanes verts, petites tables rouges, vive la joie et les couleurs complémentaires !

Entrée de l'oncle Casimir, vêtu d'un complet clair et coiffé d'un haut-de-forme gris, comme Son Impertinence le duc de Broglie en porte au temps chaud. Ce quadragénaire, assez heureux pour avoir jusqu'ici échappé aux chaînes de l'hyménée, parle du nez et d'une idée qui lui est venue de nuit, entendant chanter les grenouilles, idée cocasse — et même péricaudasse — épouser un prix de beauté ! Vous voyez d'ici le nez prodigieux de son légataire universel de neveu *(Nepos Nasica)* qui prévoit déjà des petits Casimir le frustrant des pépettes avunculaires.

Cléopâtre, demoiselle primée, a une robe que je qualifierais de fleur-de-pêché s'il ne s'agissait d'une personne innocente. Elle a aussi une mère moins jolie, (Mme France), qui réclame pour elle le prix, attendu que, dans les Concours, on médaille non le produit mais le producteur. Et il faut l'entendre vanter son fruit : « Cinquante centimètres de taille est pas de corset ; voyez comme tout ça est beau ! et combien plus beau ce que vous ne voyez pas !... »

Moi, j'aurais bien vérifié, mais on ne m'a pas demandé mes services. Je le regrette.

Défilé de pompiers, cris de joie poussés par la foule, cuivres crevant les cieux de notes aiguës, plumets incarnadins se mirant dans l'acier des casques polis et un petit nègre acide.

Pourquoi ? Ah ! j'y suis, vous n'avez pas oublié que Cléopâtre, se servait pour faire fondre ses perles, de vinaigre. C'est le moricaud qui est chargé de le fournir.

Au deuxième acte, on nous montre un Casimir navré, mari virtuel, forcé de considérer sa femme comme un objet d'art dont il serait le conservateur, assailli par un reporter, qui vient l'interviewer sur l'Evolution littéraire, par un perruquier qui le rase aussi, par un photographe désireux de gélatinobromurer le prix de beauté, par une fanfare mugissant l'air du *Toreador* (Hum !) par le personnel de l'hôtel qui lui présente un bouquet sur l'air, immérité, du *Père la Victoire*... Casimir, le Père la Défaite, en rougit de honte. Le balcon, sous les feux de Bengale, rougit également.

Tout le monde se réconcilie à la foire de Neuilly ;

c'est la foire, la foire, la foire, c'est la foire qu'il nous faut.

8 JUIN. — Dès longtemps, le capitaine Darnay ne pénétrait plus dans la couche nuptiale, et se consolait des glaces de sa femme avec de volumineuses cantatrices.

Aussi, ce soir là, fut-il étonné qu'elle le suppliât de ne pas sortir après le dîner. Non moins étonné fut M. de Nairesse, qui monopolisait l'amour de Cécile. Plus curieux que le soudard, il ne se laisse pas congédier sans explication : Cécile déclare qu'elle est grosse et que son appel à un mari qui lui est odieux a pour but de rendre vraisemblable la paternité que devra assumer le capitaine. En attendant que le rideau se levât sur le second acte, les spectateurs du Théâtre Libre imaginaient aisément dix solutions à cette aventure, badines ou pathétiques ; mais M. Maurice Le Corbeiller avait été si marri de la compacte imbécillité de ses fantoches qu'il avait renoncé à les remettre en scène. Et la pièce n'eut qu'un acte.

M. Grand a trouvé moyen de se montrer excellent en passant sous ces *Fourches Caudines*.

Leurs Filles. — Si Valentine Durand (sur le boulevard : Valentine d'Alencey) a une vie toute de fêtes illicites, du moins veut-elle que sa fille — dix-sept ans — passe sans transition du couvent au mariage. Mais ce que veut Louisette, c'est continuer l'industrie maternelle. Elle échappe aux sœurs de saint François Xavier, passe la matinée un monsieur qui lui avait donné, au parc onceau, une bague et une lettre, puis revient chez sa mère. Les arguments de Valentine indignée sont vains : la fillette a conscience de sa vocation. Survient Georges de Verfuge. « Georges ! » s'écrient, simultanées, mère et fille : car, naturellement, de Verfuge était et l'amant de Valentine et le monsieur du parc. Découragée, la mère se soumet aux destins. Louisette triomphe, et Georges voudrait bien s'en aller.

Des figures épisodiques — une bonne, une entremetteuse — se silhouettent bien et contribuent a animer l'intrigue. Tous ces personnages ne se soucient guère de demi-teintes : les contrastes qu'offre le langage de chacun ont contribué à la drôlerie de cette nerveuse et preste pièce qui, surtout bouffonne, est parfois attachante. L'auteur : M. Pierre Wolff.

Lidoire. — Pittoresque et verveuse étude de soldats que M. Georges Courteline (l'inimitable Jean de la Butte, joie de l'*Echo de Paris*) a salée de tous les tropes caserniers. Des sabres trainent, des gradés braillent et sévissent ; bientôt, dans la chambrée dont fait partit Lidoire, il ne reste personne, tous sont à la salle de police, — personne, sauf le trompette La Biscotte rentré ivre, et qui dort.

9 JUIN. — Avec une grâce talée, douceâtre et fine, Mme Legat joue Madeleine de Sainville qui, au mur de son boudoir, avait pendu une batte, souvenir d'un fugace Arlequin rencontré, l'année précédente, au bal masqué des Effervescents. Un huissier, il débute, vient instrumenter chez la dame. Au cours de l'inventaire, il reconnait la sentimentale batte, dont il fut l'Arlequin. L'amour de Madeleine et de Georges refleurit pour toujours. *La Batte* a pour auteur mon bon camarade Guy Ropartz. M. Sarcey, l'a trouvée « innocente » et le public adorable. Et moi ? mais moi aussi, parbleu !

M. Pradels fait vermiculer sur les Marseillanas qu'il intitule l'*Héritage de Barbassou* un pullulement de dodécapodes. Par fortune on aime regarder les yeux angustiés et la bouche si sinueuse de Mlle Brécourt, qui figure une chambrière.

M. Francis Thomé a écrit la musique de *Chant*

d'Amour. Ce n'est rien encore : et M. Gaudray, les paroles. Il y a là un séminariste qui avant de paraître en scène tire un enfant des flots, ce qui le vernit d'héroïsme et lui permet de se présenter en veston. Bientôt il est le fiancé de Marcelle, fille du général Rouvray. La bouffonnerie des discussions de Rouvray et de Marcelle, pour n'être pas prévue par l'auteur, n'en est pas moins délectable, au contraire. Rouvray tient pour la matière et veut coller Marcelle en lui lisant les *Parerga und Paralipomena;* Marcelle tient pour les petits oiseaux, et elle est inexpugnable.

A ces deux dernières œuvres qui valent par le matelassé de leurs idées, le toc de leur langage et le moisi de leur sentimentalisme, on eût voulu joindre, pour les admirer toutes, *Clématite,* japonnerie en vers de M. Louis Artus, et en musique de M. Albert Renaud. Mais M. Galipaux, qui devait incarner Tien-Tchin était indisposé.

Le tout au Théâtre d'Application.

10 JUIN. — A présent que les invalides Barbedette et autres Commettant du *Ménestrel* ont cessé de dénigrer d'Indy, voici l'extrême gauche du wagnérisme intransigeant qui se lève. Et Charles Bonnier tonitrue : « Quel personnage étrange et complexe, ce Wallenstein! Schiller, quoique Allemand et protestant, ne peut s'empêcher de l'admirer dans sa grandeur féroce de chef de bandes. Michelet voit en lui le condottière de grande allure. MM. Vincent d'Indy, ses amis, son chef d'orchestre, le public des concerts voient dans le duc de Friedland un sujet à *leitmotiven*. Etant donné que la musique, comme chacun sait, est un art essentiellement documentaire et précis, ce sera elle que l'on chargera du soin d'exprimer et d'expliquer la complexité du duc de Friedland. Ces réflexions nous venaient à l'esprit en feuilletant, sur les quais, un petit volume de *leit-motiven*, ou motifs conducteurs, nous

rendant compte de la pensée secrète (cette fameuse pensée secrète qui a tant troublé les historiens!) de Wallenstein, de sa politique. Puis vient l'influence des astres, et toute la batterie de cuisine des motifs.

Nous ne pouvions nous empêcher de penser comment les voyages forment la jeunesse; peut-être les plus vieux d'entre ces jeunes musiciens ont-ils été trois, quatre fois à Bayreuth, et déjà ils dépassent Wagner. Celui-ci avait, en Allemand qu'il était, une conception très vague d'une mélodie « dont la résonnance caractéristique dans l'orchestre provoque en nous une sensation qui nous complète une situation, nous donne la plus haute compréhension d'une situation par l'indication des motifs, qui sont déjà, il est vrai, contenus dans cette situation, mais ne peuvent se révéler dans les moments d'action dramatique représentée : en un mot, cette sensation est en nous comme une pensée, mais en elle-même est plus qu'une pensée; elle réalise ce que cette pensée renferme de sentiment ». — On le voit, ceci était bien loin de la nouvelle école psychologique de musique. Ceci nous explique pourquoi les jeunes musiciens ont abandonné les sujets mythiques et des personnages peu complexes comme Wotan ou Parsifal pour se rapprocher de l'histoire moderne!

Il ne se produit plus une œuvre maintenant sans une petite garnison de motifs conducteurs renfermés dans son sein. Il semble même que le bâton d'un célèbre chef d'orchestre a des affinités électives avec ces motifs jeune-France tandis qu'il avait toujours eu une certaine antipathie pour les *leit-motiven* de Wagner, autant que nous puissions nous en rappeler.

Cependant, comme il faut avoir pitié malgré tout du public, qui n'en est encore qu'à Wagner et encore, les jeunes musiciens français se plaisent, dans de charmantes improvisations, nommées

« Echos » chez les éditeurs de musique, à faire des imitations du maître allemand, comme, dans les revues de fin d'année. Nous en avons eu une bien bonne, bien parisienne, intitulée le *Chant de la Cloche*, puis sont venues des *Mélodies de la Forêt*, à faire honte à Siegfried. (Comment l'entends-tu, dit Dauriat, en ricanant. — Comme tout le monde, répondit Lousteau) Mais, dans ces charmantes plaisanteries de concert, on sent un progrès marqué sur l'objet imité. Nous espérons que ces jeune-France arriveront à leurs fins et feront disparaître Wagner du programme et de l'affiche des concerts!... »

Comme tu es méchant, Charles!

19 JUIN. — M. Albin Valabrègue a donc toute honte bue ? Je ne lui aurais jamais fait l'injure de le supposer, assez... (allons, pas de gros mots !...) pour entourer de sa prose l'exhibition du monstre Rosa-Josepha, quatre jambes et un seul sexe. Car il est bien entendu que si le public remplit la salle de la Gaîté, c'est malgré les plaisanteries éculées des *Aventures de M. Martin*, somnifères, et seulement pour contempler ces sœurs siamoises, le seul « élément de curiosité » comme disent les Echos de Théâtres que présente cette Saleté-Vaudeville.

23 JUIN. — Dans une lettre adressée à Bernheim, aux belles tresses (comme les miennes), M. Albin Valabrègue se plaint avec amertume du jugement porté par M. Hector Pessard sur ses deux dernières productions : *La femme* et *Les Aventures de M. Martin*. Et, rappelant ses succès passés, il écrit — sans même nommer son collaborateur, M. Grenet-Dancourt — qu'il a du moins légué à la postérité *Trois femmes pour un mari*, pièce qu'il n'aime pas, ajoute-t-il, avec un délicieux mépris.

M. Albin Valabrègue a les meilleures raisons

du monde pour ne pas aimer ce triomphant vaudeville. Déjà, à la répétition générale (la seule à laquelle il ait assisté), il déclarait à qui voulait l'entendre qu'il n'avait en aucune façon travaillé à cette pièce « infecte », que certainement « on ne jouerait pas plus de trois fois ». L'ex-directeur du théâtre Cluny, M. Maurice Simon, et les interprètes de *Trois femmes pour un mari* en pourraient témoigner. Tous ceux qui ont assisté à la première représentation se souviennent qu'avant le lever du rideau M. Albin Valabrègue courait de l'un à l'autre, suppliant qu'on ne parlât pas de lui. Après le succès final, il changea de manière de voir ; même, il eut l'aplomb de demander à la commission de la Société des auteurs d'obliger M. Grenet-Dancourt à le laisser nommer, lui, Valabrègue, sur l'affiche, et cela... à la 365ᵉ représentation.

Bien entendu, la commission rejeta les prétentions de M. Valabrègue, en termes particulièrement durs qui pourraient être rappelés, pour peu qu'il y tînt. M. Grenet-Dancourt a eu le plus grand tort de ne point livrer à la publicité cette démarche « sans précédent ». (C'est le mot du président de la commission d'alors, M. Camille Doucet.) Il doit regretter aujourd'hui son silence.

Mais quoi, oignez vilain...

M. Albin Valabrègue cite ensuite, parmi ses succès, *La Sécurité des Familles*.

Oublie-t-il donc qu'il eut, pour écrire cette pièce, comme collaborateur (non déclaré par lui), le dessinateur Robida, auquel il dut, afin d'obéir aux injonctions de la commission des auteurs dont il faisait alors partie, verser une part de ses droits ? Oublie-t-il qu'à la suite de la réclamation de M. Robida, la commission tout entière menaça M. Valabrègue de démissionner, si lui-même ne consentait pas à se retirer ?...

Au nombre de ses triomphes, il omet de placer *L'Abbé Constantin*. Je crois pourtant savoir qu'il a touché d'assez jolis droits sur cette pièce. Il serait curieux de savoir de M. Ludovic Halévy comment M. Valabrègue s'y est pris.

Cet homme de lettres termine en déclarant que, s'il savait pouvoir gagner sa vie ailleurs qu'au théâtre, il le ferait.

Nul plus que moi ne désire voir l'auteur des *Aventures de M. Martin* changer de voie ; aussi, je lui donne un bon conseil, gratis : Pourquoi ne profiterait-il pas de la grève des boulangers pour demander une place de mitron ? — Cela ne le sortirait pas des fours.

25 JUIN. — Que l'on fête, verre en main, le succès du *Rêve*, dont la première réussit avec fracas le 18, rien de plus légitime. Naguère, à l'Hôtel des Sociétés savantes, les symbolistes mangèrent pour célébrer Jean Moréas. Même, les observateurs ont remarqué combien ce banquet capitolin fut près de la Roche Tarpéienne, et que, le lendemain même, l'infatigable J. Huret commença d'interviewer les six cents bourriches de littérateurs qui s'accordèrent à trouver scandaleusement dénué de génie l'auteur du *Pèlerin passionné*. Donc, il est véritablement digne et juste, équitable et salutaire, d'avaler du champagne et de débonder des toasts pour honorer M. Bruneau. Que si, à la suite de ces agapes adulatrices, le jeune triomphateur béni par Massenet écope, tant pire alorsse !

Mais, de grâce, que l'on cesse de répandre parmi les foules naïves cette légende de Saint-Bruneau, gonfalonnier de la Jeune École. Les élèves de César Franck — car c'est eux que l'on vise, les autres ne comptent guère — n'ont jamais prié le musicien du *Rêve* de jouer la partie en leur nom, et l'avenir du drame musical en France ne dépend en rien des recettes que peut procurer à M. Carvalho le consciencieux opéra d'un musicien d'avenir, c'est entendu, mais sans passé.

Quand Vincent d'Indy donnera une œuvre au théâtre, la tentative — heureuse ou non — sera d'une toute autre importance, et ce jour-là, *illa dies!* l'école Franckaise, comme on l'appelle, s'écriera (à l'unisson) : Voilà ce que nous voulons! Jugez-nous, jugez sur cette œuvre notre but, nos tendances!...

N'empêche que voilà un courageux travail d'honnête homme, loyal comme l'épée de Mac Mahon, en désaccord absolu avec le « style fixe » stigmatisé par la fameuse lettre de Wagner à Frédéric Villot, avec les stupides conventions de nos théâtres lyriques, en accord avec les situations du poëme qu'elle veut traduire.

J'ajoute que la déclamation du *Rêve*, scrupuleusement soignée, console des insanités prétentieuses auxquelles les compositeurs en vogue, (et les autres itou) nous ont depuis si longtemps condamnés. Assez mal préparés cependant à l'étude de ces « sévères beautés », les gens de l'Opéra-Comique ont senti confusément qu'on leur servait autre chose que les habituelles rengaines. Et la supplication d'Angélique : *Ah! Monseigneur vous m'avez reconnue*, point mélodique, pourtant, au sens vulgaire du mot, ils l'ont furieusement acclamée.

M. Bruneau se serait coupé le nez avec ses dents plutôt que de ne pas adopter le système des « leitmotive », et de superficiels esthètes en ont profité pour discuter un peu le wagnérisme du *Rêve*. Ils ont perdu là une occasion de se taire qu'ils ne retrouveront peut-être jamais. Rien, absolument rien de wagnérien dans cette partition laborieuse : un abîme sépare la façon dont Wagner traite le leitmotiv, et le procédé Bruneau. Malgré tout son bon vouloir, le très compétent Alfred Ernst, du *Siècle*, contraint de reconnaître que les thèmes de la partition nouvelle « manquent un peu de développement symphonique » — oui, un peu ! — explique qu'il leur voudrait une évolution plus réelle, ou du moins plus évidente. C'est parler d'or ! et l'on me permettra de rappeler les paroles de M. Henry Gauthier-Villars, critique inégal mais perspicace, que j'aime à citer :

« Adopter le système des motifs caractéristiques, soit ; mais à condition que ces motifs se transforment quand ils reviennent et ne conservent pas, dans leur allure mélodique, une agaçante uniformité dont la persistance finit par les rendre insupportables. »

Méditez ça, jeunes gens !

Ces thèmes au retour inéluctable, ces leitmotive incassables, l'anonyme sous-Fourcaud qui opère au *Gaulois* en a compté jusqu'à trois « accompagnant les évolutions diverses du ténor, du baryton, et de la chanteuse. » (Pour le dire en passant, je connais la voix de ténor et celle de baryton, mais la voix de chanteuse, qu'est-ce ?)

Trois ! si ce musicographe intérimaire ne reçoit pas une copieuse augmentation, c'est que toute justice est bannie du cœur d'Arthur Meyer.

Parlons sérieusement ; ils sont très nombreux, ces motifs caractéristiques, je dirai presque avec le grenadier de Waterloo « ils sont trop! » Non, non, ce n'est pas par la quantité qu'ils péchent !

Rappelons le sujet : une petite brodeuse mystique s'amourache de Félicien, le fils de Monseigneur Jean de Hautecœur évêque de son état. Malgré les supplications de ce chaud jeune homme, son auteur qui le destine à la prêtrise lui défend — avec la hauteur d'un citoyen dont les ancêtres sont évêques de père en fils depuis l'an 16 avant Jésus-Christ — d'épouser l'orpheline visionnaire. Elle en « fait » une maladie, pour parler comme ma portière et M. Xavier de Montépin, l'une lisant l'autre ; touché, l'épiscope l'administre ; elle se croit guérie, épouse Félicien, et le jour des noces, sur les marches de l'église fleurie, la pauvrette meurt, en plein rêve.

Pour ne pas nuire à la location, M. Zola s'est

empressé de porelliser lui-même — *Heautontripatouilléros*, l'eût appelé Térence! — cet indispensable et logique dénouement. Angélique, au lieu de mourir, aura chaque année un enfant : elle deviendra une forte gaillarde, massue... Poésie! Poésie!

M. Gallet a suivi le roman zolique pas à pas, et son poème semble un des meilleurs qu'il ait écrits. On pourrait y relever un amusant truism : quand l'évêque, vaincu par la supplication de son fils, porte l'Extrême-Onction à l'agonisante, elle lui chante — sur le thème de la guérison miraculeuse ingénieusement ramené :

> Monseigneur, je savais
> Que je ne mourrais pas encore,
> Et que sûrement je vivrais.

Autre vétille; quand Félicien, éperdu d'angoisse, maudit ses espérances brisées, son évêque de père lui remonte le moral à sa façon: *pleure en mes bras si tu le veux*, lui dit-il. La fiche de consolation a paru minime.

Après un court prélude où le motif de la vieille devise des Hautecœur SI DIEV VOLT IE VVEIL s'oppose au maniéré cantabile en *mi* exprimant la tendresse d'Angélique (on le retrouve en *la bémol* dans le grand duo d'amour, puis en *si*, à la fin du trois) le rideau se lève et nous entendons, oh! nous l'entendrons souvent! le médiocre et monotone motif des Saintes qui hantent l'esprit de la petite visionnaire.

Avouerai-je que ces quatre mesures comprenant chacune un triolet, deux croches et une blanche, évoquent le souvenir d'un abominable thème à prétention paradisiaque, lui aussi, du *Dante* à Benjamin Godard? Viennent ensuite le motif sautillant de la Légende Dorée; celui, très important, du Rêve; celui, grave et tendre, de la Confiance d'Angélique soit en les puissances célestes, soit en Félicien; la mélodie entière du Rêve d'amour passe à l'orchestre, puis la reprise du Motif des Saintes la relie au charmant thème, d'allure un peu Franckiste, chanté par des soprani invisibles sur des « versiculets sans poésie » a déclaré le ronchonneur J. Weber, qu'accompagne dans la coulisse, dit-on, un orchestre inentendu. Notons encore le spirituel motif de la broderie, celui, solennel et triste, qui souligne l'entrée de l'évêque (il se retrouve au quatrième tableau personifiant le souvenir de la mère, inconsolablement regrettée, de Félicien); celui de la guérison miraculeuse qui produit un très grand effet au dernier acte quand il jaillit de l'orchestre pour saluer l'arrivée de l'évêque au lit d'agonie, etc., etc.

Il y en a d'autres, mais je ne veux pas humilier mon confrère du *Gaulois*.

Au deuxième tableau, l'auteur sans souci des excommunications du *Temps*, a employé une adorable ronde populaire « Allons cueillir de l'herbe... » recueillie, nous apprend la partition, par M. J. Tiersot, vraiment bien aimable de recueillir ainsi ce qui n'a jamais été perdu. Croirait-on qu'étranglé par je ne sais quel système étroit, le musicien n'a pas osé la faire chanter! L'orchestre la joue, des lavandières la dansent, *sans chanter*, SANS CHANTER! Une ronde de sourds-muets! Oh! les partis-pris!

Pourtant, en maint endroit, Wagner n'a pas hésité... mon Dieu, mon Dieu serait-il déjà devenu pompier?

Dans les duos, si j'ose m'exprimer ainsi, les artistes chantent à l'unisson, naturellement.

Bien que m'attendant à tout de la part des critiques musicaux, je n'ai pu me défendre d'un peu de stupeur à les entendre disserter sur l'orchestration du *Rêve*. Elle les éblouit; ils ne quittent pas le ton de l'extase : « Merveilles orchestrales, raffinements prodigieux d'orchestration, exquises trouvailles d'orchestre ». Et allez donc!

A parler net, en l'an de préciosité musicale 1891, — alors que le plus creux élève de la mère

Massenet instrumente comme l'huissier le plus retors, fignole aussi sûrement que sa patronne et sait masquer à force de méprisables roublardises les trous de son inspiration — je trouve extraordinaire de rencontrer un compositeur de tempérament qui semble ne pas savoir son métier. D'incroyables maladresses déparent ses meilleures pages. Sans parler des séries de quintes comme jamais n'en ouït infirmerie de catarrheux, c'est un perpétuel emploi des fausses relations, une enragée superposition de dissonnances, l'altération érigée en principe, quand même, si bien que tout sentiment de la tonalité s'évanouit. Oh! Ces trois mesures, au prélude du deux! *ré ré ré ré mi do.*

Auprès de cet enchaînement de laideurs, que deviennent la célèbre fausse relation du *Vaisseau Fantôme*, et le fameux accord du 3° concert de Saint-Saëns en *mi-bémol* autour duquel une véritable bataille faillit s'engager au Gewandhaus de Leipzig ? Je supplie Dieu et les hommes de ne pas croire que je regrette l'heureux temps où tout bon magister musical frappant d'excommunication certains accords n'hésitait pas à traiter le « triton » de *diabolus in musicâ;* mais quand j'entends des modernistes, parfaitement incapables de solfier un lied de Schubert, s'extasier, par exemple, devant les accords, d'une redoutable incohérence, qui gémissent sous la phrase de l'évêque *Pour ramener la vie* et célébrer « le pas immense » que fait accomplir à la musique ces déchirantes facéties, je me dis que ce pas immense ressemble douloureusement à un pas de clerc.

Alfred Ernst — dont on ne peut se dispenser de citer le magistral ouvrage quand on parle de Wagner — a remarqué fort justement que les reproches relatifs à l'abus des modulations enharmoniques, de la dureté des pédales à l'aigu et des pédales intérieures, etc., etc., sont toujours adressés au maître de Bayreuth à la lecture des partitions, non après l'expérience scénique car, chose étrange et bien digne d'être méditée, la mise en valeur des sonorités et des timbres est si pondérée, l'association des effets aux émotions si parfaite, que tout devient naturel au théâtre et que les prétendues « horreurs harmoniques » ne blessent les oreilles de personne.

C'est en cela aussi que Bruneau et Wagner se séparent. Déjà pénibles dans la réduction pour piano, certains passages deviennent odieux, exécutés par l'orchestre, et l'on se demande si par quelque mystérieuse prescience Wagner ne les avaient point devinés, quand il maudissait « la dégoûtante orgie des modulations modernes. »

Vous pensez bien qu'à l'exception du musicien hors ligne qu'est Engel, les interprètes s'en donnent de détonner, bien que le compositeur, pour brider leurs fantaisies vocales ait à chaque instant doublé à la basse les phrases chantées, obtenant ainsi des séries d'octaves par mouvement semblable à mettre un sourd en déroute.

Plus odieux encore, peut-être, les perpétuels tortillements de la mélodie, par ex. : *Oui, je m'endormirai souriante en vos bras.*

Mieux vaut, à tout prendre, le saut de neuvième exécuté au premier tableau par Angélique : *S'emplit d'un...* (houp!)... *calme souverain.*

Le diable, c'est que l'inspiration du *Rêve* ne sort guère de ces tarabiscotages que pour choir dans la plus commode banalité; commun, l'arioso si bien accueilli *Ton chemin n'est pas où tu vas*; commune, la prière *Seigneur, je viens vers elle*; et commune, malgré l'obstiné dessin des cors, puis des contrebasses, la phrase *Dieu semble les avoir destinés l'un à l'autre* d'un attendrissement poncif.

Très peu d'imitations de Wagner : à peine un fugace souvenir des *Maîtres Chanteurs* au troisième tableau (récit d'Hubert après le départ de Félicien) et une autre réminiscence, au cinquième, dans l'accompagnement de *Venez, venez, la route est sombre;* moins que rien.

En revanche, M. Lalo pourrait réclamer des droits d'auteur sur la scène IV du un. La cantilène d'Angélique *Je les vois dans le blanc cortège,* s'appuie sur des accords déjà utilisés dans « Marine » pour la phrase *Comme des coursiers épuisés,* et la mélodie caressante de l'évêque, étayée du motif de la Légende Dorée *Ces héros qui n'avaient d'autre loi,* c'est presque l'air populaire du « Roi d'Ys » *Ouvrez cette porte à la fiancée.*

Aux amateurs de chants religieux, je signale dans cette partition, l'*Ave verum*, le *Pange lingua*, le *Laudate pueri Dominum*, et le cantique de Noël *Les anges dans nos campagnes* que, je ne sais pourquoi, le musicien fait chanter à la Fête-Dieu.

Pour finir, deux avis : aux éditeurs je conseille de revoir leur partition (d'un tirage bien médiocre) et de supprimer, entre autres, le bémol dont ils ont doté un *ut* (page 21, mesure 11) qui me semble avoir tous les droits du monde à être bécarre.

Quant à M. Bruneau, s'il reprend sa bonne plume de critique, peut-on espérer que, lénifié par les hommages unanimement rendus à son très réel talent, il donnera à la *Revue indépendante* des articles un peu moins féroces ?

28 JUIN. — Non de D... je ne f... plus les pieds dans cette sale boîte !

Telle est l'exclamation qui voltigeait, hier samedi, sur les lèvres de M. Reyer au moment où ce critique vif quittait l'Institut.

Homme du monde (sans blague !) je puis blâmer la verdeur de ce propos ; auditeur des cantates perpétrées par les candidats au prix de Rome, je dois l'approuver. Même, je lui souhaiterais encore plus d'énergie. Si je savais, dit Rabagas, si je savais un mot plus cochon que cochon...

Il m'en coûte d'adresser au triomphateur,

M. Silver, quelques critiques ; mais *magis amica veritas !* Ce jeune sémite a écrit là une des plus misérables partitions qu'on ait jamais beuglées à l'Institut, prétentieuse et canaille, violente sans vigueur, maniérée sans grâce, du Massenet de barrière. J'ajoute qu'il est inouï d'oser introduire dans sa cantate, de toutes pièces, une partie qui, n'existant pas dans le libretto, aurait pu être écrite d'un bout à l'autre par le professeur, si ce professeur n'avait été l'austère Massenet, au-dessus du soupçon.

Les musiciens n'ont pas donné leurs suffrages à ça (sauf Massenet, bien entendu, et Ambroise Thomas qui est très fatigué, décidément). Mais le débraillé de ces mélodies sans corset a ravi les peintres qui ont voté comme un seul niais pour Silver. Triomphe, Israël ! Reçois, jeune soldat, les félicitations du 72ᵉ de ligne ! Mais lâche la musique ; est-ce que l'oncle Samuel ou le cousin Moïse ne pourrait pas te prendre dans sa banque ?

C'est Lutz, élève de Guiraud, qui était le lauréat, pour le 1ᵉʳ prix de la section de musique ; il a fallu 7 tours de scrutin pour le dégommer. Un joli brun genre Bizet, dont la partition fourmille de charmantes inspirations, parmi lesquelles je citerai la romance *O mon Tyrol !* acclamée.

Dans la cour de l'Académie, Sains-Saëns a consolé de son mieux l'excellent garçon « Bah ! du courage ! moi non plus je n'ai jamais décroché le prix de Rome ! ça ne m'a pas empêché de remporter un triomphe avec la *Timbale d'argent*. Et *Proserpine*, est-ce qu'elle quitte l'affiche ? »

Autre déçu, le grand Fournier, long, sec, maigre, nerveux, bizarroïde et caustique. Féru de César Franck, il a prudemment banni de son œuvre tout souvenir de son maître et construit des ariosos d'un romantico-dramatique à rendre jalouse l'ombre de Meyerbeer. Inutile sacrifice : Fournier n'est ni élève de Massenet, ni juif. Lutte impossible !

Surprise générale après l'audition de l'œuvre de Camile Andrès fort bien chantée par Clément, Dubulle, et une demoiselle dont le nom m'échappe : Lévy, je crois. Déclamation soignée, beaucoup de couleur, du mouvement. Une révélation !

Propre, longue, embêtante, la cantate du pauvre Bondon.

L'auteur du poëme, Edouard Noël, bien connu, bien connu dans le quartier de l'Opéra-Comique, est ce musicien qui, naguère, analysant *le Rêve*, d'après des notes fournies par le gros Danbé, relevait dans l'opéra de Bruneau trois *leitmotiven*, trois, pas un de plus !

6 JUILLET. — Tous deux sont assotés de la Marcotte, leur servante de ferme. Docile jadis, elle résiste aujourd'hui, rebelle inexorablement, aux érotismes du père ; car elle aime le fils et sa verve juvénile. Malgré supplications et menaces elle partira, et Jean peut la suivre. (La pièce s'appelle *Le Pendu*, attention !)

Jean et la Marcotte, qui, réfugiés à la grange, disent leur amour, leurs projets, avisent, dans un coin obscur, un objet volumineux qui pendille : c'est le Vieux. Après des hésitations (la seule police a le droit d'intervenir !), on descend le corps, on l'étend sur la paille, on le tarabuste : rien. Le Vieux est bien mort. La Marcotte pleure, prie. Il était dur, avare, spécifie le fils, qui disparaît, hâté vers les armoires où l'âpre-maître thésaurisait.

Or, ce Rocambole des champs n'était pas mort. Il remue une jambe, demande de l'eau, prie qu'on desserre le chanvre qui le cravate, — et la compatissante Marcotte s'empresse. A peine réconforté, il se traîne aux jupes de la servante, — les effets physiologiques de la pendaison ! — l'adjure de rester, lui offre argent, terres, mais le fils dénaturé, il le chassera ! C'est sur ces entrefaites que Jean reparaît, lourd de monnaies et hilare. « Voleur ! » Et, tôt debout, le Vieux vocifère, puis il retombe, évanoui.

Quoi ? En gens sincères qui reconnaissent la sottise de leur trop de zèle, en gens d'ordre ennuyés de tant d'histoires, ils remettent tout en l'état, et voilà, de nouveau, entre plancher et poutres, le Vieux qui oscille, pour la strangulation définitive. Alors la Marcotte va chercher le garde-champêtre. « Ne te presse point ! » crie Jean.

La pièce est jouée admirablement par M. Janvier, qui arrache toujours ses mains, ses pieds, sa voix, de pièges de glu ; de Mlle Luce Colas l'allure et le costume nous restituent quelque gouache de Camille Pissaro ; le public du Théâtre-Libre a surtout goûté le mannequin dans la série de ses substitutions à M. Arquillière et dans les mouvements de va-et-vient ou de pivotement.

L'auteur, M. Eugène Bourgeois, est ce peintre qui décore de plages normandes et bretonnes le hall de la gare Saint-Lazare. Sa peinture prône assez mal l'expatriation, mais son théâtre — drame et farce superposés — est très bien.

L'aventure, que longtemps après guerres, Communes et naufrages, racontent les faits divers, d'un soldat, d'un déporté, d'un matelot retrouvant sa femme — remariée, M. Sutter-Laumann la met en scène dans *Cœurs simples*. Mme Naus'y affirme burlesque.

La comédie-drame de M. Louis Mullem, *Dans le Rêve*, extériorise par des procédés hardis, émouvants, neufs, la tergiversation d'un artiste, possiblement rénovateur, entre d'antagoniques devoirs, qui sentimentaux, qui intellectuels.

En voici la critique, par F. F., cet ange :

Paul Rémond est bourrelé d'ambitions littéraires. Son emploi dans une compagnie d'assurances fournit le pain quotidien à sa mère et à sa sœur, mais lui gâche son temps et lui harasse l'esprit. Au logis, il est en butte à l'espionnage douceâtre, à la cauteleuse sollicitude des deux femmes. Impuissant à réaliser une œuvre dans ce milieu hostile, il se débilite en une délectation morose dédiée à la gloire et un peu à Mme Ducler. Il faudrait que, loin des familles et des administrations, il vécût une année, libre. Or, il n'a pas assez de confiance en soi pour oser subordonner à de plus hauts devoirs ses coutumiers devoirs immédiats. Que deviendraient sa mère et sa sœur cette année-là ? Et s'il échouait ? Il tergiverse, et son inutile ennui il le traduit en vaine haine contre cette famille à laquelle il continuera pourtant de se sacrifier. Du moins, cette après midi, tous sortent pour aller entendre le sermon d'un prédicateur à la mode, et Paul reste seul dans la salle à manger. Bientôt il s'hallucine : sa pièce est jouée, acclamée, il maîtrise les foules, mais des croque-morts piétinent dans la cour, sa mère, sa sœur sont mortes de dénûment et de tristesse, il est leur assassin ; ira-t-il au théâtre ? à leurs funérailles ? et dans l'obscurité qui a envahi la chambre, il perçoit les deux spectres. « De la lumière ! » crie-t-il, épouvanté. Au moment où il pose sur la table une lampe, — la mère, la sœur, M. Ducler, Mme Duclerc ouvrent la porte : de nouveau la vie banale s'épand, doucement clapote, et l'immerge. M. Louis Mullem aime, comme le créateur d'Arcade Ivanovitch Svidrigaïlov, brouiller, mais d'une façon plus complexe et plus préméditée, les confins de la réalité et du rêve. Dans leur appareil évocatoire, combiné selon des formules chaque fois neuves, ses pièces savent garder une rigoureuse précision : de là ce qu'elles ont d'étrange. Les premières scènes de son récent drame, surtout le dialogue entre le fils et la mère, avaient dégagé avec trop de vigueur et de netteté les saillies de l'âme de Paul pour que le prolixe monologue de l'hallucination conservât un suffisant caractère de nécessité. L'une des deux parties est inutile, et, étant donnée la première, la seconde ne se justifierait qu'ainsi : dans la demi-obscurité de cette après-midi d'hiver, un sobre, un guttural soliloque de Paul Rémond s'éteindrait lentement sur une pantomime ; des trucs illusionnistes feraient alors disparaître le récitant-funambule, détruiraient peu à peu, mais non tout à fait, le décor et instaureraient des visions de théâtre triomphal et de mort, jusqu'au rappel de réalité de la fin.

7 JUILLET. — Le cercle des « Flâneurs », l'idée est saugrenue, dans son grand hall — tendu d'une étoffe grenue tricolore, ainsi que notre drapeau français — nous conviait hier ; à vous parler franc, ces représentations d'été m'embêtent ferme, et je crois qu'il serait urgent d'y mettre un terme...

(Un *terme !* c'est le 15, que mon proprio viendra réclamer *le mien,* maison gentille, eau et gaz à chaque étage, — et non pas « chèque étaige », comme dit Harry, mon groom).

Où donc en étais-je ? Ah ! oui, je vous parlais du spectacle donné hier, un acte en vers, *les Bâtons.* Si Donnay avait ouï les vers de ce plat vaudeville, il aurait versé des pleurs, tel un veau. Deville, l'auteur, est un garçon qui prise mon talent, je l'aime, mais, *magis amica...* Montalant en personne (elle est morte, je crois) n'eût pu rendre tolérables ces vers. De tels Bâtons... nerveux, — vous comprenez ce mot tiré par les cheveux, — vraiment, on ne savait pas par quel bout les prendre !

Je m'imagine que Deville aura voulu, avec sa pièce en dialecte d'Honolulu, voir jusqu'où le public pousse la bonhomie. On ne m'y reprendra (bien que très bon), oh ! mie, à subir ces essais *in anima vili,* tant est grand le courroux qui m'anima. — WILLY.

P. S. — Si l'on vous dit qu'il est en vers, le compte-rendu ci-dessus, répondez que vous le saviez déjà.

8 JUILLET. — Mon cher Willy, les musiciens sont voyageurs par essence, surtout depuis l'envahissement de l'art par la passion de la couleur locale ; tous ceux pour qui le *folk-lore* n'est pas une chimère, se transportent, une valise à la main et de l'œs triplex autour du pectus, aux quatre coins du globe — comme disent les géographies élémentaires, ignorant les difficultés de la quadrature du cercle. On a vu des croque-notes filer vers Nice, l'Espagne, la Norvège ; on en signale même — effroyable exode — en partance pour le Château-d'Eau.

M. Massenet, retour de Bâkdi, où il courut les plus terribles dangers et faillit devenir la proie d'une tribu de barytons anthropophages, cingle vers l'Ile d'amour d'*Esclamonde*; c'est là que l'attend sa nouvelle fiancée, Heugel aux yeux de velours, entourée de ses chevaliers (Paul-Emile) et de ses nymphes, tenant à la main la coupe d'ambroisie, (Thomas) où le jeune maître boira l'oubli d'Hartmann et de ses fatales séductions — pour piano et chant.

Toujours en marche, comme l'indique son nom, Hüe prépare un mouvement tournant sur Bayreuth, escorté d'un certain nombre de prix de Rome. L'Institut frémit, et M. Gounod (Gallus pour les journalistes) mouille de larmes les revers de sa veste de travail — ce ne sont pas les seuls revers qu'il connaisse depuis quelque temps, ni la seule veste.

Pierné termine la pantomime de Catulle Mendès destinée à ravir les élégants d'une station virtuellement balnéaire, où l'on fit de l'hydrothérapie, jadis, (Ex-les-Bains) mais dont les habitués, aujourd'hui, ne s'inondent plus que d'harmonie et suivent plutôt les horizontales que leur traitement.

A en croire le poussah anglo-silésien qui, dans le *Times*, oppert lui-même, l'Opéra monterait *Velléda*. En dépit de ce filet — à la Chateaubriand —

j'affirme que, satisfait des lauriers cueillis au concours de Dôle, Achille Lenepveu se retire sous sa tente.

Quant à M. Saint-Saëns, revenu des Canaries, serein, avec le troisième acte de *Proserpine* tripatouillé de fond en comble, (souvent homme Vacquerie!) il médite déjà une tournée en Suisse, l'enragé touriste! En son jeune temps, il traversa la Méditerranée, alla en Algérie, et ce voyage eut une *Suite*, d'ailleurs agréable. Puis il visita l'Allemagne, en rapporta la forte somme et des articles orographicowagnériens où il comparait l'œuvre de Wagner, vue des hauteurs de la Tétralogie, à la chaîne des Alpes vue du Mont-Blanc. Sur ces entrefaites, il fit une excursion à Damas, et, tandis qu'il chevauchait en songeant à la gracieuse figure de l'éditeur Schœnwerk, il fut soudain précipité la face contre terre (son nez fit un trou que les guides ne manquent point de montrer aux étrangers); une forme vague ayant, à très peu près, la barbe de Gounod, gémissait dans un nuage : « Camille, Camille, pourquoi me persécutes-tu ? » Quand il se releva, il avait un habit vert.

Depuis cette mystérieuse aventure, M. Saint-Saëns a senti croître sa passion pour la balade. Pour échapper à l'ennui de certains opéras ascagneux et mal bâtis, il s'est payé une fugue énorme, fugue qui ne manque pas de « divertissement », comme dirait le contrapuntiste Maurice Bouchor; puisqu'il se trouva de bonnes âmes pour croire le volage perdu sans retour. On cite, depuis lors, quelques autres voyages de découvertes, une excursion *tra los montes*, qui eut pour résultat certaine *Guitare et Mandoline*, où l'inspiration est aussi rare que l'eau dans le Manzanarès, et un *Souvenir de Lisbonne*, tendant à démontrer que, malgré le refrain célèbre, il est faux que les Portugais soient toujours gais. — *L'Ouvreuse du Cirque d'Été.*

11 JUILLET. — Connaissez-vous *l'article 231?* C'est celui qui autorise les conjoints à demander le divorce pour excès, sévices ou injures graves, « sévices exceptionnels », comme dit l'*Officiel*, quand il mentionne une médaille colloquée à un agent. C'est celui qu'invoque Mme Vertineau, giflée, oh! tout doucement, par un mari qu'elle avait poussé à bout.

En attendant le procès, elle s'installe chez son père, un fêtard attardé, qu'elle encombre désagréablement. Et tout le monde se rencontre, la maîtresse du beau-père à Vertineau, le gifleur, la giflée, l'amoureux d'icelle, pincé en flagrant délit avec une veuve dangereuse… Mlle Hadamard!!!! Car nous sommes au Théâtre Français

Nos compliments à M. Ferrier ; bien lui a pris d'être l'ami de M. l'Administrateur général ; les seuls mérites de cette pochade essoufflée n'auraient certes pas suffi à la faire admettre aux Bouffes du Nord.

13 AOUT. — Tous les gens selected quittent la Capitale. Les uns vont barboter dans leur onde natale (dos smaragdins!), d'aucuns chantent « Sombres forêts », et grimpent dans les bois du Chastre ou du Forez, se rappelant, pensifs, devant l'orme ou l'érable, *leur aïeul aux longs bras, le singe vénérable.* Mais les pannés, mais ceux à qui les Océans, trop chers, ne peuvent point prêter leur eau céans, mais les ceusse adonnés à la littérature, trop pauvres pour s'offrir la vil-lé-gi-a-tu-re…

… Ah! dame, ceux-là, Vizentini leur ouvre son théâtre ; qu'ils s'y empilent! Devant Boïeldieu et devant les hommes, je jure que le *Voyage en Suisse* organisé par les soins de l'agence Blum-Toché m'a beaucoup plus amusé que l'ascension du Mont-Blanc. Sans compter que, pour aller aux Folies-Dramatiques, c'est bien moins haut.

Culbutes éperdues, géniales dislocations, pantomines hallucinantes, c'est les frères Renad. Très nombreux. Bob disparaît; Jim surgit. *Uno avulso non deficit alter*. Un clown chasse l'autre.

Guyon, en mari virtuel, qui s'afflige, sans colère, de ne pouvoir consommer son viol légal, désopile. Et cette petite biscornue de Guitty, vraiment, joue avec entrain. Mais, mais, comme le pauvre M. Bloch aurait eu, aurait donc eu, du mal à y loger ses coupables épingles.

> Son corsage n'est pas celui d'une nourrice,
> Il me semble aussi plat que les vers de Morice..,

de Charles Morice, « homme sans idées et sans foi, copiste servile, philosophe pour rire », disent les Couturat en un frémissant article de la *Revue Indépendante*, où l'auteur de *Chérubin* est étiqueté comme suit : « Cet homme traîne au pied le boulet du plagiat dans le bagne de l'impuissance. »

Si vous désirez voir ce sleeping-car qui déraille et s'effondre, ces Alpinistes à Uri qui semblent de Vaud, à voir leur tête, et poursuivent l'hôte qui les Berne, ne perdez pas de temps et courez aux Folies-Dramatiques; le *Voyage en Suisse* n'aura que vingt représentations, mais quelles vingt! Chacun en pourra dire :

> Les vingt dissipent la tristesse
> Qui règnent dans mon cœur...

2 SEPTEMBRE. — Grâce à son oncle incarné, Larroumet, le jeune Berr de Turique parvint à faire recevoir par le Koning du Gymnase sa piteuse *Madame Agnès*. Depuis ce jour, le jeune et infortuné directeur fredonne, en mineur, une chanson où il est question d'un mortel dégoûté de l'existence, « parc' qu'il y a trouvé un n'veu! »

L'oncle, le neveu et l'*Agnès*. Ohé, la trilogie, ohé!

(N'empêche qu'ayant naguère recommandé à l'aimable Larroumet ci-dessus mentionné un petit aspirant-bachelier, le Saumaise de Marivaux me reçut à bras ouverts mon bonhomme. Aussi, reconnaissant, vais-je céler une partie du mal que je pense de l'ours signé par son neveu).

Peu d'esprit, pas de vérité, point de caractères, ah! c'est tout à fait l'école de Scribe!

Henry aime sa femme Agnès, qu'il croit plus godiche que nature, et pourtant il la veut tromper avec une Américaine excitante comme un pickle, et dont la science amoureuse ne saurait être mise en défaut, Pickle de la Mirandole! Mais la belle-mère, Mme des Chalumettes, veille au grain; elle met sous le nez de ce gendre cascadeur une lettre adressée à son Agnès, lettre qu'il écrivit jadis, sans signature, et dont il n'a garde de reconnaître le style, ni l'écriture, sans quoi il n'y aurait pas de pièce. Pendant 3 actes, éperdu, il recherche l'auteur de cette missive enflammée, quand le mot de l'énigme lui est enfin révélé, il tombe de son haut, sa femme tombe dans ses bras, le rideau tombe sur le tout.

Pas féroce, hein? M. Koning a pourtant entouré cette médiocre pièce d'un luxe de bon goût, tout comme s'il se fût agi d'une œuvre d'Alphonse Daudet ou de Georges Ohnet. Les connaisseurs ont apprécié le salon-serre du *un*, tapissé de plantes grimpantes, roses trémières, palmiers. Et moi, qui ne suis qu'un profane, j'ai admiré la toilette de Mme Agnès (Sisos), une robe de satin duchesse d'un gris comment dirai-je, cosse d'amandes, tirant un peu sur le vert, jupe fourreau garnie tout autour d'une passementerie de soie grise très légère, mélangée d'acier et de perles d'argent. Quant au corsage, formant corselet d'abeille, il est orné d'un fichu bouffant de dentelle blanche, très fourni, pareil aux manches. Enfin, une ceinture de satin assorti forme grandes coques sur la taille, très fine, de Mlle Sisos, une taille presque aussi fine qu'une boutade d'Aurélien Scholl.

Au second acte, par le vitrage ouvert, on aperçoit Saint-Germain-en-Laye, les briques rouges du pavillon Henri IV, la Seine couverte d'œufs à la neige, et très loin, se profilant dans les brumes de l'horizon, la Tour Eiffel sur laquelle Mlle Stefani chante l'hymne franco-russe que l'on n'entend pas d'ici.

Noblet est plus « parisien » que jamais, Mme Desclauzas n'a pu dérider le public, malgré sa persistance à grossir tous les effets du rôle de Mme des Chalumettes. Comme le disait M. Jules Roques, qui imite l'accent auvergnat avec beaucoup d'agrément, elle a si mal pris qu'on eût dit des chalumettes de la Régie.

1er SEPTEMBRE. — Mòssieur Carjat va-t'au théâtre depuis qu'il est majeur (février 1810), et cette assiduité l'a rendu populaire auprès des ouvreuses, tenanciers de buffets, vendeurs de journaux et autres gens accoutumés à le saluer, pendant les entr'actes, de la classique apostrophe : « Carjat, limonade, bière. » Comment, en un si *longum ævi spatium*, ce vieux photographe n'a-t-il pas trouvé l'occasion de lire *Britannicus?* Le soir de la réouverture de l'Odéon, il prodiguait d'énergumènes applaudissements qui hachaient les alexandrins raciniens, troublaient les débutants, embêtaient tout le monde.

AGRIPPINE LEROU. — *De mes accu...*
CARJAT. — *Bravo! Bravo!*
AGRIPPINE. — *sateurs qu'on punisse l'au...*
CARJAT. — *Bravo! Bravo!*

J'ai vu le moment où le voisin de ce trouble-fête, exaspéré, allait lui mettre la main sur la bouche en guise d'obturateur et lui endommager la plaque sensible. C'eût été un intermède plus gai que *le Docteur Mirimus*, de MM. Bertrand Millanvoye et Lucien Cressonnois.

La fourmi n'est pas prêteuse; si j'étais comme elle, je n'aurais cure de cette chosette : *De Mirimus non curat prætor,* car « Je suis assez sensible

7.

et bon de ma nature — Mais pas quand je me livre à la littérature. »

On a beaucoup applaudi les vers de M. Millanvoye, un peu moins ceux de Racine, pourtant le masque japonais d'Agrippine Leroux, la belle tenue pompier du traître Narcisse-Albert-Lambert, le peignoir de Burrhus-Cabel, qui ferait fureur au Hammam, tous ces facteurs ont contribué au succès; et la peau brune de Dux-Junie, agréablement décolletée, n'y a pas nui non plus.

7 SEPTEMBRE. — Le héros de cette pièce s'appelle Sigismond, joli nom polonais; sa maîtresse...

Décidément, le souvenir m'obsède de strophes éperonnées où l'on célèbre la maîtresse de Sigismond; en voici quelques vers, pour me débarrasser de la chanson importune :

> La maîtresse de Sigismond
> Le suit sur la terre étrangère
> Aux combats contre Bohémond,
> Et parcourt le Val et le Mont,
> Hussard poupin, troupe légère.
> Elle passe au son des tambours
> Dans l'amazone à longue queue;
> Son court dolman flotte à rebours,
> Enrichi de fins brandebourgs
> De fourrure argentée et bleue...

Inutile de vous dire que la maîtresse de Sigismond qui s'exhibe aux Nouveautés, cette reprise de *la Demoiselle du Téléphone* n'a rien de commun avec cette aventureuse guerrière. C'est une grue, sauf le respect que je vous dois; j'entends une de ces personnes qui, moyennant une rétribution essentiellement variable, consentent à laisser contempler par des messieurs qui ne leur ont pas été présentés, les appâts que leur départit la prévoyante nature. Elle se nomme Olympia Pinchard.

En même temps qu'il brûle pour cette hospitalière, ce veinard de Sigismond — pourtant il est bien laid! — est aimé d'une gentille petite personne, employée du téléphone, plus jolie que l'autre, plus aimante, plus fraîche infiniment; inutile de dire qu'il préfère à cette débutante la femme-omnibus, étant Parisien, c'est-à-dire habitant de la Ville la plus spirituelle de la France qui est, ne l'oublions pas, le pays le plus spirituel du monde entier.

Un beau jour la petite découvre le pot-aux-roses; la rose c'est elle, le pot, c'est Sigismond. Elle jure de tirer les oreilles de son amoureux, une vengeance éclatante d'Olympia, et la chose au clair. Et comme, précisément, les Pinchard, auxquels Olympia doit le jour, viennent visiter la capitale, ignorant le luxe honteux de leur progéniture, Agathe — vous ai-je dit que la petite téléphoniste s'appelait Agathe? — endosse la robe de soirée, décolletée à faire frémir, de l'impure qui, de son côté, arbore un blanc tablier, joue la petite bonne sage, sert à table les Pinchard et Agathe, comme si jamais elle n'avait jeté son bonnet par-dessus le Moulin-Rouge.

Au risque de vous stupéfier, je ne vous célerai pas que cette sombre histoire s'illumine d'un dénouement heureux et fleur d'orangerisé. Sigismond, repentant, vient chercher dans les bras d'Agathe le pardon, le bonheur, tout ce qu'il ne mérite pas, tous les biens que, dans la vie réelle, les noceurs vannés retrouvent moins facilement qu'au théâtre, hélas!

Pour ne pas laisser sous une triste impression les clientes endiamantées des Nouveautés, les auteurs ont voulu qu'Olympia pût se consoler avec un Américain dollarichissime. All Right!

Dirai-je que ces trois actes de MM. Desvallières et Antony Mars me paraissent destinés à bouleverser le monde et la littérature, par l'inattendu de leur conception, l'énergie de l'exécution, les raffinements du style? ce serait exagérer. Mais ils valent autant et plus que d'autres opérettes éperdument acclamées.

Pourquoi donc les représentants de la critique théâtrale, orgueil de ma patrie, ont-ils montré hier soir une froideur inaccoutumée? Pourquoi les acteurs des Nouveautés, un peu déconfits, me rappelaient-ils, par leur mine déçue, le fameux couplet du Pasquin de Calderon « Odieux métier! venir l'esprit aiguisé, la gaieté aux lèvres, et que personne ne rie! » (Dans le *Schisme d'Angleterre* comme vous ne l'ignorez point).

Le public, lui, a ri de tout cœur et confondu dans une même admiration l'ingénuité laborieuse de Mme Mily Meyer, les appâts croulants de Mlle X..., l'étisie lamentable de Mlle Y..., la musique inutile de M. Serpette et les splendeurs de la salle qu'on a fait nouvellement restaurer.

Avec votre permission, je m'en vais faire comme elle.

12 SEPTEMBRE. — Oh! oui, *Lohengrin* eut des adversaires! d'inattendus critiques d'art : les plébiscitaires de la *France*, Henri de Cassagnac, qui ne manque pas d'autorité, et Paul Rochefort, l'intransigeant à la manque; Laur, cette dinde affairée, et Boudeau, brute fétide de la banlieue; la tourbe des éditeurs de musique, trop couards pour ne pas s'abriter derrière une protestation collective, mais qui, presque tous, ont assidûment et bassement manœuvré; nous l'ont-ils assez posé, le lapin du patriotisme, ces marchands de partitions à six francs les cent kilos qui n'eurent rien de plus chaud que de se faire naturaliser Belges ou Suisses pour ne pas servir! Qui encore? l'utile anarchiste Morphy, un sous-Martinet toujours condamné jamais emprisonné, l'anonyme du *Monde Artiste* qui, nourri de Millet, est devenu atrocement serin, et pense m'écraser de ses mépris en m'appelant « plaisantin envenimé ». Canari d'arrière boutique, va! Puis, c'est le Béquillard, et le petit Paulus, et toute la boue de la rue du Croissant, et son impertinence môsieur Léon Dela-

haye, chef de chant à l'Opéra, assez estropié du cerveau pour trouver que Wagner ne sait pas écrire la musique, assez peu soucieux de son devoir professionnel pour palabrer contre *Lohengrin*, assez raseur pour entretenir de ses préférences esthétiques les voyageurs que leur mauvaise étoile conduisit dans son wagon, entre Paris et l'Isle-Adam...

★

Alléchés par le succès de *Cendrillon*, MM. Floury songent à faire représenter au Châtelet une autre féerie, *la Belle et la Bête*; un des principaux rôles sera tenu par M. Carjat.

14 SEPTEMBRE. — Décidément le Théâtre Cluny semble voué aux titres juridiques.

Après la fructueuse reprise du *Procès Vauradieux* voici le *Procès Verbal* de M. Barré qui semble appelé lui aussi à fournir une longue carrière. On voit que l'immeuble de M. Marx n'est pas éloigné du Palais de Justice.

Essentiellement, il s'agit dans la pièce de M. Albert Barré, qui fut huissier — ce qui lui permet de se connaître en rôles — d'un mari trompé; conformément à la poétique du vaudeville contemporain, tout mari doit être trompé; celui-ci se distingue de ses cocugénères en ce qu'il a quelque soupçon de sa disgrâce; seulement avec une perspicacité qui l'honore, ce n'est pas l'amant de sa femme que surveille cet Othello fantochetique, mais bien un peintre, innocent de ce chef (le chef du mari, vous m'entendez bien) et féru d'amour pour une gente demoiselle.

Pour faire constater officiellement son malheur, car il est de ceux qui veulent étaler sous le nez inquisiteur de la Justice les misères de l'alcove conjugale, mon homme enjoint au garde champêtre de Palaiseau de dresser procès-verbal aussitôt qu'un joli flagrant délit...

Sérieusement, n'êtes-vous point édifiés ? Il est certain que cette homme à plaque commet une erreur sur la personne; certain que l'imbroglio va s'obscurcissant jusqu'à la fin du troisième acte; certain que tout s'arrange à souhait; certain que le *Procès-Verbal* fera de l'argent. Que désirer de plus ? M. Barré, en charpentant ces trois actes, n'a pas, que je pense, prétendu poser sa candidature à l'Académie. Alors ?...

L'excellente troupe de l'excellent Théâtre Cluny a joué d'excellente façon cet excellent vaudeville. Mettons hors de pair M. Lureau, grognard, important, ahuri à souhait dans le rôle du garde champêtre. M. Numa, qui profite de ce qu'il s'appelle Aristide pour dire juste, nous a montré un peintre-amateur délicieusement distingué, souliers jaunes, chapeau de paille avec bordure de couleur. Ah ! ma chère, les serveuses des brasseries du quartier latin en vont rêver. Les autres hommes ont beaucoup réussi. Et ces dames m'ont semblé pleines de charme.

15 SEPTEMBRE. — L'*Hélène* du Vaudeville, c'est Mlle Hamlet. M. Delair a transporté, de Danemark en Berry, les principales scènes du drame shakespearien, traduites en un idiome précieux et flou; pourquoi faire ? Malgré l'agacement que produit ce patois distingué, genre *Meunier d'Angibaut*, la beauté des situations, parfois, enlève. Zum Beispiel, la scène où Brandès, belle-fille de l'assassin Fosse, prie sur celle de son père; « dans ce cimetière de village (a dit un soiriste de *la Paix*, pour lequel je n'ai que de la sympathie), les rafales enragées apportent la nuit comme un écho de la terrasse hantée d'Elseneur. »

Belle phrase, un peu romantoc, mais judicieusement inspirée de l'*Oraison funèbre d'Henriette d'Angleterre;* vous savez ben, comment donc ?... « O nuit effroyable ! où retentit... Elseneur ! Elle est morte ! »

Les reporters content d'un air entendu que ce fait divers : « une enfant qui, apprenant que son père avait été assassiné par sa mère, jura de le venger, » fut trouvé par M. Delair dans un journal. Pourquoi diable ne l'y a-t-il pas laissé ?

De même que le hideux Voltaire, enfin mourant, s'exténuait à crier aux Parisiens froids devant ses froids alexandrins « Applaudissez donc, Athéniens, c'est du Sophocle ! » de même les amis de l'auteur — car lui-même a trop de discrétion pour battre en personne la caisse devant son œuvre — les parents des artistes, les camarades de la direction, nous répétaient hier : « Comment osez-vous critiquer ? C'est du Shakespeare. »

Le temps me manque, et aussi l'autorité, pour expliquer en détail la cause principale de l'erreur où est tombé M. Delair. D'ailleurs, l'issue de la tentative doit seule préoccuper le soiriste ; or, elle n'est pas douteuse : la chaumine briarde que, péniblement, patient et minutieux comme un mosaïste, avait construite l'auteur d'*Hélène* avec des matériaux shakespeariens, s'est écroulée. Et les ruines même ont péri.

M. Albert Carré a fait l'impossible pour donner de l'intérêt à *Hélène* ; la mise en scène a été réglée avec des soins intelligents qui prouvent combien fut profonde l'influence du *Maître*, si âprement discuté, et combien aussi les imitateurs de M. Jean Jullien demeurent loin de leur modèle. La place du village, la chambre à coucher de la mère d'Hélène (l'empoisonneuse), le cimetière, autant de petites merveilles décoratives.

J'ai hâte d'arriver à la musique. Au compositeur à la fois érudit et spontané qui s'inspira si heureusement de la *Basoche,* M. Carré doit, cette fois encore, une vive reconnaissance. Ces intermèdes, trop peu nombreux, défient toute critique par leur sobriété forte, leur mélancolie poignante, leur charme irrésistible.

Ce Bizet méritait un Daudet moins fourbu.

18 SEPTEMBRE.

> La coqueluche du boulevard de Strasbourg
> (Par cette antonomase on désigne, j'espère,
> Assez précisément le divin Peremboury)
> Vient de monter une œuvre imbécile, Compère

Guilleri. Je ne continue pas en vers, parce que je suis un peu pressé d'aller dîner. Puisque, d'après les feuilles bien informées, la musique de cette chose, qui n'a de nom dans aucune langue, est due à M. Perry, on ne ferait pas mal de la lui payer — ça doit valoir une jolie pièce de 6 fr. 50 — et de n'en plus parler, jamais, jamais, car elle est désespérément vacharde ; moins, pourtant, que le livret signé Jean Cavalier et Burani. Ce pseudonyme guerroyeur, plutôt cévenol, cache Mlle Perry, la propre sœur du croque-notes ; quelle famille, mille dieux ! quelle famille ! Quant à M. Burani, qui se cramponne avec une endurance de bouledogue aux théories éculées du vaudeville vieux-jeu, louons sa sombre fidélité, force, joie et pilier d'airain, aux causes vaincues. Honneur au courage malheureux. Tous, critiques et soireux, nous étions comme le courage précité ; croyez-vous qu'il soit bien réjouissant d'entendre les aventures de Guilleri, un compère en trois hypostases, selon une légende dont se servent deux sacripants, moines et routiers, assez effrontés pour mettre à mal sous le nom de l'innocent Guilleri, le vieux vin et les jeunes fillettes ? Divers mariages, d'ailleurs prévus, terminent un peu tard cette histoire dont l'intérêt n'a rien d'usuraire.

Il est de mon devoir de constater que ces couplets ont plu aux jeunes blousards du paradis, qui m'ont semblé attirés vers ces ariettes amorphes par d'étranges affinités. *Le Paradis et le Perry*, ô Schumann !

Mais la grande majorité du public est restée indifférente aux efforts de la troupe des Menus-Plaisirs, et j'ai même surpris ce dialogue significatif, entre deux journalistes, qui ne comprenaient pas très bien :

— Quel rébus ! je voudrais bien avoir la clef !
— Moi aussi, je m'en servirais pour siffler.

Jugement trop sévère, à mon sens, car, après tout, quelques-unes des choristes de *Compère Guilleri* exhibent des frimousses drôlettes dont l'examen fait oublier le libretto, facilement. Et Mme Suzanne de Lys, encore qu'elle chante presque aussi faux que Mily-Meyer (mais elle ferme les yeux pour ne pas s'en apercevoir,) a ravi le clan de ses fanatiques, inconsolables, dès qu'elle quittait la scène, comme autant de Calypsos, du départ de Lys.

Les décors, sans faire oublier ceux de *Lohengrin*, ont été brossés avec du goût et des couleurs un peu voyantes.

19 SEPTEMBRE. — Vous prenez votre valise, une tasse de chocolat au buffet de la gare Montperno, et le train de 7 heures du matin pour Sainte-Gauburge ; là, au lieu d'attendre pendant une heure et demie le chemin de fer qui va sur Mesnil-Mauger, vous franchissez, *pedibus cum jambonis*, les 6 kilomètres qui vous séparent d'Échauffour, 1,410 habitants, et 1,409 seulement quand l'ex-aubergiste Harel éprouve le besoin de venir se faire siffler à l'Odéon. C'est là qu'il vit : fière tournure, blond, moustachu comme Lapommeraye, deux yeux bleu faïence, l'encolure puissante, un petit taureau. Fait des vers sous lui. Le diable m'est témoin que j'aurais eu grande joie, pour embêter les moréasseurs de l'école romaniaque, à exalter *l'Herbager* ; pas plan ! Lutte entre un herbager malthusien et un laboureur prolifique (c'est p'teutêt' bèn le contraire) ; blâme infligé à l'émigration rurale ; dangers de la grand'ville ; éloges de la culture intensive. Voici quelques alexandrins parmi les meilleurs :

Le laboureur ici menace l'herbager.
« Ça, votre fi's est mort, il faudrait partager. »
Partager ! Vous aimez les biens que l'on divise.
Nous n'avons pas, monsieur, p is la même devise ;
Monsieur, vous m'obligez à vous dire en deux mots :
Que je n'ai point gardé mes champs pour vos marmots ;
Ta, ta, ta, ta, ta, ta, ta, ta, ta, ta, ta, ta...

On dirait un laïus bonni par le préfet de l'Orne, à l'occasion du Comice agricole, et versifié par Carjat. Penser que cet ours fut annoncé par les fanfares d'une réclame exubérante et pastillogoudronneuse ! O ces rimes publiques !

FABLE.
Porel,
Harel,
Géraudel.
MORALITÉ.
?

Cherchez un mot qui rime ; je n'en ai pas sous la plume.

*

Elle grouille de jolies femmes, la Renaissance ! (Je ne dis pas ça pour cette Mme Roland que je croyais guillotinée depuis tout près de cent ans.) Au premier acte des *Marionnettes de l'année*, on nous exhibe un lot de petites puces travailleuses et Florinesques dans des gazes transparentes qui les font plus nues que toutes nues ; à côté de moi, un potache allumé souhaitait une suite de gazes. Nigaud, va ! Ces mignonnes, en grève, réclament la journée de 18 heures, pour que les nuits soient moins longues.

Il y a aussi des couplets de M. Clairville, également déshabillés, puis la commère Gilberte qui souligne de clins d'œil à la Talleyrand le machiavélisme des sous-entendus ; et cette belle oie grosse, grasse, blonde, placide, — ousqu'est mes marrons ? — dont on bisse vicieusement les strophes érotico-balnéaires : « Mon petit trou pas cher. » Pas cher, soit, mais...

On a beaucoup applaudi la parodie Rosa-Josepha, exhibée au galant *five o plott* de la Marquise Alice.

22 SEPTEMBRE. — Hier soir, à la Scala, on pouvait voir — difficilement, à cause de l'épaisse fumée nicotinique qui bleuissait la salle — la critique au grand complet, beaucoup de représentantes du demi-monde, et quelques jeunesses appartenant à tout le monde. On m'a dit, même, qu'avec une forte jumelle et beaucoup d'attention, j'aurais pu découvrir un petit lot de femmes du monde. La vérité, c'est que je n'en ai aperçu qu'une, au contrôle.

Ces personnalités de tout sexe s'agglomeraient, fiévreuses, pour acclamer les débuts de M. Mévisto. En effet, on a couvert d'applaudissements la verve sinistre, la poignante énergie du mime funèbre chargé d'interpréter la *Folie de Pierrot*, grande scène inédite de MM. Arthur, Byl, Louis, Marsoleau, Paul, Vidal... pardon, si j'oublie quelqu'un.

Le sujet, oh! simple le sujet. Pierrot, trompé par Colombine, boit, pour s'étourdir, des alcools que le Laboratoire municipal a grand tort de laisser dans la circulation. Sous l'action de ces liquides blâmables, sa pauvre tête s'exalte, sa raison arrive au terme — je veux dire qu'elle déménage —; il fait son Coupeau, il croit voir des rats, des oiseaux de proie tournoyants, des phénomènes astronomiques de l'ordre le plus subversif (le soleil tombant sur la lune, entre autres). Puis il serre le goulot de sa bouteille, pensant étouffer Colombine. Nous avons tous passé par là.

Je le répète, le succès de M. Mévisto a été très grand; d'une voix rauque et farouche, il a su mettre en relief, merveilleusement, les rimes inattendues qui se becquètent au bout des vers de la *Folie de Pierrot*; et les applaudissements ne cessaient pas, après qu'il eut récité une pièce effroyablement macabre, *la Veuve,* due à Jules Jouy, l'homme de France qui connaît le mieux la guillottine, après M. Deibler.

P. S. — Pour mettre un terme à des manifestations ridicules qui n'ont que trop duré, je propose à la direction de l'Opéra de nous exhiber un Lohengrin véhiculé non plus par un cygne, mais par un bicycle. Le fils de Parsifal chanterait : « Mon cycle aimé... » Puissent ces concessions ingénieuses désarmer la famille Choudens !

24 SEPTEMBRE. — A l'occasion du *Mitron* de MM. Maxime Boucheron et Antony Mars, tous les gens d'esprit de la presse parisienne (nous sommes bien dans les cinq cents, sans compter Carjat) ont bluté le van et l'arrière-van des métaphores minotières « pain sur la planche ; rapporter de la galette ; succès *ejusdem farinæ*; bonne pâte, etc. » Ah! chère et noble France, n'y a qu'toi ! n'y a encore que toi ! Flambeau de l'esprit humain, va !

Certains délicats — de ceux que le bonhomme estimait malheureux, puisque nul vaudeville ne saurait les satisfaire — certains raffinés reprocheront peut-être à Maxime Boucheron d'user avec trop d'abandon de plaisanteries faciles, de quitter trop vite une charmante idée de comédie pour s'engager dans les imbroglios du vaudeville à tiroirs ; il pourra leur répondre que sa carrière très brillante de chroniqueur parisien lui a de longue date appris quel genre de gaîté « portait » sur le public, que, si la critique désire une œuvre de littérature, il lui suffira d'entendre l'*Ami de la Maison*, en répétition au Théâtre-Français, dont les spectateurs réclament une autre pâture intellectuelle que ceux des Folies-Dramatiques, et qu'après tout le *Mitron* n'est pas médiocrement gai.

Oyez maintenant : Madelon, la boulangère,

a des écus, et aussi un sentiment, tendre comme le pain du jour, pour son premier mitron, Balthazar. Amoureuse, partant jalouse, elle querelle l'heureux coquin à propos d'une baronne dont il s'est, en tout bien, tout honneur, improvisé le défenseur contre un mari justement irrité et, comme elle a la main aussi vive que l'intelligence, v'lan! elle gifle le chevalier, qui se retire la joue chaude, le cœur refroidi, avec sa noble protégée.

Grâce au bon vouloir imbécile d'un Breton pavé comme l'enfer (le désopilant Guyon fils), la situation s'embrouille inextricablement.

La boulangère, sans fausse honte, poursuit le volage mitron; le mari trompé, qui trompe sa femme avec une Toto Clarinette, s'imagine que la baronne est informée de ses débordements, périodiques comme ceux du Nil, mais moins féconds. Bref, tout le monde se retrouve dans le salon Louis XV de cette impure; fiez-vous à la dextérité de Maxime Boucheron pour débrouiller habilement cet écheveau, et tenez pour certain que vers minuit, mitron, boulangère, baron, baronne et spectateurs s'en vont gais et contents, le cœur à l'aise, comme le disait une chanson, un peu oubliée, au temps où l'on parlait beaucoup d'un certain boulanger moins réjouissant que celui des Folies-Dramatiques.

M. André Martinet a enjolivé cette historiette d'une partition, peu wagnérienne, qui est peut-être ce qu'il a produit de plus joli jusqu'à ce jour.

Un mot des décors : M. Vizentini les a tout particulièrement soignés; celui du premier acte en particulier, une boulangerie ultra-selected, lustres étincelants, comptoir en marbre de Paros, etc., m'a fait regretter de n'avoir point embrassé la profession de mitron, et surtout la boulangère.

Fort agréable aussi, la prétendue rivale de Madelon, la baronne Berny, enveloppée dans un manteau jaune symbolique (à vous baron!) Et de quel petit air méprisant — bien nature — elle dit à son piètre amoureux, cocher assez maladroit pour avoir accroché une voiture de maraîcher : « Quand une femme se conduit mal pour vous, sachez au moins la bien conduire. »

Si nous vivions encore au temps où fleurissaient les sous-titres, je proposerais à mon spirituel confrère d'appeler sa pièce *Le Mitron ou « Ah! quel malheur d'avoir un gendre! »*

Guyon, breton comme un menhir, joue à présent les Frédérick-Lemaîtres justiciers avec une envergure imprévue. Gobin enivre le poulailler. Les loges ont fort applaudi, et elle en était digne (des loges) Mᵐᵉ Grisier-Montbazon — reine de la boulangerie, amoureuse d'un Ruy-Blas du pétrin — dans les couplets que, pour elle, égrena M. Martinet, aimablement.

25 SEPTEMBRE. — Le Palais-Royal a repris hier soir une éclatante bouffonnerie, *115, rue Pigalle*, dont la verve a déridé tout le monde, ce qui ne laisse pas d'être fort avantageux pour un tas de personnes endiamantées, mais blettes, qui se panadaient au balcon.

Il m'eût été doux d'en rendre compte, mais la gaîté de M. Bisson s'oppose à ce que je remplisse ma tâche coutumière. Effectivement, de 9 heures à minuit, je me suis tordu, il a fallu toute l'énergie de deux ouvreuses robustes pour me détordre, et ces bienfaitrices ne m'ont remis dans mon état normal qu'à une heure du matin, trop tard pour qu'il me fût possible de vous faire part, ô lecteurs, de mes impressions, qui n'ont pu l'obtenir (l'impression.)

26 SEPTEMBRE. — Pas de chance, le potentat massif de la Gaîté. Sa reprise du *Voyage de Suzette* lui coûte les yeux (je n'ajoute pas « de la tête » par horreur du pléonasme). Aussi, quelle idée absurde, inepte, carjatique, d'avoir remplacé l'adroite Simon-Girard par cette Cassive qu'on

avait lorgné, jadis, à la Porte-Saint-Martin, jouant, si j'ose risquer cette hyperbole, jouant dans le *Petit Faust* le rôle d'une écolière, oh! de la grande classe, de talent nul, d'ailleurs jolie.

Blonde, diamantée comme la devanture de Lère-Cathelain, la débutante a un de ces corps qu'Alfred de Vigny lui-même n'eût pas trouvé triste au fond d'un bois; les éléphants ont beaucoup plu, eux aussi, mais môssieur le Directeur a supprimé — raison d'économie — les chevaux et les bêtes exotiques du défilé final, ne conservant que deux chameaux dont la présence, emmi les figurantes de la Gaîté, étonne comme une superfétation. Quel œil triste, ces pauvres bêtes, lasses d'évoluer à travers les décors insuffisamment retapés, et les fautes de français de Chivot-Duru, ces Rosa-Josepha de la basse littérature!

Signalons la présence d'une première danseuse, Mlle de la Motte; Maupassant nous avait déjà présenté, dans *Notre Cœur*, Mme des Burnes. Allons, ça va bien, ça va bien!

30 SEPTEMBRE. — Instantané de l'auteur de *la Mer* (par Vanor, photographe amateur). Un lorgnon sur une barbe; une tête de lion à lunettes; un sourire d'homme bon qui dément vite l'aspect d'abord renfrogné.

Frère cadet du docteur Louis Jullien, l'éminent chirurgien de Saint-Lazare. Ancien chimiste comme d'autres littérateurs sont anciens polytechniciens; perpétue ainsi la tradition des écrivains issus des classes de sciences.

Dirigea *Art et Critique*, la revue aux rubans verts, où tant d'Alcestes encore juvéniles exerçaient hebdomadairement leur misanthropie littéraire contre les philistins du journalisme boulevardier. *Art et Critique*, où certaine « Ouvreuse » à barbe cribla de petits bancs les parterres des rois de la musique.

Protagoniste du théâtre vivant, est l'ennemi

outrancier du jeu au souffleur, des fauteuils face au public, des sorties à trois temps, etc.

Signe particulier : la plus loyale poignée de main du jeune monde littéraire.

Les trois actes de *la Mer* se déroulent, à l'Odéon, dans le même décor, aperçu sous des ciels d'aspect différent.

Les deux Beaux-Frères. — Un coin de lande armoricaine, Kerbehou, non loin de Tréguier, cher à l'empoisonneur Renan; à gauche, d'énormes rochers gaînés de lierre et dorés de genêts. A droite, une auberge au toit pointu, aux briques disjointes, noircies par les averses, qui abrite les matelots revenus de la pêche, attablés devant les bolées de cidre et les verres de fil-en-quatre. Au fond, surplombant le chemin qui descend à la grève, un Calvaire auquel il ne manque guère que d'être écrit par M. Octave Mirbeau, avec une lance, une échelle, une éponge, tout ce qu'il faut pour un crucifiement.

Et, à l'horizon, la mer!

Successivement, nous faisons connaissance avec tous les personnages de la pièce; voici la pauvre Jeanne-Marie, pliant sous un lourd paquet d'ajoncs, montrée au doigt et appelée *Fille du Diable*, parce qu'elle a fauté. Ce qu'il y en avait, hier soir, à l'Odéon, de demoiselles ayant Satan pour papa, et qui n'en paraissaient pas plus timides!

Voici mon frère Yves, bien loti (c'était forcé) avec son pantalon gros bleu, son tricot et son béret bordé de rouge, comme les yeux de Mlle... ne la nommons pas!

Voici François, un ivrogne, porteur d'une barbe flave comme celle du pauvre diable qui s'est suicidé sur la tombe que vous savez, mais sans cheval noir. Puis des pêcheuses de bouquets, point farouches, les jambes nues, ah! tais-toi, mon cœur!

Quand Yves revient au village après avoir long-

long-longtemps navigué, il apprend que ce gueux de François (un homme marié!) lui a volé... violé... sa promise. Enragé, le matelot saute sur ce sale lascar et va, comme il dit, l'arranger à son idée, quand sa propre sœur la femme du rossé, Elisabeth, intervient, l'amadoue : « La moitié de la maison t'appartient, Yves, vient l'habiter avec Jeanne-Marie et nous... » Emporté, mais faible, il accepte.

Il va de soi que la bonne entente ne dure guère ; sans les supplications de Jeanne-Marie, Yves, écœuré, s'embarquerait pour aller en Islande, avec les camarades. Joli décor, d'ailleurs :

Pas plus de nuage au ciel qu'à l'horizon politique, après un discours de M. Ribot ; ciel radieux, mer d'argent, genêts d'or. Une grande table, quatre bancs, si chargés de buveurs qu'on pourrait craindre ce que le Code appelle une rupture de ban. On consomme du cidre, effroyablement ; il y a même un acteur qui s'appelle Pommier.

La fin de cet acte, émouvante et discrète, a suscité des applaudissements sans fin ; toutes les femmes ont accompagné leurs maris ou leurs fiancés, puis elles ont gravi le calvaire et là, tandis que tinte la cloche du port, elles agitent leurs mouchoirs, crient un adieu tremblant, et s'agenouillent au pied de la Croix, répandant des larmes avec leur prières. Pauvres femmes, que voulez-vous, c'est bête, ça ferait hausser les épaules à ce Pochon et à ce Cocula...

Le crime. — Le temps se gâte, comme les dents de ma vieille concierge ; ciel d'encre traversé de menaçantes rougeurs de tempête ; la mer rauque.

Et c'est alors qu'a lieu ce que l'on pourrait app. ler le coup du père François.

La Gabarre est encore en mer, quand tous les autres bateaux de pêche sont rentrés déjà. Elle a, dit-on, subi une avarie, on a vu un homme tomber par dessus bord, et périr. Est-ce Yves ? est-ce

François ? gémissent les deux belles-sœurs, en larmes au pied de la croix. Enfin l'embarcation rentre, Yves a disparu. Le survivant raconte l'accident... Les femmes, toutes deux, devinent le crime. Jeanne-Marie ne trouvera asile nulle part. « Ça ne serait pas la peine de rester honnête, dit la cabaretière Menguy, si les coureuses n'avaient pas un peu de malheur » — Les honnêtes femmes de cette trempe ne sont pas toutes en Bretagne.

1er OCTOBRE. — Nouvelle édition, « ad usum Gymnasii » de l'odéonesque *Numa Roumestan*, revue, corrigée, et considérablement diminuée. Cette satire politico provençale, mon Dieu, elle ne m'affolait pas d'enthousiasme quand j'allais la voir, après avoir dîné chez Foyot ; quand on dîne chez Marguery, elle ne semble pas beaucoup plus forte. Et pourtant, M. Alphonse Daudet a fait l'impossible pour rajeunir son œuvre. Ainsi, tenez, au premier acte, on voit le buste de Sadi-Carnot. Il n'y a pas à dire. Ça, c'est un effort.

Le sujet, qui l'ignore ? Numa, l'incoercible menteur méridional a épousé la fille d'un magistrat septentrional, franche et droite. Et tout de suite c'est la lutte entre le Nord et le Midi. Le politicien trompe sa femme, salement ; elle en pense mourir, elle veut rompre, quand une poitrinaire ex machina, sa sœur, ramène la paix dans le ménage, paix apparente, tout au moins. Aux

Aux Arènes, on voit défiler toute la ville d'Aps. Rosalie, femme de Numa Roumestan, Parisienne intelligente, sérieuse, même un peu « réfréjon », dont les oreilles délicates craignent les braillements méridionaux et l'estomac la cuisine à l'huile, qui ne peut s'accoutumer au Rabagas clérical, tumultueux et paillard, dont elle est devenue la femme ; sa sœur, la jolie Hortense, « premier prix d'imagination », assez folle pour s'éprendre d'un rustre qui joue du tambourin, de beaux yeux, d'ailleurs ; la hurlante, écumante, tonitruante, tante Portal ; les deux secrétaires de Numa, l'un ponctuel et réservé, l'autre exubérant et généreux, qui s'assied les jambes raides, pour empêcher son pantalon de faire des plis aux genoux. Tous ces pantins, et j'en oublie, le général commandant la place, le maire et le sieur Bachellery, cafetier, père d'une jolie coquinasse de fille, tous défilent sous une tente (si vaste qu'on pourrait l'appeler la tente Portal), et l'on se rappelle les descriptions de fêtes provençales, vous vous souvenez ?

— Les gradins brûlés du vieil amphithéâtre, le soleil tuant, aveuglant, la flamme, la poussière, l'odeur de poudre, les ophtalmies, les insolations, les fièvres pernicieuses, tous les dangers, toutes les tortures de ce qu'on appelle là-bas une fête de jour....

Pour que 'lusion fût complète, M. Koning aurait dû ser... r dans les couloirs quelques débris de brandade de morue, et placer un peu de bouillabaisse sous les fauteuils d'orchestre. Comme dit Vanderem : le coup d'*ail* eût été charmant...

. . . .

En somme, malgré l'indéniable talent de M. Alphonse Daudet, l'œuvre de ce Zola des familles laisse une impression d'inachevé, d'incomplet. On attendait beaucoup, on part mécontent de voir que l'auteur, esquivant les difficultés de la peinture (encore à faire) du monde politique de Versailles, a passé à côté du véritable sujet, et, pour tout dire, nous a posé un...

Au fait, rappelez-vous l'épigraphe de *Numa Roumestan* : « Pour la seconde fois, les lapins ont conquis la Gaule. »

2 OCTOBRE. — Au Nouveau-Cirque, c'est le *Roi Dagobert* qui met les cervelles à l'envers. Ballets folâtres, clowns à cheval, à âne, et à vélocipède, chasse à courre pour finir, avec véritable cerf, se jetant dans de l'eau naturelle, poursuivi

par des chiens pour de bon, sans vouloir avoir aucune relation avec eux.

Bravo, cerf! Il est beau de ne pas vouloir pactiser avec les meutes.

Avant cette pantomime nautique, on a vigoureusement applaudi les « performing dogs » de M. Parker, dressés à ravir ; parmi eux, signalons un lévrier qui franchit les obstacles guzmaniquement. Le pauvre général ne s'ôta que la vie, ce chien inouï sauta deux mètres cinquante.

9 OCTOBRE. — Vous savez bien, rue de Malte, le théâtre du Château-Marlou, ils l'ont rouvert! Ce serait une erreur de croire que ces choses finiront par des chants et des comptes rendus apothéotiques : la grève des critiques ne va-t-elle pas bientôt éclater, mille dieux!

Je pense que les auteurs de l'*Honneur de la Maison*, les sieurs Léon Battu et Maurice Desvignes, sucent depuis quelque temps les asperges par le bout que c'est pas vrai ; sans quoi j'éprouverais une âcre volupté à les rouler dans la boue ; mais leur machine fut représentée en 1853 ou 1854, alors que chacun d'eux devait respirer, au moins depuis vingt-cinq printemps.

Calculons : $1891 - 1853 = 38$ auxquels j'ajoute 25×2 puisqu'ils étaient deusse, ce qui me donne 88. Oui, ils sont bien morts. C'est beau, les math !

Dès lors, rien ne m'empêche de confesser que leur drame est solidement construit, et que quatre-vingt-dix pour cent des spectateurs castellaquatiques ont frissonné en voyant un mari tuer l'amant de sa femme pour empêcher un duel sacrilège entre sa victime et le fils de la dite. Voilà pourquoi il sauve l'honneur de la maison. C'est clair comme un vers de Mallarmé.

Interprétation au-dessous de tout éloge ; pourtant, célébrons Deauville, déjà célèbre par ses courses, et dont la gorge vaut celles, plus connues, de la Reuss.

★

Ce ténorino aphone, Delmas, on assure que Massenet l'a imposé à l'Opéra-Comique, parce que, de tous les interprètes de Des Grieux, c'est lui qui embrasse le moins Manon Sanderson, jeune beauté dont le maestro se reprocherait d'avoir, par la faute d'un acteur trop chaud, troublé la candeur inviolée.

Charmante, au surplus, Sybil; on dirait Judic, avec moins de voix, et plus de poitrine. J'en suis — encor — tout étourdi — i...

10 OCTOBRE. — Ce qu'il y a de plus louable dans le drame extravagant et puéril du père de M. Dumas fils qui se joue devant les fauteuils inoccupés de l'Odéon, c'est son titre. Il prête énormément aux calembours; selon qu'on prononce à la française, ou correctement, on peut obtenir, dans les sociétés peu exigeantes, de véritables succès avec quelques phrases de ce goût :

— Pour que Porel retire sans motif de l'affiche le beau drame de Jean Jullien, il faut qu'il se fiche du *Kean* dira-t-on...

— Ce mélo antonyque et boursouflé n'est pas un *Kean* à la loterie du succès..., etc., etc.

Kean a du génie, Kean a du désordre, Kean a pour bonne amie une comtesse, Kean a une jeune fille, ange de pureté et de candeur, qui l'adore au nom de Shakespeare, Kean a la beauté d'Apollon, Kean a la vigueur d'Hercule, Kean a le toupet d'insulter le prince de Galles, Kean a l'habitude de s'enivrer avec les matelots du port. Quel homme!

Des pointilleux pourraient relever dans quelques phrases (par exemple : « Je vous écoute, monsieur, comme si Dieu me parlait) » un peu d'exagération, peut-être; mais que la tirade, dite des journalistes, m'a enthousiasmé! « Miss, il est « des Aristarques d'estaminet que l'impuissance

« de produire a jetés dans la critique; ils flétris-
« sent ce qui est noble, ils ternissent ce qui est
« beau, ils abaissent ce qui est grand... » — Kerst
faisait un nez! — « Mais il en est qui ont compris
« leur mission du côté honorable (joliment écrit),
« qui sont partisans de tout ce qui est noble, dé-
« fenseurs de tout ce qui est beau, admirateurs
« de tout ce qui est grand. » — Je me suis reconnu
tout de suite, et des larmes heureuses imbibèrent
mon facies, quand M. Guitry poursuivit : « Donc,
« déjà, ceux-là c'est la gloire de la Presse, ce
« sont les anges du jugement de la nation! » Toute
la salle me regardait, attendrie; les hommes
m'adressaient des sourires, les femmes aussi;
l'ouvreuse, en me rendant mon pardessus, m'a
embrassé. *Nunc dimittis!* — Clémenceau fredon-
nait : *Good save the Kean!*

Et je signe désormais mes lettres d'amour :
WILLY, *ange du jugement de la Nation.*

14 OCTOBRE. — Très brillante chambrée, hier à
l'Eldorado, où l'annonce des représentations de
Mlle Aimée Aymard avait attiré de preux gentil-
hommes, de nobles dames, et aussi de gentes
damoiselles idoines à l'esbaudissement des lurons
sans vergogne.

La débutante a été tout autant acclamée que
put l'être, à Cronstadt, l'amiral Gervais : elle aussi,
d'ailleurs, revient de Russie, et je ne crois pas l'a-
miral capable de chanter aussi finement qu'elle,
car c'est une « diseuse » de premier ordre; si
j'étais pudibond, je pourrais regretter de voir cette
artiste employer son délicieux talent à faire accepter sans protestation des chansonnettes décolletées
jusqu'au nombril, et remplies de billon dont le son
est perçu *(pour Carjat :* de sous-entendus); mais
je ne suis pas pudibond.

Ses camarades : Sulbac, engraissé demesuré-
ment, dont les trouvailles ultimes ressemblent à
ça :

Elle était blonde, Gabrielle,
   Bastill'-Grenelle !
Ah ! mon Dieu, qu'elle était gentille,
   Grenell'-Bastille !
Son souvenir cause ma peine,
   Auteuil-Mad'leine !
Une larme perle à mon œil,
   Mad'leine-Auteuil !

Bonnaire, un bloc amusant de saindoux ; Kam-Hill, étique et si poseur ! Plébins, que nommeraient dictateur les habitués de l'Eldorado par un unanime plébinscite ; et cent autres.

22 OCTOBRE. — En dépit des indulgences manifestées pour *Hélène* par le très délicat esthète Jules Christophe (officier de l'État civil des héros balzaciens) que ce cimetière de village, sous ces éclairs, sous cette pluie, cette jeune fille sur la tombe renversée de son père, le matin gris venant éclairer tristement cette scène désolée, manifestement avaient ému, la machine rustique de M. Delair dura peu, au Vaudeville. La critique lui fut inclémente, et je sais une dame de lettres qui le transperça d'une aiguille féroce : « Cours, mon aiguille, dans l'*Hélène* » chantait Jeannette.

Pour lui trouver une remplaçante, le sympathique directeur du Vaudeville fouillait dans ses cartons, fouillait encore, fouillait toujours, sans en extraire rien de satisfaisant ; le temps pressait ; peut-être M. Albert Carré allait-il se décider à démuseler quelque ours de la ménagerie Bergerat, quand, heureusement pour lui...

Heureusement pour lui, M. Victorien Sardou, que l'interdiction de *Thermidor* avait mis sur la paille, vint demander au concierge du Vaudeville un bon de fourneau, un sou de pain, de quoi manger.

Or, M. Albert Carré passait précisément (niez le doigt de Dieu, si vous l'osez, niez-le donc) devant la loge du concierge, — loge qui, pour le dire en passant, n'est pas la moins confortable du théâtre — quand vint tendre une main suppliante le pauvre hère décharné, hâve, aussi triste qu'un bon mot de Carjat. Emu, le directeur lui offrit un décime, disant :

— Voyons, pauvre ami, qu'est-ce que je vais vous jouer?

— Ah! je n'ai pas le cœur à la musique.

Ce quiproquo dura peu, ce qui le distingue essentiellement de celui sur lequel repose le dernier acte de *Nos intimes*. Le lendemain même, on commençait les répétitions.

Le sujet, vrai le soir de la première — 16 novembre 1861 — n'a pas cessé de l'être le 22 octobre 1891. Nos intimes, c'est nos ennemis. Ils nous embrassent pour mieux nous étouffer. Ça c'est la thèse philosophique. Pour la faire avaler, le potard Sardou l'enrobe dans une intrigue quelconque et scribouillarde, d'ailleurs chipée au *Discours de la Rentrée de Rougemont* avec couplets de bravoure, mots d'esprit ou ficelles plus ou moins dennerydicules, canapé troublant au troisième acte, etc., etc. Ah! c'est un commerçant qui la connaît!

Mme Jane Hading est bien mise et ne doit pas acheter ça tout fait dans une maison de confection. Ah! mes amis, (comme dit Francisque) quels éblouissements! mais aussi quelle étrange mode de se faire agrémenter le dos d'un bouillonné cocasse, semblable à une nageoire de requin; c'est squale et ça tient de la place... Après tout, c'est peut-être un ornement symbolique, pour faire comprendre que Mme Caussade a plein le dos de son mari...

Charmants décors, surtout le jardin du *Un*, à Ville-d'Avray, planté de ces cactus rarissimes dont la fleur, de l'aveu des propriétaires, semble une heureuse combinaison de l'entonnoir et de l'artichaut. Plus jolie, Mlle Déa Dieudonné, cette fleur animée (voilà comme je suis, quand je m'y mets!) dont la svelte grâce brune semble bien jeune pour son fiancé de médecin, un nommé Tholozan qui, de plus, est un homœopathe. — Mon Dieu, le mot n'est pas très neuf, mais il fait toujours rire les allopathes.

Les *Intimes*, c'est le Marécatgeux Boisselot, et Abdallah-ben-Pentat, et ce couple antique, les Vigneux — Vigneux amis, vieux galons! — Monsieur Édouard Noël s'en est régalé. Je cite ce zoologue pervers : « C'est un régal que d'entendre siffler ces vipères à face humaine s'enroulant autour du pauvre Caussade, bavant leur venin, et *le* caressant (leur venin, sans doute) de leurs dards avec des attitudes de chiens tendres. »

Des vipères-épagneuls à face humaine léchant leur venin, je crois que M. Geoffroy-Saint-Hilaire les paierait un bon prix.

23 OCTOBRE. — Quelques spectatrices de l'Ambigu ont paru surprises de ce nom singulier qu'elles n'ont jamais vu sur le calendrier, *Mamzelle Quinquina*. Je vais faire cesser leur étonnement; qu'elles se souviennent qu'en France on a, de tout temps, désigné certaines personnes adonnées à l'ivrognerie par le nom de leur boisson favorite : les comtes de Champagne, les ducs de Bourgogne et de Bordeaux, Rodrigue le Cidre, le maréchal d'Encre, notre aimable confrère Bernard de Rhône, et bien d'autres en sont la preuve. Moi-même, au temps de ma verte jeunesse, j'ai connu une demoiselle qui, vu la liqueur qu'elle avait accoutumé de boire, avait reçu — avec reconnaissance — le surnom sonore de Vespétro, ce qui ne l'empêcha pas d'épouser un beau garçon, après fortune faite. Vous entendez bien que c'est par elle qu'avait été faite cette fortune. Donc, c'est parce qu'elle avale beaucoup de tonique stomachique dans les brasseries où elle sert, que Thérésa a reçu le nom de *Mamzelle Quinquina*. Mais n'allons pas trop vite.

Quand elle était sage encore, l'infortunée Thérésa, Didier l'aimait; Didier, fils du maire, qui la rendit bientôt comme son papa; chassée par une famille rigide; la pauvrette va rejoindre le fils du maire en question auteur de son arrondissement. Le séducteur n'ayant pas 21 ans, on expédie cet aspirant mari au Tonkin, où il reçoit une trempe, « Marie tremp' Tonkin » dit la ronde enfantine; il meurt là-bas, comme il sied, et Thérèse accouche à la Bourbe, puis se laisse voler son enfant par un goupeur, Ridoux, qui s'empresse de reconnaître le baby, pour avoir la mère, plus tard Truc ingénieux, que le drôle a certainement appris en voyant jouer *Lucienne*, un jour que Louis de Gramont lui avait donné un billet de faveur.

Cependant, Thérèse, devenue *Mamzelle Quinquina*, fait partie de la « Brasserie orientale », embellie par des serveuses en pantalon turc dont on ne saurait trop admirer les fez et qui trottent comme des houris; les consommateurs s'asseoient sur des ottomanes, le succès va en croissant.

La Roche Tarpéienne est près... parfaitement. A présent, Thérèse a dégringolé jusque dans un ignoble bouchon du quartier Montperno, la « Brasserie des Antipodes », ainsi nommée, sans doute, parce que les filles y servent la pratique les jambes en l'air. L'exquis Ridoux y donne une séance de bonneteau : « Pique, repique, ça me coupe la chique. Cœur, c'est du bonheur. Carreau, c'est la peau. » Il continuerait encore si des agents ne lui mettaient la main au collet.

Quand il revient, après avoir voyagé pendant cinq ans (voir Mazas, Clermont, Melun, Nouméa, *poissim....*), il voit avec déplaisir que la fille de Thérèse, très grandie, devenue gentille, se livre à des travaux de couture peu rémunérateurs et, rêvant pour elle une malhonnête aisance, il sifflote le refrain connu :

> Ah! pet't' couturière,
> Le métier ne va plus.
> Les aiguill's sont trop chères.
> Il faut... savoir se tirer d'embarras

(Je modifie légèrement le dernier vers).

Mais Thérèse se révolte et, comme elle trouve la moralité de Ridoux un peu faible, elle lui fait prendre du fer. V'lan! trois coups de couteau! Après cette vingince, elle meurt, dans la neige.

On avait beaucoup vanté Mlle Ramazetta, qui n'a pas médiocrement contribué à l'insuccès du drame de M. Oswald, par son exotisme tocard.

24 OCTOBRE. — C'est chez Madame Tola Dorian, — princesse Mestchersky — que je fis la connaissance du révolutionnaire Tabarant. Je me hâte d'ajouter, pour que cette révélation n'expose pas le jeune socialiste aux colères de ses coréligionnaires moins mondains, que la noble slave, loin de chercher à refréner chez lui les instincts barricadiers, prenait à tâche de les exciter :

> Frère, vois donc quels funéraires feux
> Montent, crevant la nuit et la tempête,
> Voici venir la véhémente fête
> Aux aboiements de ses tocsins joyeux !

... lui disait-elle ; je crois même me rappeler — c'était en 1888 — que le jeune Tabarant, convaincu, s'en fut électriser de ses discours des grévistes méridionaux, déjà très braillards ; il obtint, à la suite de cette campagne, les félicitations du « Parti » et, aussi, sauf erreur, une condamnation qui le décida, heureusement pour nous, à préférer les luttes littéraires aux combats politiques.

Il m'a laissé le souvenir d'un nerveux, aux yeux étincelants, aux gestes vifs, à la parole chaude ; ses théories m'ont semblé moins originales que la façon dont il les exposait. Aussi bien, possibilistes, guesdistes, anarchistes, visent le même but, n'est-ce pas ? l'extermination de la bourgeoisie. Dès lors, malheureuses victimes vouées aux immolations socialistes, peu nous chaut de savoir à quelle sauce nous serons mangés. L'important, c'est que les cuisiniers révolutionnaires continuent à s'entremanger le nez, frénétiquement ; tant qu'ils se livreront à cette occupation délicate, nous pourrons souffler un peu.

Ai-je besoin d'ajouter que Tabarant est le meilleur fils du monde, serviable et charmant, incapable d'en vouloir à une mouche, fût-elle réactionnaire. Lors de la prochaine Commune, s'il me pince, il me fera fusiller, mais sans aigreur, avec la même courtoisie que Willy — modeste lieutenant de territoriale — le traversera d'un coup de sabre à l'occasion ; c'est la vie, cela, et sans cet imprévu galant, elle serait d'une trop odieuse monotonie.

Un ramage de jovialités, aujourd'hui fossiles, emplit la salle à manger de la maison Vauquer. On est aux prises avec des mets récalcitrants ; et le père Goriot, par vieille habitude de vermicellier soucieux de l'origine des farines, flaire son pain, quand, mystérieusement, Mme Vauquer l'appelle : alors les pensionnaires entrevoient passer derrière la porte vitrée une exquise personne, — sa maîtresse, évidemment, car, à qui fera-t-il croire que c'est là sa fille ? Puis, entre Eugène de Rastignac, Goriot et ses deux filles (Anastasie de Restaud et Delphine de Nucingen), le roman se développe, Vautrin et Bianchon n'étant plus que des personnages épisodiques, la duchesse de Laugeais, la vicomtesse de Beauséant et Mlle Taillefer étant absentes.

Dominé par son pathologique amour paternel, Goriot se laisse dépouiller : il déteste les maris de ses filles, puisque celles-ci se plaignent de leurs maris ; et il est volontiers le complice de leurs amants : pourtant, économe, il trouve que le Maxime de Trailles d'Anastasie de Restaud est par trop un bourreau d'argent : il aime bien tenir la chandelle, mais pas la bougie ; aussi adore-t-il le bon Eugène de Rastignac, l'amant de Delphine. De saignée en saignée, le voilà sans un sou : alors ses filles s'invectivent ; Delphine reproche Maxime à Anastasie ; Anastasie la censure (oui!) du fait d'Eugène. Goriot n'a plus qu'à mourir, mais il ne s'y résigne qu'après tout un cinquième acte d'agonie, car il attend ses filles — qui ne viendront pas.

M. Antoine, à qui l'on peut adresser certains reproches, (ça m'est peut-être bien arrivé!) ne saurait être, sans ridicule, accusé de ne pas savoir son métier. Cette effroyable agonie, qui termine le *Père Goriot*, je ne vois pas quel acteur pourrait la faire accepter au public; d'ailleurs, elle l'épuise, c'est pourquoi il la joue avec d'autant plus de naturel et de vérité que la pièce se prolonge. Si Tabarant avait fait durer la scène cinq minutes de plus, je gage qu'Antoine mourait pour tout de bon. On pourrait essayer pour la seconde représentation; ce serait d'un effet considérable.

Au III, la question des rapports financiers des deux amants est bien résolue, sans rigorisme.

Au IV, Anastasie a fait endosser par son père le billet qui doit payer une différence de Maxime, et Delphine dit : « Elle est revenue pour l'endos. » A l'entr'acte Zo d'Axa rectifiait judicieusement : « Elle est revenue pour le dos. »

Cette pièce de M. Tabarant est une illustration, mais qui vaut mieux que celles dont les romans de Balzac s'étaient ponctués, de Bertall à M. Julien le Blant, si, bien entendu, on excepte les H. D.

Elle a beaucoup intéressé Mais ces facéties du premier acte — j'y reviens! — ces facéties chouettorama débondées par les pensionnaires de Maman Vauquer, quelle consternation elles ont versé sur le public! C'est du pur Balzacorama, pourtant. Dire que nos plaisanteries sembleront aussi piteuses dans cinquante ans! dire même que dans cinquante mois... dire même que tout de suite! Ah! si je n'écoutais que ma douleur, je me couvrirais la tête de cendres; mais c'est trop salissant. Garçon, un cilice pour un, et, comme nous barbottons en plein Balzac, prenons de préférence un *cilice.,. de la Vallée*.

Mlle Sylviac exhibe des épaules concupiscibles. Et comme elle adore, encouragée par son papa, le beau Rastignac ! (Grand) Dire qu'il y avait, en ces temps reculés, des pères assez gentils pour favoriser les amours de leurs filles et prêter même des appartements aux greluchons.

Je suis venu trop tard dans un siècle trop vieux !

30 OCTOBRE. — Il n'y a pas à dire mon bel ami (par Guy de Maupassant, chez Ollendorff, 3 fr. 50), *Le Coq* est un succès. On m'a changé mon Derembourg, c'est pas Dieu possible !

Si je connaissais une petite personne un peu pâlotte qui voulût acquérir cette belle carnation ponceau si chère aux tripières, je lui conseillerais vivement d'aller voir le *Coq*; à moins d'être de ces femmes hardies « qui goûtent dans le crime une tranquille paix », stigmatisées par le fabuliste latin (vous savez bien, Phèdre !) la petite personne ne pourra s'empêcher de rougir, tant les situations de MM. Ferrier et Depré sont audacieuses, leurs mots risqués, leurs sous-entendus polissons.

Aux croisades, il y a quelques années déjà, un Bouquillard écorna (ou plutôt encorna) scandaleusement l'honneur des Valmajour qui fut bientôt vengé, grâce à un adultère commis, par un membre de la famille primitivement lésée, au détriment de leurs anciens larrons d'honneur. Et depuis, de génération en génération, un Bouquillard détourne un Valmajour de ses devoirs, puis un Valmajor met à mal un Bouquillard. Ponctualité et intermittence !

A qui le tour d'être sganarellisé ? A Bouquillard. Mais celui-ci, gars prudent, attendit, pour prendre femme que l'ennemi de race fût devenu tout à fait inoffensif. C'est pourquoi, sachant le peu que vaut son *telumimbelle*, Valmajour cherche un suppléant moins fourbu, un « Coq » son neveu Pavillon. Le tout s'arrange à la satisfaction générale.

Le premier décor de cette opérette coquine est agréable et phocéen ; il représente un café marseillais avec un comptoir à l'instar de Paris, pavillon et vérandah donnant sur la mer. Le metteur en scène n'a pas hésité à reproduire de son mieux à l'aide de figurants appropriés les senteurs particulières à cette gueuse parfumée de Marseille. Quant à ce qui est du Pavillon, c'est le nom d'un garçon de café qui ressemble un peu à l'acteur Dupuis, pas à celui qui avait tant de talent, non à celui des Variétés.

Nous faisons connaissance d'abord avec la mignonne petite Thérésette, voix de fauvette, bras nus, corsage aimable, puis avec un brigadier de gendarmerie, moins appétissant.

Au tableau suivant, la fantaisie des auteurs nous transporte dans une melonnière de Cavaillon ; ces cucurbitacés sont soignés merveilleusement, on voit que le jardinier ne s'y épargne point.

> Cavaillon, prenons de la peine,
> C'est le fond qui manque le moins.

Pour être complet, je signalerai ici une chanson provençale, mêlée de français, que Thérésette dit avec un léger accent anglais (quand je saurai pourquoi, je vous l'expliquerai).

Très acclamée, cette sémillante petite Auguez, qui possède d'admirables jambes; elle ne les montre pas dans la pièce, mais je le sais. Là, là, là, ne vous exagérez pas mon indiscrète fatuité, vous qui savourez ces lignes, et toi, ma petite chérie, ne m'arrache pas les yeux; si j'ai vu ces quilles suggestives, c'est à l'Op. Com., quand leur propriétaire, sous le consulat du pochard Paravey, gazouillait les couplets de *Mireille :* « Je me sens pris par le sommeil... » Et ses yeux n'avaient pourtant pas l'air endormis, non, coquin de sort!

On bisse avec frénésie les couplets de la charmante Méaly, moulée dans une robe de peau de soie *Ophélia*. Quand j'aurai ajouté qu'un duetto du second acte parodie un air d'*Hamlet*, on avouera qu'il y a bien peu de différence entre M. Paul Ferrier et Shakespeare.

Le compositeur à qui nous devons *Le Coq* ne sera jamais, jamais, stigmatisé du surnom de Victor Roger la-Honte; du moins, ça me surprendrait beaucoup.

Dans le *Figaro*, lundi dernier, le Masque de Fer annonçait que le maestro Le Coq préparait une opérette intitulée « Victor Roger ». Cette fumisterie, mon Dieu, est modérément comique, mais j'en suis l'auteur: deux jours auparavant, je l'avais enfouie dans la discrète *Paix*, où s'en fut la rechercher un môssieur coutumier du procédé. Il me démarque régulièrement et touche à la caisse du 26, rue Drouot. Aussi, le très aimable Philippe Gille a-t-il bien voulu, sur ma réclamation, enjoindre à son Masque de « faire » (oh! pardon!) moins fréquemment les mots du bon Willy.

31 OCTOBRE. — Suivant les us et costumes des Nouveautés, les toilettes de Pierny-aux-yeux-ébaubissent. J'en parlerai tout à l'heure. Grenet-Dancourt et Bertal ont, prétendent quelques pointus, pillé l'*Ours et le Pacha* pour confectionner *Norah la Dompteuse*. Je m'en contrefiche! On rit, à voir trois nigauds se disputer l'honneur d'entrer « dans la cage » (c'est une figure) de la donzelle, cependant que Norah, belle d'indolence, les balance.

Le succès de *Norah la dompteuse* ne fera pas d'envieux, les auteurs de ce turbulent vaudeville ne comptant que des succès à Paris et en province; je n'ai pas eu le temps de me renseigner sur les sympathies qu'ils cultivent à l'étranger.

Grenet-Dancourt, tout Paris le connaît, figure de Kalmouck irrégulière, physionomie malicieuse, des **yeux flambant d'ironie**, la mimique ardente et précise, tout l'ensemble d'un monologuiste qui se souvient d'avoir été acteur.

Son collaborateur Bertal soirise avec beaucoup de verve et d'indépendance au *Rappel*, où certaine étude sur « Vacquerie, sa vie et son œuvre », ne contribua pas médiocrement à le faire entrer. Trente ans, frisé, brun, l'air épanoui, la poignée de main vigoureuse; ces dames lui prêtent bien d'autres qualités; croyons-les sur parole.

Au premier acte, M₥ᵉ la baronne Henriette exhibe une robe de broché vert-nil (parce qu'elle verse parfois des larmes de crocodile), manches comme des Sabines, je veux dire très enlevées. Au contraire, l'ingénue Lucienne Moulineau s'est composée une toilette qui est « une fiançaille », entre la robe de fillette et celle de demoiselle à marier, blanche en peau de soie, je parle de la robe, sur laquelle tranche une ceinture vieux rose; les cheveux en nattes sur le dos, suivant une mode charmante, mais que je ne partage pas pour mon compte. Au lieu de tresser les miens, je les ramène en avant par un retour habile; c'est ce que les criminalistes appellent des cheveux de retour.

Les hommes sont laids, comme vous et moi, sans rien de particulier.

Quant à l'ameublement, j'ai surtout remarqué une terre cuite, destinée sans conteste à contrebalancer l'effet de quelques mots crus; on a voulu aussi me faire admirer de jolies portières, mais depuis que la mienne m'a fait poser vingt minutes sous la pluie, avant de tirer le cordon, je ne consentirai jamais à reconnaître que cette espèce-là puisse être jolie, jamais!

Norah ne reparaît qu'au second acte; c'est une attention dont il convient de remercier les auteurs; s'ils nous avaient montré cette éblouissante dompteuse pendant tout le spectacle, nous aurions quitté le théâtre avec des maux d'yeux à mettre en défaut la science du docteur Robineau.

Figurez-vous une robe crêpe de Chine couleur

chair, mais de chair faible, comme disent ceux dont l'esprit est fort, de chair pâle, enfin comme je les aime, constellée de cabochons multicolores, je dirais même polychromes, si je ne craignais d'inquiéter ceux de mes lecteurs qui ne se nourrissent pas de racines grecques; corselet de velours bleu foncé, brodé d'argent; derrière la taille, un paon brodé, dont l'immense queue descend jusqu'au bas de la jupe, sur les talons; c'est un paontalon.

Au troisième acte, nous visitons les coulisses du Cirque international, égayées d'une musique de trombones également à coulisses, peuplées de petites figurantes dont les regards en *idem* font oublier les vents *dito* qui semblent avoir élu domicile dans tous les théâtres.

Les amoureux de la dompteuse ont du malheur; l'un, voulant pénétrer dans la cage des fauves, pense être dévoré; ce n'est pas qu'il n'ait dans le regard un fluide suffisant, mais il est entré de dos; à deux autres il arrive les plus extraordinaires aventures : le premier s'affuble d'une fourrure d'ours et n'échappe qu'à grand'peine aux mortelles étreintes des ours « pour de bon ». Son ami, empêtré dans une peau de hyène, entre dans la même cage; chacun d'eux prend l'autre pour un quadrupède véritable, si bien que pour s'amadouer, ils s'entre-lèchent. *Horror! horror! horror!*

Je voudrais bien aussi vous décrire d'adorables petits clowns ou clownesses en bouffants oranges. — oranges pour lesquelles j'aurais un pépin — mais je suis trop ému au souvenir du costume de cirque, porté par Norah : maillot de soie noire, corselet de velours noir agrémenté de jais (tout à l'heure un paon, à présent un jais, tout La Fontaine y passe!) comme coiffure, une peau de tigre retombant dans le dos. Si je portais ça au lieu d'un chapeau haut-de-forme, je ferais sensation dans mon quartier. Mais ce maillot, mais ces jambes! ah! comme l'on s'emballerait, si l'on ne connaissait, — amère expérience — les déceptions causées par un judicieux emploi du rembourrage de coton.

Après la chute du rideau, on rappelle tous les cabots; lors, Bertal triomphant :

— Le voilà, le *Rappel* que je préfère !

Si Vacquerie avait entendu !

Après cete salle de première hurlant d'enthousiasme, il y en *Norah* beaucoup d'autres.

3 NOVEMBRE. — Ils sont trois. Monsieur Liorati Monsieur Busnach et Monsieur Fontenay, qui mirent en commun leurs efforts et leurs géniales audaces, pour fournir à Varney le libretto de *La Fille de Fanchon la Vielleuse*. Cette fille, c'est Javotte; et l'héritage de Fanchon, qu'elle vient recueillir à Paris, c'est une vielle. Munie de ce nasilloir, la pauvrette gagne honnêtement sa vie, (ça se passe en 1795), échappe aux traquenards du libidineux tabellion Bellavoine, et finit par retrouver dix mille écus que lui avait légués sa maman Fanchon, et qui s'étaient absentés.

Le coureur de cotillons précité habite une fort jolie maison, dont Rubé et Chaperon sont les architectes et qu'ils ont orné d'une grille sans pareille. Ah! l'adorable grille! Si saint Laurent, fut étendu sur pareil objet d'art, je ne le plains guère.

Plus modestement logée, Javotte : une modeste mansarde, avec un modeste buffet, deux modestes chaises, et un modeste lit, pour un. Mais elle est charmante, dans sa robe à ramages... moins enchanteurs que ceux de Thuillier-Leclair — cette fauvette ! Un coquet chapeau de paille et un fripon de tablier vieux rose en surah font comprendre l'enthousiasme du public surahbondamment. D'ailleurs chez la Vielleuse *junior*, le moral vaut l'extérieur; ainsi, la pauvre mignonne est assez généreuse pour partager sa recette avec quelques chanteuses des rues moins veinardes qu'elle. (C'est jamais le baron de Rothschild qui agirait de même avec moi, pour me permettre de faire un beau mariage. Vous verrez que je finirai par épouser une fille sans dot!) Comme une bonne action est quelquefois récompensée, Javotte est invitée chez M⁽ᵐᵉ⁾ Tallien, ce qui la tire d'embarras.

Pour cette gaie petite *Fille de Fanchon la Vielleuse*, l'ami Varney a consacré quelques vielles, non, veilles, — difficile, l'orthographe, pas, mon Bébé? — à écrire une musique, en somme, moins rasante que l'Africassée d'airs Tunisiens triturée à l'usage des Concerts Colonne par l'aigre Saint-Saëns de la *Nouvelle Revue*, un palinodiste rageur dont la critique pourrait être surnommée, comme Fanchon, la Fielleuse.

Un duetto bouffe « O chasteté! Pudicité! » sur l'ensemble « Turlututu! Chapeau pointu! » a dû être bissé. On a criblé de bravos la pudeur chantante de Javotte refusant les dons obsesseurs du notaire et lui hachant sa déclaration avec des couplets ironiques: *Femme Sensible, Au Clair de la Lune, Plaisir d'Amour*. Quant à Zéphirin (Guyon), son talent de flûtiste a suscité des ouragans de bravos dont l'écho a dû frapper les oreilles inquiètes de Taffanel. Et quel entrain, quelle verve, quand, surpris en flagrant délit d'espionnage, il lui faut se glisser, en compagnie de son complice, dans les idoles indiennes représentant Siva, la guerre — et Vichnou la paix! comme il est dit dans les Védas.

Un mot suffira pour juger M⁽ˡˡᵉ⁾ Zélo fort appétissante avec ses manches courtes, terminées par une ruche dont j'aimerais être l'abeille; cette fine diseuse, l'an dernier, a si fort enthousiasmé nos alliés, nos amis, nos frères, qu'ils n'ont pas hésité, avec leur coutumière bojétsaracrânerie, à baptiser une résidence impériale *Tsarkoe-Zelo*.

6 NOVEMBRE. — Mesdames et Messieurs, la

pièce que les comédiens du Gymnase ont eu l'honneur de représenter devant vous, pourrait s'intituler : « Comment un neveu est obligé d'épouser une esclave turque ». L'auteur l'a qualifiée de *Comédie fantaisiste*; moi je ne la qualifie pas, mais j'émets cette idée, timidement, que la plus étonnante *fantaisie* de M. Mario Uchard a été d'appeler ces actes une *comédie*.

Tous les journalos, depuis le divin Jules Lemaître, orgueil des *Débats* roses, jusqu'au soireux de *la Paix*, mon meilleur ami, tous s'accordent à considérer les cent premières pages de *Mon oncle Barbapoux* comme une manière de petit chef-d'œuvre mabouliforme. Significatif « consensus omnium », qui exaspère mes regrets d'avoir lu ce roman à partir de la page 101, seulement.

La Comédie fantaisiste tirée par Blavet-Parisis et Fabricius-Carré dudit roman Uchardonnesque, personne encore ne l'a qualifiée chef-d'œuvre, en dépit des paroxistes accoutumances de la camaraderie qui nous permettent, sans haut-le-corps, d'entendre M. Paul Alexis traité d'écrivain « distingué », en dépit de l'habituel manque de perspective si judicieusement stigmatisé par Francis Vielé-Griffin qu'agacent, à la fin, l'obtuse admiration des belgicophiles rabaissant Shakespeare pour exalter Mæterlinck, et l'élégant aplomb d'un Maurice Duplessis enclin à louer en dithyrambe « conjointement avec Pindare » Moréas, dont le *Pèlerin trop passionné* eut grand tort d'écrire « Vive le Pape! » sur les registres de Rome.

(Léon Cladel a-t-il confectionné des périodes beaucoup plus longues? Je m'en assurerais, si j'avais seulement une chaîne d'arpenteur.)

Le sujet de *Mon oncle Barbassou*, voici : un neveu, tout gaillard, — car tout neveu qui hérite est gaillard (Bertrand successeur) — trouve, dans la succession avunculaire, un eunuque et quatre jolies filles turques. Au lieu de s'élancer à l'assaut du sérail, comme s'il s'agissait d'enlever la Bastille — la Bastille des sérails — mon psychologue étudie avec conscience cette « Tétrajolie » comme dirait l'ouvreuse du Cirque d'Été; la plus charmante, il la respecte, ne me demandez pas pourquoi. Et pourtant, c'est Ugalde, exquise sous le vertugaldin français, exquise sous le costume oriental que je vous décrirai tout à l'heure, si vous êtes sages.

Au dernier acte, ce neveu, (un daim, de vous à moi) épouse la Turque; un Anglais du voisinage épouse une Anglaise qui a l'air d'une petite gravure de Maud; seul, l'eunuque Mohammed-Macach-Zizi-Panpan, reste garçon. Il a l'air d'un huissier, disons, pour le consoler, d'un huissier à verge.

Décors réussis; celui du premier acte représente une sorte de vérandah (près d'Arles, où l'on trouve du saucisson à l'ail et de la jolie fille à l'œil) fleurie de roses trémières, enguirlandée de plantes grimpantes; au fond un parc où rit le soleil du Midi. En somme l'immeuble tout à fait séduisant où j'aimerais vivre, avec la Mignon de mon choix, *dahin! dahin!*

Dans ce décor méridional, les valets jouent aux cartes et débinent leur patron en buvant son porto, bref, ce sont des domestiques à l'instar de ceux de Paris. C'est aussi pendant ce premier acte que nous faisons connaissance avec Mohammed-Macach-Zizi-Panpan déjà nommé, seigneur doué d'une voix perçante, d'un fez également persan, et de mœurs aussi pures que le fond de mon cœur.

Dans le décor oriental du deux, si oriental qu'on dirait le Hammam, resplendit la favorite; je vous ai promis la description de son costume, lisez: pantalon en satin azuré pailleté d'or bordé de palmes « chenillées », ce qui est moins répandu que les palmes académiques, et plus joli; ce vêtement bleu est ouvert sur les côtés et laisse apercevoir un second pantalon en crêpe de chine rouge.

Comme il est permis de supposer l'existence d'un troisième pantalon, blanc celui-là, nous pouvons acclamer les couleurs françaises. Elles ne doivent pas s'embêter. Le corsage de velours est semé d'« étincelles électriques » (c'est le terme employé ; il exprime que, pour voir tant de charmes de plus près, on consentirait à recevoir une pile).

Mais quels couplets gazouille ce rossignol (Bulbul) si somptueusement couvert ! Et comme il faut plaindre le pauvre Pugno contraint de musiquer sur des strophes de ce gabarit :

> Rien ne vaut l'amour
> D'un joli Giaour
>   Ah ! Ah !
> Qu'a pensé de ça
>   Allah !

(Tu nous emmènes allah campagne).

L'eunuque (Numès) a follement amusé, surtout quand il troque son fez, au dernier acte, contre un de ces hideux petits chapeaux à la mode baptisés « demi-melons » par les gommeux qui se rendent ainsi à moitié justice ; il a remplacé sa longue stambouline par un élégant complet à 35 francs, ses lunettes par un monocle grand comme une roue de vélocipède ; bref, il ne lui manque plus rien pour être un vrai parisien, du moins rien qui se voie.

Et les quatre petites Turques abandonnant leurs suggestifs costumes orientaux, s'insèrent dans des robes tout ce qu'il y a de catapultueux, sous lesquelles elles sont également adorables.

On dirait les quatre filles... aimons !

16 NOVEMBRE. — La triomphante reprise du *Cocard et Pécuchet* emprunté à la Renaissance par les Nouveautés, montre bien quelle influence exerce encore sur les foules le classique chef-d'œuvre de Gustave Flaubert et Maxime Boucheron. Le rôle du faux assassin est aride ; ce dernier, sans faire oublier le créateur Raymond, est fort

drôle sous la fausse barbe, la houppelande et la casquette de fourrure de Cocard.

Vous n'ignorez pas en effet, que Cocard est à Bicoquet ce que, durant les jours gras (ohé! ohé! les autres) le nez en carton est à « la partie saillante du visage, organe de l'odorat », — ainsi que s'exprime avec élégance et précision le dictionnaire de l'Académie Française.

De Mlle Chassin, dans le personnage d'Henriette, on a surtout remarqué le chapeau, vacillant comme les convictions artistiques du Saëns qui signe « Gallus », son Galli-matias antiwagnérien chez Lalou. Bonne chance à *Bouvard et Bicoquet*.

17 NOVEMBRE. — M. Legamahuchois flirte avec madame de Gougnottenville, scandaleusement ; l'époux d'icelle agit de même avec la conjointe dudit. Vont-ils, se demandent les spectateurs accourus aux Variétés sur la foi du nom glorieux d'Albert Millaud, vont-ils être *Pincés?* Ils le sont, mais tout s'arrange après quelques vers de « La Nuit de Mai » tonitrués par Baron. Dors-tu content, Musset ? et ton pâle sourire...

Jules Lemaître qui connaît Lucrèce comme Borgia lui-même, soupirait son habituel *Suave Marie Magnier turbantibus...;* elle trouble, en effet, par l'éclat de toilettes comme peut seul en payer un baissier opulent depuis que la Bourse baisse, comme on dit, à coupons rabattus !

Il y a surtout, au premier acte, une coquine de jupe, rayée blanc et brun, collante, oh ! mais, collante, comme *les Femmes* si bien dépeintes par Gandillot ; la casaque est de bel ottoman, et marron (comme la plupart des beaux ottomans).

Plus excentrique, le costume de plage exhibé par la belle Lender : une robe-tunique de cachemire bleu-céleste, à la ceinture, de grandes palmes mêlées de fleurs en soutaches d'or et perles turquoises. Ce n'est pas tout ! Le corsage drapé « à la persane » (oui, mon petit shah !) a des manches de peluche ambrée garnies à la saignée d'un haut volant de dentelle blanche, et ceinture dorée, ce qui vaut mieux que bonne renommée, du moins au point de vue décoratif.

M. Cooper, moins somptueusement vêtu, s'introduit pourtant dans un pantalon de flanelle blanche qui a bien son prix. Quant à M. Baron, je l'ai dit, il remplace l'élégance par la poésie ; avec la voix que vous lui connaissez, il hurle :

La fleur de l'églantier voit ses bourgeons éclore.
Poète prend ton luth.

Quel luth, mes enfants ! on n'a rien vu de si terrible dans la baraque de Marseille. Et Alfred Ernst me disait confidentiellement : « C'est un luth de poitrine ! »

Elle a un mérite, cette pièce ; elle ne comporte que trois actes, trois petits actes, trois tout petits actes ; si vous laissez tomber votre mouchoir à terre, ne le ramassez pas : quand vous vous relèveriez, vous verriez le rideau baissé....

Et dire qu'on a trouvé *Pincés* long tout de même !

18 NOVEMBRE. — « *Monsieur l'Abbé*, où courez-vous ? Vous allez vous casser le cou ! » fredonnèrent à Meilhac et Saint-Albin les journalistes, alarmés de la répétition générale. Docile, le couple vaudevillesque épousseta, ressemela, vernit, accentua le côté Constantin de l'abbé et l'on ne siffla pas, en somme, au Palais-Royal, le soir de la première, cette variation teintée de cléricalisme boulevardier sur l'Art de traiter les belles-mères comme elles le méritent.

Mais, M. de Saint-Albin, qui rédige la Chronique du sport au *Figaro* — sous le nom poétique de Milton — déclare que le métier d'auteur dramatique est un métier de cheval, depuis qu'il lui fallut remanier sa pièce de fond en comble, implorer de son collaborateur Meilhac des mots nouveaux, placer le premier acte après le second, et faire du dénouement une exposition.

Toutes ces modifications, d'ailleurs, il les accomplit sans barguigner. La chronique prétend même que mis en goût, il proposa à M. Meilhac de confier le rôle de l'abbé à Mme Lavigne et celui de la jeune mariée à M. Daubray. C'était une idée à creuser.

Il y avait, dans la salle du Palais-Royal, un certain nombre de célibataires ; rien ne peut les engager davantage à persévérer dans leur endurcissement que la perspective de tomber sur une belle-mère fougueusement acariâtre comme Mme Chaumont. Songez qu'elle veut contraindre son gendre à ne lire que des oraisons jaculatoires, à tricoter des bas pour l'Œuvre des petits Abandonnés du Vésinet, etc., etc.

A vrai dire, la gentillesse de Mlle Yahne explique suffisamment l'enthousiasme de son fiancé à passer par dessus ces considérations ; elle vous a un coquin petit air yahnacréontique !

L'abbé Mica, bon comme le bon pain *(Mica panis)* Daubray l'a doté d'impayables ahurissements, lorsque, pensant surprendre madame de la Bracquerie en train de patauger dans d'illicites amours, il la trouve pâmée, le plus légitimement du monde, aux bras de son mari. Comme il est stupéfait, le brave abbé ! On voit bien qu'il n'a jamais vu jouer le dernier acte de *Divorçons*.

19 NOVEMBRE. — Au Théâtre-Français, ce sont les Femmes, que MM. Paul Shakespeare et William Delair nous enseignent à mater. Le frère aîné de Coquelin cadet, pour apprivoiser la mégère qu'il vient d'épouser, bavarde, jacasse, piaille, hurle, gesticule, gestic-hurle, avec une si redoutable abondance, que sa femme demande grâce. En sorte qu'il dompte les rébellions de la donzelle, grâce à sa langue dûment agitée. *Intelligite! Erudimini!*

Nous avons vu hier son collègue Raymond (dans la *Belle-Mère apprivoisée* que l'on joue au Palais-Royal) réussir également à supprimer ses embellemerdements.

« Le Théâtre, messieurs, est l'école des mœurs », disait le Scapin de Glatigny.

Honteux d'avoir démarqué *Hamlet*, sans le dire, dans *Hélène*, M. Paul Delair reconnaît hautement que sa *Mégère apprivoisée* est tirée de Shakespeare, qu'il nomme à côté de lui sur l'affiche. *Old boy that...* pardon, vieux moutard que... repardon, mieux vaut tard que jamais.

La « chatte sauvage », la jolie et méchante Catarina (Marsy) a un caractère si tranchant, qu'elle a choisi une robe de damas. Ceinture triomphale dite « Léonard » (veni, vidi Vinci), tournée deux fois autour de la taille et nouée par deux bouts tombants, que terminent des anneaux ciselés. Coiffure blond Titien, tombant frissonnante sur les épaules, comme un fauve manteau. J'aimerais habiller ainsi la dame de mes pensées ! Mais on la remarquerait beaucoup, ainsi costumée ! On la regarde déjà assez. Passons.

La suave Bianca (Müller) s'enroule dans une robe crème, symbole de la douceur, brodée d'arabesques d'argent ; son corsage est très décolleté, et, si nous ne voyons pas grand'chose, ce n'est pas la faute de ce corsage plein... de bon vouloir et entouré d'une dentelle en point de Venise — emblème des lacunes. (Je me gondole.)

Au dernier acte, quand la chatte sauvage est domestiquée, étourdie par la volubilité de son époux, un homme si verbeux qu'on ne sait par quel bout le prendre, son caractère est devenu plus doux que le velours bleu céleste de sa robe, et le décor lui-même semble attendri, amène, qui représente un salon d'honneur... d'eau bénite.

20 NOVEMBRE. — Réussie, Milher et Numès, votre *Année franco-russe*, jouée par le digne Vé-

ret qui dit juste *(Veret dignum et justum est)*, par une flopée de petites femmes qui montent les unes en bicycle, les autres en graine ; à remarquer le défilé des révolutionnaires anti-corsetiques qui arpentent la scène en soufflant des hymnes de guerre dans leur instrument de torture en guise de trompette. On a goûté cet air de corset à piston.

La boulotte et rieuse Luce Colas, en devineresse, a plongé mon voisin dans de tendres rêveries : « Ah ! me disait-il, quand pourrais-je me faire dire la bonne aventure par elle ! *O Luce, quando ego te aspiciam...* »

Mlle Peyral, très applaudie en « Théâtre-Moderne », a plus de succès encore en nous montrant « la Lune ». Elle chante à ravir et c'est en l'entendant que le poète des *Épisodes* a murmuré :

<blockquote>
Vous avez conservé la grâce évanouie
Et le charme légué d'un siècle antérieur,
Où vous eussiez été Nymphe d'un bois rieur
Et plein d'échos joyeux de votre voix ouïe.
</blockquote>

Et comme son soprano délicat, sans effort, escalade les notes les plus hautes, — monte aigu ! — digne de l'Opeyral-Comique.

La commère Aciana, mon Dieu, elle serait tolérable, si elle voulait bien ne pas chanter, ne pas parler, ne pas se montrer...

30 NOVEMBRE. — De M. Maurice Vaucaire, ce *Beau soir*. Même après le *Père Goriot*, le Théâtre Libre sera donc toujours la maison Vauquer !

Devant l'horizon rouge d'une campagne plantée par M. Henri Rivière, deux couples :

A. Horace, poète trempé dans les pires symbolismes, et une folâtre dame du monde, Camille.
B. Virgile Floréal, de l'école de notre antique gaîté, et Margot, petite modiste d'érotisme swinburniforme et d'âme corrosive,

errent, puis se rencontrent.

Comme on pouvait l'augurer, avant que l'Astre

ait dégorgé ses derniers caillots, un troc s'est fait et les couples, enfin appariés, Horace-Margot, Virgile-Camille, disparaissent vers de galants et lyriques jeux.

*

Ah! pourquoi la littérature a-t-elle arraché à l'administration des tabacs, où peut-être il rendait des services, M. Marcel Prévost?

« Tu as été possédée dans l'écurie par ce voyageur ivre, dis-tu? As-tu consenti? Et combien de fois? Tout est là. »

Car la veuve Ledru est enceinte, et tout le village — un village bien susceptible — s'est conjuré contre elle et la bafoue. Elle raconte donc l'aventure à son fils, l'*Abbé Pierre*. Bientôt le « ma mère, mon fils » devient « ma sœur, mon père », le douloureux récit, interrompu par un sanglot de honte, s'achevant en confession.

Pour faire croire à cette situation trop pathétique, quelque génie était nécessaire. Aussi, les cœurs ont-ils peu palpité.

*

Les jambes de Mlle Théven — si l'on peut risquer si indiscrète hypothèse — doivent être, ce soir, noires comme basane, tant elle se les est frappées obstinément, au cours de sa colère du premier acte, dans la *Rançon* de M. Gaston Salandri, où elle joue le rôle d'Henriette.

Au second acte, elle est mariée à M. Jean Guéret. Ce bon garçon, si naïvement égoïste, l'assomme d'histoires fastidieuses. Comment en vouloir à Henriette si elle s'annexe M. Brion? Elle lui fera passer « quelques heures agréables » pour qu'il paye les robes. La voilà, la *Rançon*, la voilà bien! Mais les plus amers auteurs du Théâtre-Libre sont les plus infestés de morale, et M. Salandri juge excessive la conduite de cette jolie femme.

Malgré quelques longueurs, sa pièce constituait, certes, la partie intéressante du spectacle, l'*Abbé Pierre* étant bien toc, et *Un beau soir*, de conception si simplette, d'une exécution pas assez effarante.

4 DÉCEMBRE. — Auteur de l'*Auberge des Mariniers*, que l'on vient de représenter à l'Ambigu, M. Émile Moreau, littérateur français, a de la vie une conception dont l'amertume l'a rendu célèbre parmi les liquoristes (4, place de l'École, Ier arrondissement). A l'en croire, les personnes, appartenant à un sexe différent du mien, qui vivent de l'exploitation bien entendue de leurs charmes, ne sauraient remonter la pente savonnée du vice, destinées qu'elles sont à mourir dans la plus tapageuse inconduite ; — une inconduite de Grenoble, quoi !

Son Irma, une petite gadoue à la voix grave et aux mœurs légères, désespérément phtisique, est envoyée à la campagne par le docteur Robineau (licencié ès sciences phtisiques), qui, craignant que la mort de sa cliente ne lui fasse du tort dans le quartier, lui conseille le Morvan, contrée fertile en coryzas, ainsi qu'il appert d'un apophtegme célèbre : « Qui se sent en Morvan, qu'il se mouche. »

L'occasion semble bonne à l'auteur pour faire dégoiser par des malins de village — le gros Gamard, conseiller municipal réactionnaire, et le violonneux Gavotte qui, à force de se f... des bosses, en a gardé une sur l'épaule gauche — un stock de plaisanteries qu'il n'avait pu loger dans *Matapan*, ni dans *Cléopâtre* non plus.

Irma z'arrive ; on lui fait grise mine ; mais le curé montre une tolérance comparable à celle du Duhamel à feu Grévy et développe en chaire l'apologue de l'Enfant prodigue qui revint, corrigé, après avoir beaucoup fréquenté les cochons (ça, c'est pour les amants d'Irma). Le village, ému, crie : « Vive l'apologue, Monsieur ! » et tout le monde brise du veau gras.

Irma reprend ses forces ; un vieux notaire lui fait des ouvertures concernant la sienne, mais elle répond vertueusement : « Tu t'en ferais claquer les panonceaux ! » En revanche, elle flirte avec un homme marié, si bien que la belle-mère dudit veut la jeter à l'eau, pour la dessaler. O tempora, ô morue ! Elle se sèche, elle rentre dans nos murs, l'homme marié la suit, étouffant de rage, et l'étouffe ; on étouffe l'affaire.

Des recherches de style, plutôt que des trouvailles, de superbes décors, surtout le paysage enténébré, avec polisson de pont branlant et masure prête à crouler sous les applaudissements quand Irma (Lody) est à demi noyée, précipitée du haut de ce pont... de Lody.

On parlait beaucoup, dans les couloirs, à propos d'Irma, de cette « nostalgie de la boue » qu'a voulu nous dépeindre l'auteur. Respectueusement, je ferai observer à l'Amer Moreau que, sans parler d'Augier, d'autres ont déjà traité le même sujet ; M. Francisque Sarcey, par exemple, n'écrit guère de feuilleton dramatique sans entretenir les lecteurs du *Temps* de sa nostalgie de l'About.

6 DÉCEMBRE. — Quum primum Antonius, Theatri-Liberi notus ille moderator, comœdiam quæ *Lawn-Tennis* inscribitur legit : « Pulchrè ! aiebat, benè, rectè ! Hæc est illa veritas quam coram civibus non dicere modo, sed clamare ac vociferari debemus. Falsas morum imagines diutius nostri comœdiarum scriptores delineaverunt. Satis superque mentitum est. Eia age ! Tempus est mulieris infamiam, auctore Gabriel Mourey, Antonio rectore, denuntiandi. »

Quare vix oculis credere volebat Gabriel Mourey quum paulo post hanc ejusdem Antonii epistolam accepit : « Tuam comœdiam, amice, probare non desii, quam contrà majore in dies admiratione prosequor. Mihi tamen nescio quo pacto mentem subiit sollicitudo. Non te fugit ab honestissimis inter cives theatrum meum frequentari : huc veniunt rectores cum discipulis, veniunt cum puellis matronæ. Finge igitur comœdiam tuam per pulpitum incedentem. Quantus subito tumultus exorietur ! Qui clamores ! Quæ omnium ira ! Parietes, credo equidem, ipsi parietes indignabuntur... »

Hæsit aliquando scriptor miserabilis, incertus Gymnasiumne adiret, et ab Antonio repulsus ad Koning confugeret. Placuit tandem injuriam siccis oculis pati ; comœdiamque edidit.

Quam breviter exponemus,

Dum ludunt in horto juvenes sese ad lawn-tennis exercentes, puella, nomine Camilla, silet, et tristis videtur, et pœne exsternata. Illius auribus dulcia suspirat dives et eleganter vestitus adolescens. Illa autem : « Te non amo... non te, neque ullum virum amabo... » — Ecce Helena adest, quæ, postquam diutinâ familiaritate Camillæ juncta est, recenter nupsit.

Helenæ Camilla assidet. Priores annos memorat, et adolescentiæ communes lusus. Questus miscet cum precibus : « Illa ergo nubere potuit, o ! nimis ingrata, et viriles tulit amplexus immemor Helena, Camillæ experta amorem ! Nunc saltem, quoniam iterum convenimus, pristina renovetur voluptas !... » Quæ dum, insano quodam ardore inflammata, flebiliter effundit Camilla, Helenam invitam amplectitur, osculum osculo applicat, et cum singultibus, corpori corpus permiscet.

Helena autem : « Parce ! parce mihi ! sum gravida... »

Quod simul audiit Camilla furens, et phrenetico dolore agitata, manus amicæ collo imprimit, Helenamque strangulat.

Nunc forsan intelligitis cur Antonius *Lawn-Tennis* dare noluerit, ipse autem, comœdiam narraturus, latinâ linguâ sim usus, quippe qui aptius græcam adhibuissem.

11 DÉCEMBRE. — Comment en un or pur le plomb s'est-il changé ? Je ne reconnais plus les Menus-Plaisirs ! Tous les visages sont souriants, tous les mots portent, on rit, on applaudit ; sur la scène, au lieu de ces figurantes qui avaient connu Napoléon 1er tout enfant, une théorie de jeunes pratiques guidées par Mlle Melba, pardon ! par Mlle Emilienne d'Alençon, des costumes multicolores, des décors polychromes, des chevelures de toutes couleurs. Si c'est un rêve, ah ! ne m'éveillez pas ! laissez-moi savourer cette métamorphose éblouissante, quel changement, justes dieux ! il n'y a que Benjamin, le phénix des secrétaires, qui ne change pas, — heureusement pour nous !

A présent que j'ai fait une forte consommation de points d'exclamation, je reprends mon sang-froid et je déclare que la revue de MM. Delilia et Jouy me semble appelée aux plus splendides destinées. Une Revue, ça ne se raconte guère, ça ne se lit pas davantage (surtout celle des Deux Mondes), ça s'applaudit, quand elle est, comme *Que d'Eau*, signée de deux noms aimés du public. Laissez-moi jeter sur cette œuvre quelques fleurs... *manibus Delilia plenis*, disait le poète.

On s'amuse de bon cœur aux plaisanteries dont les auteurs criblent le mauvais temps ; elles ne sont pas ennuyeuses comme la pluie qu'elles blaguent ; aucune de ces facéties mouillées ne fait long feu ; Saint-Médard (Modot) a l'air joyeux d'un homme auquel son rôle a plu pendant quarante jours. Que d'eau ! que d'eau ! Le temps de rire d'une petite maigrelette qui pourrait faire dire sur son passage : que d'os ! que d'os ! et Saint-Médard s'en va jouer, avec Saint-Barnabé, le temps qu'il fera en 1892 à l'écarté — en cinq *secs* je pense.

Touchants couplets de deux mendigots chantant le bon cœur de Brébant, distributeur, aux pauvres diables, de soupes matinales; pour ces paroles, je n'aurais eu garde de choisir un autre air que celui de *Geneviève... de Brébant*.

À côté de la commère Méaly, dont le succès est éclatant, Mlle d'Alençon, bien connue pour ses dentelles, se fait applaudir dans le procès du Collier, acquis au détail par Mlle Léonide Leblanc et revendu... *en bloch*; aux amateurs, je recommande de lorgner ses jambes, dans la scène des bicycles, sans oublier d'accorder une bienveillante attention aux mignonnes petites dames qui l'entourent.

Mlle Balthy imite à merveille l'horripilante Yvette Guilbert. Mlle Fanzy, dont la très longue absence désolait bien des cœurs, a opéré une rentrée triomphale; ses couplets sur *le Pastel* auront autant de vogue que les célèbres pastel Géraudilles. Enfin, n'oublions pas la femme-orchestre, Mlle Jane Mary, qui joue à ravir du violon, de la mandoline et de la prunelle.

13 DÉCEMBRE. — Les cheveux de M. Léonard Rivière, dans lequel ferait bien un démêloir professionnel, obstruaient les entrées. Du reste, au Théâtre d'Art, ni administration ni ouvreuses: une liberté charmante, ce qui permettait aux « compagnons » de l'*En-Dehors* et des *Entretiens*, venus là pour fêter le symbolisme, de prôner — toujours drôles — les délices de l'Anarchie.

Le numéro le plus légitimement sensationnel était le *Concile féerique* de ce Jules Laforgue, un Çakia-Mouni moins poseur qui, de 1885 à 1887, chantonnait sur le mode ironique des poèmes tout endoloris. Si l'on fait abstraction de 36 vers (*Mouvement* et *Marine*), d'Arthur Rimbaud à la jambe de bois, qui ne constituaient qu'un essai isolé et peu concluant, Laforgue, le premier, écrivit (*La Vogue*, du 16 août 1889) des vers systématiquement affranchis de toute contrainte, — fixons ce point d'histoire pour embêter Bruxelles. Depuis, on en a écrit de plus myriamétriques encore ; mais les siens palpitaient d'intellectualité et de sensations. Son œuvre, sur laquelle à peine on discernerait une influence (celle de Gérard de Nerval, le Nerval de l' « Histoire merveilleuse de Salomon, prince des Génies, et de la Reine du Matin »), présente ce singulier phénomène : quelque génie.

La réconciliation des deux Sexes, tel serait le thème du *Concile féerique*. Quand donc la Femme sera-t-elle le Frère de l'Homme ? Quand donc ne saliront-ils plus d'Idéal leurs douces « Histoires de muqueuses » et vivront-ils à la grâce de l'Inconscient ? Le 12 juillet 1886, date de la publication de ce poème dialogué, les vers de Laforgue obéissaient encore à la métrique officielle : mais qu'élégamment ils traînaient leurs chaînes !

> ....Sur les terrasses pâles où le triste
> Cor des paons réveillés fait que plus rien n'existe.

★

De *Théodat*, il appert que l'antifouquiériste Rémy de Gourmont est éminent surtout comme antipatriote. Il a peu renouvelé le sujet : tentation d'un sacerdote par une femme. Son drame malgré

> Florem amoris nascentem
> Atque gemmam rubescentem
> Vili singulam marcentem
> In manibus depositam

chanté à l'orgue par Maximilienne, n'est ni blasphématoire, ni érotique, mais plutôt cotonneux. Et pourtant, c'est toujours avec un nouveau plaisir qu'on retrouve ces bons hérésiarques Nestorius, Arius, Eutichès et Apollinaire. — Costumes par M. Maurice Denis.

★

Ceux du *Cantique des Cantiques* sont, malheureusement, de M. G. Clairin. Mais le décor — Liban, cèdres, cyprès, temples, lis — est d'une très noble beauté. Des vaporisateurs, soucieux de plaire à Lémery. Chardin-Hadancourt et Charles Henry, père de l'olfactomètre, répandaient dans la salle des senteurs d'encens, de violette blanche, de jacinthe, de lis, d'acacia, de muguet, de seringa, d'oranger et de jasmin, tandis que fonctionnait, sous la direction d'E. F. Le Tourneux, la musique de Flamen de Labrély. Et, sous la coalition de ces forces chromatiques, auditives et odorales, déchaînées par M. P. N. Roinard, le spectateur s'abandonnait au verbe de Salomon.

★

Les Aveugles de M. Maurice Maeterlinck, douze, assis dans une clairière, la nuit, attendent le retour du prêtre qui les guida, l'attendent depuis des heures, anxieux et enfin, de leurs doigts épouvantés, ils retrouvent parmi eux ce prêtre qui ne les avait pas quittés, qui gisait là, parmi eux, brusquement mort.

14 DÉCEMBRE. — Ecoutez voir, les aminches : On n'est pas cocu comme ce pauvre La Jonchère! Cocu avec modération, ainsi que vous et moi, il en eût pris son parti; mais ne pouvoir passer sous les arcs-en-ciel sans baisser la tête, ça l'agace, cet homme! Trompé à couche que veux-tu par les donzelles à cinq louis la nuitée, il épouse une veuve, en homme qui aime l'ouvrage toute faite. Mince de déveine, le guignon s'ostine : le soir même de ses noces, il dégote des flanelles dans son ormoire. Quel blair!

Alorsse, il s'adresse à Montfermeil — dont j'ai beaucoup connu la laitière — et lui dit : « Mon garçon, j'en ai assez de jouer les enfonceurs de porte ouverte, m'faut une gamine intacte, pour épouser; du neuf. » L'autre qui n'a pas de pucelles sous la main (à partir de douze ans, les magistrats n'en laissent pas une!), se résout à maquiller une petite roulure; je réponds, qu'y dit, de la *Vertu de Lolotte*. Ah! chaleur!

Avant de s'improviser rosière, la gosseline était blanchisseuse et avait toutes les qualités de l'empois; astucieusement elle fait sa tata; elle empaume le cornard; elle réussirait, sans deux nigauds qui viennent la relancer en province et lui démolir son prestige. Eclairé, la Jonchère renâcle.

(Excusez-moi de ne pas énoncer, aujourd'hui, mes critiques avec la distinction que vous aimez tant chez moi, mais du Tillet lui-même — dit Fleur de Chic — se mettrait à jaspiner le montmartrois, rien qu'en pensant à Lolotte.)

Cette folie a réjoui les spectateurs des Nouveautés, heureux d'applaudir la voix sure (oh! pas d'accent circonflexe, typos, je vous en conjure!) et les gestes pantiniques de Mily Meyer.

M. Ordonneau, un méridional, brun (naturellement), rempli de tact (ça, c'est moins banal) et charmant confrère (*rarissima avis!*) n'est pas le seul auteur de la *Vertu de Lolotte*. Son collaborateur masqué, on m'a bien recommandé de ne pas le nommer; je révèlerai seulement que, des deux auteurs de *Griselidis*, c'est celui qui n'est pas Armand Silvestre.

J'ajoute, puisque vous m'en priez, que sa famille était noble au XIII° siècle, ainsi qu'il appert d'une pièce célèbre, où le plus charmant de nos vieux poètes, racontant qu'il avait à son service certain « valet de Gascogne », dont il énumère les mérites, dédie ses vers mutins comme chausson « au de Morand, le meilleur fils du monde ».

20 DÉCEMBRE. — Grande séance à la Bodinière, où le cercle des Escholiers donnait trois actes inédits, dont le manque de place me force à parler trop compendieusement.

Anachronisme, de M. Georges Roussel, a vivement piqué la curiosité du public; c'est verveux, c'est fumiste, c'est d'une audacieuse narquoiserie, idoine à valoir aux auteurs, selon la qualité de leur public, des lauriers ou des pommes cuites.

Dans un salon riche, un bourgeois cossu semble ennuyé ; sa femme, moins veule, arrive, boutonnant ses gants, et lui reproche avec une copieuse amertume, ses indécisions, l'obstination de ses atermoiements, l'ampleur de ses gaffes. Cependant, le fils est entré, qui blague ses parents ; ce jeune bouffi s'embête, sifflote l'*Expulsion des Princes* :

> D'abord, les d'Orléans, pourquoi
> Qu'ils meurent par leur fille en France,
> Avec un bon vieux zig comm' moi,
> Au lieu du citoyen Bragance !...

Un laquais annonce : « Messieurs les délégués de la Droite anticonstitutionnelle » ; trois habits noirs corrects ; inclinations profondes ; le plus autorisé lit une harangue : « Sire, de votre Majesté les fidèles sujets... » Et le bourgeois cossu de répondre : « Merci, messieurs, de votre fidélité ; la France peut compter sur moi. »

Mlle Inès, dont la diction a de l'autorité, M. Lugné-Poé, toujours intelligent dans la composition de ses rôles, M. Barré, élégant et sûr, ont joué avec prestesse ce petit acte, auquel j'aurais seulement voulu que notre confrère de la *Plume* ajoutât quelques couplets chantés par Mme Melba.

★

Mlle Camée a bien réussi dans les *Vieux*, un drame bourgeois, fort et dru, de M. Gaston Salandri, dont le talent finira bien par s'imposer à la bêtise opaque des directeurs. Ce jour-là, il les fera passer par de petits chemins, et il aura raison.

★

Un monsieur aime sa femme (Mlle Mellot, charmante) et son bienfaiteur qui s'entendent pour le tromper abondamment. Cette constatation lui brise le cœur ; titre : *Viarlot et Cie*. M. Ludovic Malquin a fait de son héros un naïf et un tendre ;

il faut être bien jeune, en effet, pour ignorer qu'un homme ne rend jamais, sans arrière pensée, le plus léger service. Si vous recevez quelque bienfait d'un individu, ouvrez l'œil, a dit Larochefoucauld, ou Maurice Barrès, ou Paul Masson, peut-être.

P.-S. — Il est faux que les frais d'*Anachronisme* aient été couverts par une généreuse subvention du comte de Paris.

21 DÉCEMBRE. — La pauvre *Dupe*, exhibée par M. Ancey, au Théâtre-Libre, c'est Adèle, qui épouse sans amour, par obéissance filiale, un drôle, M. Bonnet, coureur de filles et grossier ; à peine mariée, elle se coiffe de ce Bonnet, encore qu'il s'acoquine infrangiblement à une Caroline ; dupe, elle l'excuse quand il a volé deux cent mille francs à son patron ; dupe encore, elle n'entend point se séparer du vaurien qui la bourre de coups de pied ; dupe toujours, elle lui donne ses derniers louis qu'il court offrir à Caroline.

Les quatre personnages des cinq actes de *La Dupe* se trémoussent dans un unique décor tabac. Gros succès pour Mlle Henriot, la malheureuse dupe, Adèle, qu'une mère cupide, une sœur jalouse, un mari brutal, n'empêchent pas de rester d'âme tendre et de chair en éveil.

Bien curieuse, l'attitude du public ! Il s'intéressait aux seuls épisodes bouffes brodés par Ancey sur la trame solide, serrée et grise de cette histoire ; mais il se croyait contraint de les blâmer, au nom de la dignité de l'Art. Le succès fut donc vacillant.

*

Malgré sa puissance farouche, sa sauvagerie populacière, Mévisto n'a pu imposer la *Confrontation* au public de la Scala, qui protestait, écœuré, non contre le sujet, parfaitement admissible, mais contre la maladresse emphatique et lourde avec laquelle l'auteur, un Montépin argotique, avait traité cette scène méloréaliste de basse littérature.

Dans la revue : *C'est dégoûtant !* M¹¹ᵉ Holda, libéralement décolletée dans sa robe à traîne en *drap d'or*, sans souci du *Camp* dira-t-on, et coiffée d'un chapeau en filigrane d'or, exhibe, généreuse, des jambes comme je n'en ai jamais vu, (ah ! si, une fois !) moulées dans un maillot bleu ciel. Une si jolie femme peut se passer de talent.

On a égayé ce mot d'un reporter qui, l'interviewant sur le résultat des élections, pose cette demande, les yeux rivés sur le corsage opulent de la commère :

« Dites-moi, pour qui votait-on ? »

ANNÉE 1892

20 JANVIER. — Certains Français, nés malins et qui adorent le Vaudeville, trouvent la pièce traduite par M. Clerc Macbeth comme une oie; laissez dire ces gens, le Shakespeare a son prix et, pour ma part, c'est toujours avec un vif agrément que j'aperçois sur une colonne Morris l'annonce des pièces de ce gendelettre anglais, assuré que je suis de m'entendre répéter, dans la soirée, une vingtaine de fois, par de spirituels confrères :

— Tu as l'air fatigué ! ô Willy âme qu'expire...

Ce qui me fait passer pour l'auteur de *Macbeth* auprès des dames, généralement ignares en littérature étrangère, et française itou.

Il me semble que les gens compétents bafouillent à propos de cette version nouvelle, douloureusement; quelques-uns, leurrés peut-être par le préfacier Haraucourt, affirment que le traducteur a confectionné des vers, des vers « monstrueux », mais des vers; le plus grand nombre (à toi, Laroche-Joubert!) incline à croire que cette œuvre est écrite en prose. Attendons qu'on soit fixé. A mon humble avis, je préfère l'honnêteté de cette version, parfois un peu timide, aux truculentes fumisteries risquées jadis à la Porte-Saint-Martin par le grandiloquent rhéteur qu'est M. Jean Richepin. Hier soir, plus de « poignards culottés de sang », plus de « tétin » arraché par lady Sarah Bernhardt de la bouche de ses enfants; mais le succès est venu tout de même. Allons, M. Porel a eu raison de prodiguer les décors fastueux et toutes les somptuosités de la mise en scène; il n'a pas fait un pas de Clerc.

Mᵐᵉ Lerou fait oublier Sarah Bernhardt qui, d'ailleurs, se montra assez toc dans ce rôle écrasant, Tessandier, qui nous fit passer de bons instants et de fichus quarts d'heure, Rousseil, pourtant si vibrante et si magnifiquement tragique.

— Oui, me dit un confrère, qui n'est plus de la deuxième jeunesse, oui, Lerou est bonne, mais avez-vous vu le personnage tenu par Ristori?

— Fichtre non! et j'en suis bien content, pour des raisons que la plus élémentaire chronologie me dispense d'aligner.

Le vieux journalo ristoriste esquissa une grimace vexée, mais, pour effacer mon impertinence, je l'emmenai prendre un bock au café-ristoriant.

Un aveu; je ne puis souffrir Albert Lambert, et nous sommes beaucoup de cet avis. Des Macduff comme lui, non, il n'en faut pas. Il a l'air d'un marié de village.

> Y avait Macduff à c'te noce-là
> Tra, la, la, la,
> Tra, la, la, la.

Croyez-moi si vous voulez, mais ces vers n'ont pas été composés par M. Clerc.

Évidemment, M. Marquet personnifie, d'une façon suffisante, le spectre, dont le nom est si souvent invoqué autour des tables de baccara, mais un directeur, intelligent comme M. Porel, ne pourrait-il adopter définitivement, dans le tableau du festin, le système anglais, et représenter, au moyen du plus simple jeu de glaces, ce fantôme de Banquo qui se cogne les rotules aux chaises avec un fracas dont l'illusion souffre un peu.

Vous rappelez-vous qui jouait autrefois le rôle macabre de l'enfant couronné, issant d'une marmite inquiétante à l'instar de Valentin dans le *Petit Faust?* C'était Biana Duhamel, la Miss Helyett de Maxime Boucheron. A l'Odéon, elle ne montrait que sa tête; aux Bouffes, la pièce repose sur son... comment dirai-je; enfin, après nous avoir, rive gauche, exhibé sa face, elle fait profiter les spectateurs de la rive droite de son côté pile, une pile qui les électrise!

Pourquoi M. Maury égaye-t-il d'un sourire, sans doute inconscient, le farouche visage du thane de Ross qui doit avoir une apparence nullement thanacréontique.

Finissons par un dernier compliment à M. Porel pour son heureuse idée de confier un rôle de sorcière à Mlle Odette de Fehl. J'espère pour lui qu'il couvre d'or la sympathique transfuge du Théâtre Libre ; le proverbe est formel : « Qui paye Odette s'enrichit. »

Un mot encore : aux mères de famille qui seraient tentées de conduire leur progéniture à l'Odéon, je recommande instamment de confier leurs fillettes à l'ouvreuse pendant le couplet du portier dissertant sur les érections matutinales.

25 JANVIER. — Puisse *Popotte*, gai quiproquo en trois actes, prouver aux maris volages combien il est dangereux de faire passer sa maîtresse pour sa femme légitime, puisse-t-il le prouver deux cents soirs de suite : c'est la grâce que je souhaite à M. Marx, directeur du Théâtre Cluny, à MM. Gugenheim et de Jassaud, deux vaudevillistes à peine au sortir de l'enfance, au public du quartier latin, *Amen*.

M. Dorgat m'a beaucoup amusé dans le rôle d'un vieux commandant qui a eu les pieds gelés en Afrique ; ce dur à cuir n'en profite pas pour déclarer qu'il a de l'Afrique assez ; et les spectateurs ont été heureux que ce calembour culinaire et moussu leur fût épargné par ce sympathique artiste, dont le nom retentit si fréquemment dans les buffets de théâtre : *Dorgat, limonade, bière !*

Malgré le mauvais état de ses bouts de jambe, l'infortuné militaire est contraint, au deuxième acte, de s'insérer dans une *ormoire* (ne plus prononcer armoire, ainsi que les gens prétentieux). Mais, comme il ne profite pas de cet incident pour dégorger les vers que prodigue Hernani, placé dans la même situation, je n'insiste pas.

Vous ai-je dit que ce retraité (lui ! toujours lui !), sans préjudice de sa pédicongélation, souffrait de rhumatismes, contractés dans l'Amérique centrale ? Un de nos confrères, M. Delilia, qui s'est acquis une européenne célébrité dans ce genre de plaisanteries, n'a pas craint de me chuchoter, pendant un entr'acte.

— M. de Lesseps n'en viendrait pas à bout.
— A bout de quoi ? demandai-je, ingénûment.
— De ces rhumatismes... de Panama.

Citons l'aphorisme de la belle-mère qui recommande à son gendre (l'amant de Popotte) une rigoureuse exactitude dans ses fonctions d'employé à je ne sais quelle Compagnie d'assurances contre l'incendie.

— Mon gendre, les chefs de bureau, « comme Louis XVI », n'aiment pas attendre.

Cette belle parole ayant été proférée par Louis XIV, le gendre en conclut que sa belle-mère n'en est pas à deux Louis près.

26 JANVIER. — Enfin ! *le Pays de l'Or !*

Enfin ! la voilà donc réussie, cette imitation du *Tour du Monde en 80 jours*, si souvent ratée depuis quinze ans par les bons, par les meilleurs « faiseurs ! » Un succès fou ; trois cents représentations, vous verrez. Procédons par ordre.

I. *La Pension Crockett.* — On incarcère Kitty (Cassive) jeune pensionnaire indisciplinée, mais, très bien, c'est ce qu'on appelle mettre le bien sous séquestre.

II. *L'Agence Truck.* — Trois générations de pickpockets-détectives, le grand'père Jack, si barbu qu'il ne lui manque qu'une sauce aux câpres ; le père John Truck, une face grasse de bedeau et un ventre, gras aussi, bedeaunnant ; le petit Tom Truck, malingre et prognathe ; Mlle Gelabert, de plus en plus gentille, ou j'ai la ber (hum !) lue, la savoureuse Kitty, qui s'affuble du nom de Palmers — on en mangerait, — enfin Fugère, charmant avec sa moustache blonde qui le fait ressembler à Cooper, avec son complet rasta, et sa canne terminée par une gigantesque faucille en os pareille à celle qui renversa d'admiration l'amoureux de Mme de Rute (*procumbit humi Booz*) quand il se demanda, la voyant pour la première fois, « quel snob, quel fin lanceur de modes, cet été, Avait, chercheur exquis, galamment inventé Cette faucille d'os brillant comme une étoile. »

III. *Le pont de Washington*. — Un pont dans lequel je coupe ; il y a là des mousses qui m'ont fait comprendre certains passages de Loti ; bras nus, culotte collante, et pierres précieuses aux oreilles. Qui donc prétendait que Mousse qui roule n'amasse pas pierres ? Pour lénifier l'ire d'un capitaine yankee ressemblant (en beaucoup moins bien), à Félix Fénéon, ces éphèbes se livrent à une manœuvre-gigue-divertisement-acrobatie, qui ne cesse qu'en arrivant en rade de...

IV. *New-York*. — La colossale et colossalement niaise statue de Bartholdi, *la Liberté éclairant le monde* ; le pont de Brooklyn ; hurrah ! cris frénétiques ! salut, jeune Amérique déjà vieille, qui n'as pas un peintre et qui couvres d'or les gélatines de Bouguereau, qui n'as pas un musicien et dont les longues oreilles ne frémissent qu'aux tintements des dollars, qui préfères à ton fou génial de Walt Whitmann les annonces du *New-York Herald*, salut, *Hail Columbia !*

V. *La cinquième avenue*. — Quelques Célestes ; beaucoup de gens en chapeau mou ; ah ça ! Bouchor avait donc menti, qui prétend avoir vu des forêts de chapeaux noirs onduler et marcher sur lui, Macbeth hypnotisé de la vieille Europe? Déguisée en p'tit jeune homme, Kitty acidule quelques frêles couplets :

> Le métier que j'exerce
> Certes, n'enrichit pas ;
> Mais mon petit commerce
> Me tire d'embarras.

Que la ligue des pudibonds ne prenne pas feu ; il s'agit d'un commerce d'allumettes.

VI. L'*Electric Hôtel*. — Les Truck font l'impossible pour que leur féal Jolicoq épouse la milliardaire Kitty ; il en résulte un quatuor bouffe et fantochétique ; le strabisme convergent de Fugère porte la joie de la salle jusqu'au délire. Ce délire devient de l'épilepsie quand le désopilant comédien se dépouille de ses vêtements pour exhiber à nos admirations jalouses une chemise de soie bleue constellée de lunes jaunes et un caleçon, également en soie bleue, mais sans lune, du moins à l'extérieur. La direction lui avait d'abord proposé un autre caleçon en tussor, trop large, mais il répondit : « On a souvent besoin d'un plus petit, de soie. »

VII. *Le parc de Prospecthouse*. — Sommes-nous pas à la Foire de Neuilly ? Des somnambules, des platanes gris de poussière, des baraques foraines, des boniments ressassés... Mais non, on n'entend pas l'hymne russe, nous ne sommes pas en France. Et voici venir des minstrels désossés dont le capitaine ne reste pas un instant en repos, toujours en balade, toujours à la recherche d'une inauguration. C'est donc le Minstrel des travaux publics ?

Grand ballet, torrents de lumière Jabloschkoff, bas bleus soulignés de jarretières roses ; jambes moulées dans la soie noire, agrémentée de jarretières bleues ; c'est gentil ; malgré tout, je préférerais des rubans mauves, oui ! *E pur si mauve !* ça ne m'empêche pas d'applaudir, au son du glockenspiel, de fort agréables personnes en culottes blanches ultra collantes, en casaques et toques polychromes, costumes audacieux de jockeys dont ma pudeur ne le fut point, (*choquée, si vous voulez bien*).

VIII. *La Fille à Blondin*. — Affolée de cascades, Kitty veut franchir celles du Niagara ; nous la voyons dans sa loge, une chambrette très simple, ornée de deux croûtes qui ne dépareraient pas l'exposition du Cercle Volney.

IX. *La traversée du Niagara.* — Grâce à un quatrième truc qui ne présente aucun danger, mais dont l'agencement passionne le public, la prétendue fille de Blondin traverse, en bicyclette, sur la corde roide, toute la scène de la Gaîté, avec, au-dessous d'elle, son amoureux qui n'a pas un poil de sec, et, plus bas encore, les cataractes dont le Niagara n'a pas encore été opéré. De l'eau naturelle, ma chère ! succès délirant.

X. *La gare de Folsom.* — Enveloppés dans des châles écossais, les Truck y dorment, assoiffés de luxure ; ils ne rêvent que plaids et noces.

XI. *La tribu des Chiens rouges.* — Il faudrait la plume que les Indiens de Gustave Aimard se passent dans le nez pour décrire dignement ce wigwam, ces sauvages hurleurs, gorgés d'un alcool qui les rend insoucieux de verser le sang des justes (c'est du punch Pilate), livrés à ce sinistre Anglais dont la réputation est horrible, j'ai nommé Lord J... Ils exécutent des danses frénétiques, telles que j'en esquissais, Comanche indigne, au temps de ma verte jeunesse, alors que je buvais l'eau de feu au wigwam Bullier, en compagnie des squaws de différentes tribus auxquelles je payais le mien.

XII. *San Francisco.* — Vaisseaux pavoisés, maisons illuminées, lanternes extrêmement vénitiennes, dont les reflets multicolores s'enfoncent en tremblotant aux flots du Pacifique, nuit étoilée ; ah ! qu'il est bon de vivre, ah ! qu'il est bon d'aimer ! somptueux défilé, musique de Vasseur à fendre toutes les trompes d'Eustache, costumes de Landolf assez coruscants pour doter de sérieuses conjonctivités jusqu'aux yeux de bouillon ; abondance de jeunes personnes aux décolletés infiniment suggestifs. Salut à vous, petites femmes nues sous vos gazes lamées d'argent ! Amusons-nous, soyons gais comme le recommande Paul Desjardins, élève et successeur de Saint-François ; rigole, ô mon lecteur, *carpe diem*, on meurt si vite cette année ! il faut t'en fourrer, fourrer jusque-là, et courir à la Gaîté, car demain, peut-être, tes parents, leurs yeux secs cachés dans des mouchoirs opportuns, t'escorteront au cimetière de Bagneux, impatients de vider tes armoires. Ohé ! ohé !

27 JANVIER. — Réintégration, au Palais-Royal, de la célèbre bouffonnerie de Labiche *Doit-on le dire ?* Doit-on dire au mari qu'il est trompé ? Hein ? Moi, je ne le lui dis jamais, surtout quand j'aide sa femme à le minotauriser.

Doit-on le dire ? Je n'ai pas vu la joyeuse pièce de ce bon Labiche, qu'un certain nombre de fumistes, maintenant qu'il est bien mort, cherchent à nous faire prendre pour un « penseur », tandis qu'il fut, en gros et en détail, un amusant vaudevilliste, écrivant un piètre français, malgré son habit vert. Je n'ai pas vu ses trois actes, et pourtant je suis allé au Palais-Royal, mais la direction de ce théâtre, en sa munificence, m'a départi un strapontin si intelligemment situé qu'on pourrait s'y asseoir pendant dix ans sans apercevoir un coin de la scène.

Pourtant, il m'eût été doux de vérifier autrement que *de auditu* l'embonpoint aimable que les personnages de la pièce attribuent à Blanche (Bonnet) ; le sort ne l'a pas voulu.

Et, pour me consoler, je n'avais à voir que l'altérante fresque de Bayard (à la fresque ! à la fresque ! qui veut boire ?) orgueil et joie du foyer.

Elle m'a semblé plus toc encore que de coutume. Doit-on le dire ?

21 JANVIER. — Dans la salle de l'Alcazar, transformé en Théâtre moderne, le vaudevilliste Gandillot, transformé en observateur presque amer

des mores qu'il castigat, fait applaudir *le Pardon* avec entrain.

Un bourgeois, môssieur Morisset, solennel prudhommesque, et représenté par Chelles, est véhémentement trompé par sa femme qui, après lui avoir donné pour collaborateurs un tas de petits jeunes gens, se contente à présent du capitaine Philippe. Ce chauffe-la-couche, rassasié bien vite, souhaiterait épouser la petite Suzanne, mais sa vieille maîtresse le tient serré. Heureusement pour lui, Morisset apprend tout, et, peu soucieux de se battre avec l'amant de sa femme, accorde à icelle un prudent sinon bien cordial pardon.

Les personnages nous sont présentés, au premier acte, dans le salon de Morisset, salon qui ressemble au pont d'Avignon : tout le monde y passe ; tour à tour, on nous présente un autre mari, M. Gélineau, qui développe avec une placide égalité d'humeur la théorie chère aux conjoints de bonne composition : « Quand on l'ignore, ce n'est rien. Quand on le sait, c'est peu de chose. »

Puis, l'élégant officier de spahis, Philippe d'Apoignac, grand amateur d'animaux coûteux (chevaux et femmes) et dont j'apprécie l'aphorisme : « Dans une jeune fille qui aime l'équitation, il y a toujours du bon. » Effectivement, l'assiette.

Enfin, Blanodin, gommeux idiot, si j'ose risquer ce pléonasme.

J'allais oublier le domestique Célestin qui n'a pas échappé à l'épizootie matrimoniale et passe son temps à surprendre sa moitié aux bras des cochers de la maison. Ça occupe toujours un peu.

Côté des dames : Mme Morisset, démesurément crampon, obstinée à redire au beau Philippe l'énervant : « Alors, tu ne m'aimes plus ? » si connu de tous ceux qui ont fréquenté des dames mûres ; si bien que l'infortuné s'écrie un jour.

— Mais enfin, je ne suis pas votre premier amant!

— Non, mais j'avais rêvé que vous seriez le dernier...

Infiniment plus séduisante Mme Gélineau se montre de bonne volonté et cherche du meilleur cœur à tromper son mari, mais le rideau baisse sans qu'elle ait réussi. (Cette jolie brunette peut m'écrire, je lui répondrai par retour du courrier.)

Ce qui m'a le plus étonné dans cette pièce de l'ami Gandillot, c'est que l'auteur, dont je connais l'indécrottable passion pour Meyerbeer, ait pu appeler sa comédie *le Pardon* sans avoir l'idée de placer la scène à Ploërmel.

2 FÉVRIER. — Plus d'une fois, il a été question du merveilleux théâtre des marionnettes dont l'impresario Signoret, — un directeur inouï qui accepte les plus exubérantes fantaisies, sans souci de l' « optique de la scène » — a représenté, avec le succès qu'on sait, *Tobie* et *Noël* du triomphateur Bouchor, dont on ne se lassait pas, hier, d'applaudir la *Légende de Sainte-Cécile*.

Dans une interview qu'il a bien voulu se laisser extraire, le bon poète à la barbe fauve expliqua les raisons pour lesquelles il continuait de porter ses œuvres au Petit Théâtre des Marionnettes, et ledit Théâtre dans son cœur.

Ces motifs sont au nombre de trois, comme les Grâces, comme les membres des ménages à la mode.

D'abord, la reconnaissance de l'auteur envers M. Signoret, qui, non content de mettre à sa disposition un fort joli théâtre, d'excellents peintres et sculpteurs pour construire les marionnettes, des poètes pour réciter les vers qu'elles miment, s'arrache les cheveux quand Bouchor croit utile de couper quatre vers, dans une tirade. Où trouver un directeur semblable? Nulle part, sauf à l'Odéon, peut-être...

De plus, l'auteur de *Sainte-Cécile* affirme que les marionnettes, faites pour exprimer le sentiment religieux dans sa fleur la plus naïve aussi bien que pour traduire les plus hautes spéculations des philosophes, s'accommodent merveilleusement de la musique de Chausson mêlée à la poésie de Bouchor et passent volontiers d'un lyrisme éperdu aux plus grasses plaisanteries. Il ajoute même que ces aptitudes, les poupées du Petit Théâtre les possèdent à un degré beaucoup plus éminent que les acteurs ordinaires. Je le crois aussi, mais je ne me risquerais pas à le confesser, à cause du drame préhistorique, cinq actes en vers, que je fais répéter au Théâtre Français.

La troisième raison qu'il invoque me semble la plus forte : il a porté des manuscrits à divers directeurs, gens aimables qui, — ainsi qu'il est dit dans le *Pompier de Gonesse* — l'ont tous reçu d'une façon charmante, à correction. Toujours cette diablesse d'optique de la scène! On n'est pas joué tant qu'on l'ignore et on ne l'apprend qu'en étant joué.

J'essuie une larme et je continue à bouchoriser.

Le sujet de ce petit mystère est emprunté à la Légende dorée, qui nous apprend, vous vous en souvenez, qu'une jolie vierge romaine, Cécile, ayant fait vœu de virginité se trouva dans l'ennui, quand ses parents lui donnèrent pour époux le jeune Valérien, païen amoureux et bien construit. Elle fut assez éloquente pour lui persuader de s'abstenir; après cette concession, elle le décida à recevoir le baptême, ce qui m'eût semblé — je me connais, — moins difficile. Tous deux furent martyrisés, et moururent en odeur de sainteté; c'est bien le moins après de tels renoncements.

Pour édifiante que la trouve Jacques de Voragine, la conduite de Cécile répugne à Bouchor, gars sanguin, au delà de toute expression, parce que, dit-il, cette petite, en acceptant un mari, sait fort bien qu'elle le frustrera de ce qu'elle lui promet tacitement, Déloyauté, Fraudes pieuses. C'est pourquoi il suppose que l'explication, — délicate, oh! combien! — a lieu entre les deux jeunes gens non mariés encore; cela l'a conduit à imaginer un roi, tuteur de Cécile, lequel poursuit la vierge de son brutal désir. De là une rivalité qui forme le nœud de son drame, puis l'intervention de l'archange Saint-Michel qui vient en compliquer la péripétie.

De ce roi, il a fait non pas un monstre de légende, sans nulle trace d'humanité, mais un esprit malade et furieux que terrifie l'éveil tardif de l'amour. Quant au personnage de Gaymas (celui qui a excité le plus chaud enthousiasme) il est tout à fait hors de la tradition. Le pieux Voragine eût difficilement conçu un personnage en qui la bassesse n'exclut point la bonne humeur et qui défend les dieux par dilettantisme, sans y croire.

Voici, du reste, la confession sans contrition, très carrée par la base, — j'allais écrire par la parabase — de ce pourvoyeur sans vergogne.

> Chers auditeurs, et vous, femmes dont je voudrais
> Aspirer le parfum céleste de plus près,
> Sachez bien que je suis une horrible canaille.
> Certaines s'écrieront peut-être : « Qu'il s'en aille! »
> Eh! mesdames, le puis-je ? Un fantasque rimeur,
> Sitôt qu'il m'eut doué d'un peu de bonne humeur,
> Jaloux de moi, me fit une âme vile et basse,
> Je m'y résigne avec assez de bonne grâce;
> Et, mis en mouvement, comme tout être humain,
> Par d'invisibles fils que les dieux ont en main,
> Je m'apprête à jouer allègrement mon rôle,
> Qui, par chance, est celui d'un misérable drôle.
> Je suis goinfre, paillard, faux et lâche. Mon roi,
> Devant qui mes genoux s'entrechoquent d'effroi,
> Me fournit le moyen de contenter mes vices,
> Pourvu que je m'acquitte en malpropres services.

Les décors ont ravi; architecture asiatique, ornements d'un éclat somptueux et barbare, terrasse au fond avec villas nichées le long d'une mer d'azur, ombragées de palmiers squammeux qui ressemblent à des crocodiles vesticaux.

Ce n'est pas à l'humble soiriste que je suis qu'il faudrait demander des renseignements sur l'écriture de Bouchor. J'incompète. Tout au plus, insinuerai-je que ce style, jadis robuste et haut en couleur, semble aujourd'hui s'efforcer vers des grâces plus délicates, avec des attitudes où se devine la vénération de la blanche pureté classique. M. Morice lui trouve « l'âme trop triste ».

Mais parfois le naturel revient, au galop. Et quel galop ! C'est alors une truculence de descriptions culinaires, des énumérations de Gamache, un style qui fleure les terrines « où dorment embaumés des hachis fort plaisants de tétines de truie et de jeunes faisans. »

Et je crois revoir, gaiement vermillonnée par un chaleureux Bourgogne, la figure aux traits fins mais fiers, à la fois, et vigoureux, du bon Maurice Bouchor séparé d'Alfred Ernst par une table qu'encombrent vingt bouteilles chamarrées de toiles d'araignée. Le wagnérien, avec sa verve érudite et joyeuse, soutient la supériorité des poèmes médiévaux sur l'Iliade ; cependant, son convive défend Homère, qui fit si belles description de grillades. Les arguments s'entrechoquent ; les verres aussi ; et la clientèle du restaurateur, avec un demi-sourire inquiet, s'effare…

5 FÉVRIER. — Elle est fort adroite, la musique de Pugno, et ne contribue pas médiocrement au succès de la *Danseuse de corde* du Nouveau Théâtre.

Miss Rosy est cette damoiselle dont le métier consiste à gigoter sur des cordes aussi tendues que les situations (mais ne parlons pas politique) et comme, désirable dans son maillot rose.

> Quand elle est sur la corde raide,
> Il lui faut révéler, c'est clair,
> Une jambe qui n'est pas laide
> A tous les yeux qui sont en l'air ;

il arrive que le prince Lapinskoff, des garennes

pétersbourgeoises, que le banquier Rosendal, un juif hollandais comme le curaçao, et quelques individus de la fameuse race taquouère, s'empressent le soir de ses débuts autour de sa personnalité, pour être plus tard, auprès de sa personne alités. Cependant, c'est un acrobate qu'elle favorise de ses regards, le preste Toby Flack. Mais, comme toutes les mères d'actrices qui veulent un grand seigneur pour leur fruit, la maman de Miss Rosy s'oppose à son mariage avec un simple saltimbanque ; révoltée, la danseuse propose au briseur de chaînes de rompre celle qui l'attache à ses parents et de lâcher ces gens, avec sa proie, pour Londres.

C'est dans un bar de York-Road que Toby nage dans des Flack de gin et de whisky ; bar bien londonien, quoiqu'on y joue aux cartes et aussi (au désespoir vexé des spectateurs anglais) le *God save the Queen*. On ne manque pas aussi d'y boxer, car la musique étant de Pugno, il fallait bien la mettre au poing.

Miss Rosy vient trouver là son fiancé infidèle, prêt à convoler avec la tenancière du bar, Madame Pluck ; trop fière pour pleurer, la danseuse mêle le froufrou de sa jupe écossaise à la gigue générale qui termine le second tableau.

Au troisième, c'est une représentation de l'Alhambra ; ballerines britanniques, et pourtant opulentes du corsage ; cantatrices de la Cité, en pantalons noirs bouffants et en plastrons blancs bouffons ; exercices de sac et de corde. Dans la loge d'avant-scène paradent Mme Pluck et Toby Flack ; miss Rosy s'arrête de danser, comme à l'Odéon Guitry s'arrêtait de déclamer : et elle interpelle violemment ces deux spectateurs improvisés ; c'est alors une seconde édition de *Kean*, sans désordre mais avec génie.

Ci finit la pantômime de MM. Aurélien Pugno, Jules Scholl et Raoul Roques, avec Félicia Mallet comme danseuse et le Père Ganne-la-Victoire comme chef d'orchestre.

2 FÉVRIER. — Nous sommes au Théâtre-Libre :
1. Autrefois, un certain M. Laval, que mille promesses liaient à Julie Renaudin, a épousé Jeanne. Sept mois après le mariage, cette Jeanne est victime d'un accident. — Julia fecit — qui ne la tue pas, mais hâte son accouchement : et Julie, pour endormir sa douleur, un peu pour expier son crime, beaucoup pour ne pas troubler le bonheur conjugal de l'oublieux, prend le voile. Depuis dix-huit ans elle est cloîtrée quand Laval meurt. Elle obtient alors la résiliation de ses vœux, reparaît alors dans la vie séculière, et la pièce commence ; c'est l'*Envers d'une Sainte*.

Julie est entrée au couvent, sans vocation, l'âme pleine de Laval. Pendant dix-huit ans elle a gardé le souvenir de son amour d'adolescence, en le cultivant de prières ; elle est restée impénétrable à toute nouvelle notion, encore que sa piété fût presque célèbre. Et, sous l'influence d'un événement quelconque qui la dégourdira, la Julie d'aujourd'hui va se montrer telle que la Julie d'alors.

Laval l'avait-il oublié ? a-t-il parlé d'elle avant de mourir ? cela, elle voudrait le savoir. Et voici que Jeanne la veuve de Laval, et Christine, leur fille, lui vouent une amitié ardente. Elle veut d'abord les éloigner : elle a pris au cloître le goût de la solitude, elle désire mener dans le monde une vie conventuelle, et, d'ailleurs, si on la croit bonne, on se trompe. Mais ces arguments ne rebutent pas les deux femmes : et bientôt Jeanne va répondre à ses questions tantôt violentes et tantôt insidieuses, et lui faire des confidences : oui, son mariage a été heureux. Nul trouble jamais ? interroge Julie. Si, mon mari aurait voulu avoir un fils, et je ne pouvais le lui donner ; je sentis alors qu'une image s'interposait entre lui et

11.

moi, — la vôtre, Julie. J'eus peur pour mon bonheur, et, vous m'approuverez, je lui ai dit la vérité : cette chute que je fis quelques mois après mon mariage m'empêchait d'être mère une seconde fois, — et cette chute c'est vous qui l'aviez provoquée ; oui, je lui ai tout appris, et, désormais nul nuage.

Ainsi cette réclusion interminable pendant quoi elle avait été soutenue par l'idée que l'aimé conservait d'elle un souvenir pur, n'avait été que duperie. Il avait dû la maudire, la haïr, puis l'oublier. Elle avait sacrifié imbécilement sa jeunesse, sa beauté, son cœur, son intelligence ; et cette Jeanne lui révélait ces choses affreuses avec placidité. Sous un afflux de regrets, d'humiliation, de rage, se précise en elle un vouloir de vengeance.

Fanatiser Christine, rompre l'imminent mariage de la jeune fille, et la faire entrer au couvent, — c'est-à-dire détruire à jamais le bonheur de Jeanne, — c'est son plan, et il doit réussir. Vainement Jeanne s'ingénie à contre-balancer l'influence grandissante de Julie : c'est une étrangère et elle nous hait, — et tu as plus de confiance en elle qu'en ta mère qui t'aime, pourquoi ? Alors Christine de raconter que son père, agonisant, lui a ordonné de devenir l'amie d'une femme envers laquelle il avait eu des torts graves, d'une femme noble et bonne, de Julie. — Julie tombe à genoux : elle n'avait pas été oubliée, pas été haïe ! elle s'accuse, elle demande pardon, elle rend Christine à sa mère et à son fiancé. Puis reste seule, prostrée. On entre. La servante apporte du jardin un petit oiseau tombé du nid, un oiseau que la cage attend. Julie le prend doucement, et soudain brusque, l'écrase à plein poing et le jette sur le plancher. Et souriante, à sa famille ahurie : Pardonnez-moi, c'est mon dernier mouvement de colère, je rentre au couvent.

Ce beau drame, nuancé, passionné, harmonieux et lent, eût gagné à éliminer tous autres personnages que Julie, Jeanne et Christine. Mais M. de Curel craignait de n'être pas compris ; il a multiplié les explications, et la tante Noémie est une confidente de tragédie. Il a craint que sa pièce parût monotone, et c'est pour ce seul motif que le fiancé de Christine a quitté Paris. Ces tares et aussi certains placages de notations de la vie dévote et provinciale, on sent bien que le public en est plus responsable que l'auteur. (*Felix-Elias-Porphyrius Feno scripsit.*)

5 FÉVRIER. — Disposant de ressources minimes, peut-être le Théâtre d'Art a-t-il tort de monter des pièces à costumes, à décors, à trucs et à figuration. Des rires sont inévitables ; mais, du moins, il en prend son parti en bon politique ; il spécule sur ces hilarités, et, dans cette *Tragique histoire du docteur Faust*, il semble qu'en accusant résolûment la drôlerie du diabolisme de Marlowe, il est assez resté dans l'esprit de l'œuvre. Le pape, les cardinaux, les moines, l'archevêque de Reims, cinq ou six diables verts, à pagne rouge à teint ocre, à toupet feu, et Francisque Sarcey au balcon, ont entretenu, toute la soirée, une gaîté charmante.

L'Orgueil, l'Avarice, la Gourmandise ont fait de bonnes apparitions. Hermétiquement close dans un manteau sanglant, la Luxure est venue dire : « Je préfère la peau d'une jolie femme à de la morue frite. » On approuvé ce choix. Quant à l'Envie et à la Paresse, elles avaient réclamé le montant de leur cachet, au moment de paraître en scène pour une profession de foi : si bien qu'elles sont restées dans la coulisse.

La distribution indiquée au programme illustré a subi bien des vicissitudes ; on a dû, au cours du spectacle, distribuer un papier rectificatif, où les coquilles joyeuses abondaient : le Maquignon (M. R. Lagrange) y devient « le Maqmignon », ce qui, du reste était indiqué, dans une pièce dont l'auteur s'appelle Marlow, « Monsieur Marlowe », a dit le comédien (M. Favre) chargé de l'annonce finale. Au fait, pourquoi pas « Monsieur » ? Il est presque notre contemporain : né en 1563, il est mort en quatre-vingt-treize, guillotiné, sans doute ; comme Barbaroux, « il n'eut jamais trente ans ».

Pour cet acteur, qui jouait Faust, les vingt-quatre ans de puissance sur hommes et sur éléments, que Satan lui concède en échange de son âme, ont passé comme un jour : à leur expiration, il avait le même costume qu'à leur début.

Puis on donna le laconique drame de M. Charles Van Serberghe : *Les Flaireurs*. En scène : la mère (Suzanne Gay) et la fille (Georgette Camée) ; et, venant du dehors : la Voix de l'Homme avec l'eau, la Voix de l'Homme avec le linge, la Voix de l'Homme avec le cercueil. Dans la salle, un silence sépulcral. C'est le triomphe de l'école de Gand. L'émotion qui émane de l'*Intruse* est peu, au prix de celle que nous imposèrent les *Flaireurs*.

M. Prad récita ensuite avec la plus folle grotesquerie le *Bateau ivre* de Rimbaud. L'art de ce verlainien est un peu « pompier ivre », mais riche pourtant des plus fortes beautés, puisqu'il a pu résister à un interprète dont on attend la décoration au 14 prochain Juillet (Sévices exceptionnels). Cet homme s'était investi du froc de Balzac (pourquoi ?), au lieu de se déguiser en chaloupe. Et il était trois heures du matin.

8 FÉVRIER. — Les journaux ont si assidûment défloré la pièce de M. Jean Richepin, leurs indiscrétions ont été distillées avec une progression si savante qu'il ne reste plus rien, ou presque plus rien, à dire de neuf sur *Par le Glaive*.

Interprètes connus, décors minutieusement décrits, incidents de répétitions longuement commentés... C'est à se passer la plume à travers le corps !

Par fortune, l'exquis Maurice Bouchor a bien voulu narrer sur la vieille amitié qui l'unit à Richepin, des souvenirs personnels... A moi, mes bons ciseaux de Tolède !

Le triomphant auteur de *Sainte-Cécile* rappelle qu'il habitait, seul avec Richepin, une vaste maison de Guernesey. Nous avions, dit-il, des chambres hantées par des spectres et pleines de gémissements. La nuit, nous faisions des rondes. Des coups de vent ébranlaient toute la baraque ; une vache mugissait dans le voisinage ; la mer lointaine nous envoyait sa plainte monotone. Et, du matin au soir, dans une haute salle meublée de deux pupitres, que Richepin lui-même avait fabriqués et sur lesquels nous écrivions debout, nous ne cessions d'épancher des vers et de la prose.

Richepin revenait de Sainte-Pélagie où, pour se distraire, il avait écrit un millier de vers. Age de fécondité ! Rien, dans la vieille maison de Guernesey, ne venait interrompre nos veilles studieuses. Seul, un perroquet nous tenait compagnie. Sa plus grande joie était d'imiter le bruit des plumes courant sur le papier, les brusques arrêts nécessités par la réflexion, les ratures faites rageusement ; puis, de nouveau, la plume reprenant sur le papier sa course fiévreuse. Il imitait tout cela en broyant du grain qu'il prenait dans sa mangeoire et rejetait sans l'avaler. Ce devait être fort difficile, et l'imitation était si parfaite que nous nous y laissâmes prendre le mieux du monde. Un jour que j'avais la cervelle vide, j'écoutais grincer et raturer une plume d'oie imaginaire. « Ce diable de Richepin, me disais-je, comme il bûche. »

Et, me retournant, je le vis qui me regardait, plein d'admiration pour ma fertilité. C'est ainsi que nous découvrîmes la fraude du perroquet.

Était-ce la solitude, l'air de la mer, les cubes de viande rouge que nous engloutissions ? Je ne sais ;

mais nous devenions féroces. Richepin, qui fait tout ce qu'il veut, avait fabriqué des arcs et des flèches armées de pointes de plomb. Lorsque nous étions ivres de travail, nous descendions au jardin pour y prendre l'air, et notre jeu favori était de nous larder de flèches, comme deux saints Sébastiens. Elles volaient avec assez de lenteur pour que nous pussions préserver nos yeux ou baisser la tête à leur passage ; mais nous avions le corps couvert de bleus.

Nous avions une tour, haute comme un second étage, où chacun de nous montait lorsqu'il avait terminé un poème. L'autre s'installait en bas, dans le jardin, formant à lui seul l'auditoire de son ami, qui jetait au vent des strophes éperdues. De temps à autre, un paysan, dans quelque champ voisin, levait la tête avec inquiétude ; et un veau beuglait de douleur en réponse à nos alexandrins.

★

Suivant l'ingénieuse expression de Catulle Mendès, l'auteur de *Par le Glaive* porte fièrement la honte d'être beau. Et son brave ami ne doute pas que la mâle beauté n'ait attiré à Richepin beaucoup d'inimitiés. Il le proclame avec une verve enthousiaste et tendre...

Rien que ses cheveux, ses noirs cheveux qui ont l'impudence de friser — ils s'obstinent à le faire, malgré la quarantaine et la tonsure — ne dénotent-ils pas un insupportable poseur ? et ces yeux de cuivre ? et ce teint de bistre ? et cette barbe légère, laissant voir le menton énergique, cette barbe de prêtre oriental, croyez-vous que ce soit chose naturelle ? Avons-nous affaire à Lucius Vérus ou à Caracalla, ou à quelque prince du Touran, ou peut-être au Syrien frisé, savant dans les choses occultes, « qui mange du tambour et boit de la cymbale ? »

Eh bien, non ; nous avons affaire à un homme qui est la simplicité même, mais en qui la nature a réalisé une harmonie assez rare, tant elle est parfaite, du dedans et du dehors. Richepin sent le poète d'une lieue ; sa tête, autant que son œuvre, témoigne de ce qu'il est. Qu'y faire ? Il faut se résigner. Je l'ai vu tondu ras, en petites moustaches, comme un sous-officier, glabre comme un acteur ; de toutes ces façons il me sembla déguisé. Pour être parfaitement naturel, il faut qu'il soit la vivante image de ce Tiarko que, dans un de ses romans, il fait apparaître à Miarka, la fille à l'ours.

★

A propos d'« ours », laissez-moi vous confesser que je n'aime pas beaucoup *Par le Glaive*, ses cinq actes, ses sept tableaux, ses alexandrins ronflants, sa chanson de *l'Homme-noir* musiquée par Richepin lui-même, les décors représentant Ravenne au XIV° siècle, et le tyran Conrad qui meurt, et Rinalda, sa femme, qui meurt aussi, et tant de gens qui meurent !...

9 FÉVRIER. — La comédie-bouffe de MM. Guillemaud et Bourrelier (dit Duharnois), *Ma femme*, fut refusée au Palais-Royal, à l'Opéra-Comique, au Cirque d'Été, ailleurs encore, jusqu'à ce qu'il plût au directeur de Déjazet de mettre fin à tant de pérégrinations et de l'emboscher. J'aime à croire qu'il ne s'en repentira pas de sitôt.

Le plus joli décor est celui qui représente la maison de campagne du bonhomme Pichambart ; ce maire de Machinville sèche d'envie d'arriver à la députation et n'omet aucune des basses manœuvres idoines à créer aux courageux qui les emploient ce que l'on est convenu d'appeler la popularité. Feux d'artifice, rafraîchissements variés, invitations à voir sa maison de campagne... électorale, rien n'y manque.

Candidat quinquagénaire, mais incandescent et gorgé de Musset, il voudrait bien mêler les frimas de sa chevelure neigeuse aux boucles « vernales » (comme disent les poètes Cymbalistes) de la chanteuse Emma Printemps, à laquelle un reste de pudeur l'empêche de réciter des vers de *Rolla*, j'allais écrire « Rolly », mais il est contrarié dans ses entreprises amoureuses par sa femme, personne obèse et acariâtre, et aussi par une gentille Andalouse.

Celle-ci, la senora Ev'a Marten's, (oh! ce galant décolletage!) finit par se contenter, pour tout potache, d'un lycéen vigoureux, râblet même, mais d'une incurie crasse... l'incurie d'Augias!

Je m'en voudrais d'oublier, dans cette énumération, Mlle Lucette, propriétaire d'un joli cou et de jolies épaules, mais celui-là trop enfoncé dans celles-ci.

L'auteur d'*Une Andalouse*, devenue *Le Crampon*, et enfin, *Ma femme*, est mon camarade de collège. C'est dire que je lui souhaite de marcher de succès en succès. Puisse-t-il égaler un jour son quasi-homonyme, l'illustre auteur de *Musotte*, Guillemau... passant.

Mlle Rolly est très bien ; M. Rablet aussi ; moi également.

15 FÉVRIER. — Oyez l'ami Stoullig, cependant enclin aux indulgences :

« Soyons franc : la pièce que nous donnèrent
« les Menus-Plaisirs, avec le titre de *Graciosa*,
« opéra-comique en trois actes, de M. Théodore
« Massiac, musique de M. Laurent Grillet, était
« purement « idiote », disons le mot. C'était, d'ail-
« leurs, ce soir-là, le cri général, et notre aimable
« confrère Théodore Massiac l'aurait poussé le
« premier, si, au lieu d'être à l'avant-scène, d'où
« l'on juge si mal, il eût, comme nous, occupé son
« fauteuil de critique. Quant à la musique, signée
« de M. Laurent Grillet, l'excellent chef d'orches-
« tre du Nouveau-Cirque, que voulez-vous que je
« vous en dise ? Elle n'existait pas davantage.

« M. Grillet n'avait fait toute sa vie qu'arranger
« la musique des autres; il n'avait pas une idée
« à lui. »

(*Les Annales du Théâtre*, tome XVIII, p. 393).

20 FÉVRIER. — Désireux de ne pas se brouiller davantage avec la magistrature, le *Gil Blas* n'insère plus de petites annonces, mais un de ses confrères du matin n'a pas voulu que ce commode et lucratif procédé restât longtemps en jachère; il l'a repris pour son compte et voici la réclame qu'il publie :

Théât. des Variétés, massage soigné. leçons équit. par jol. bobonnes, curiosités piq. pour Mess. blasés, étud. naturalistes, chaq. soir, de 9 à 12.

Je souhaite, car bien rarement Samuel me refuse les billets de faveur, je souhaite que ces lignes aguicheuses réussissent à remplir la salle des Variétés de spectateurs adonnés aux amours ancillaires, mais la passion du vrai, à laquelle *vitam impendi*, me force à prévenir ces jobards qu'ils seront volés comme dans (Dubut de) la forêt de Bondy.

Certes, le sujet de la *Bonne à tout faire* est malpropre à souhait; cette cuisinière périgour(gan)-dine qui brûle au fourneau de sa passion son patron, un baron de cercle attardé, un potache précoce, un chef de bureau qui passe dans le quartier et le souffleur du théâtre, on pourrait la croire idoine à exciter chez les « Vieux messieurs » chantés par Ponchon quelques espérances, quelques regrets tout au moins. Hélas ! Méténier est de l'affaire. Et dans l'eau grasse de son style, lamentablement attiédie, perdent toute vigueur les achards confectionnés par Dubut, expert en cuisine aphrodisiaque comme en *omni re scibili*; pickle de la Mirandole !

A noter la bourrée auvergnate que danse cette

Périgourdine, pour distraire un peu l'ennui du public : « A moi l'Auvergne ! voici l'ennui !

Chiracochonnerie tempérée par la crainte de la correctionnelle qui est le commencement de la sagesse, la *Bonne à tout f...* rappelle la place du Carrousel, respectée par les balayeurs municipaux ; oh ! cette place, elle est d'un long, d'un plat, d'un sale !

En dépit des auteurs, Cooper n'a pu s'empêcher d'être amusant dans le rôle de Luzard, un soupirant chic, mais infidèle à sa brebis galeuse (ce n'est pas Luzard le pâtre), longue barbe à la boutonnière, gardénia au menton — tant pis ! — homme d'ailleurs *supérieurement poli*, comme dit l'ouvreuse de son patron Lamoureux, je veux dire que le récit du plus horrible attentat ne parviendrait pas à lui faire dresser un cheveu sur la tête.

Gentil, M. Arnould, le potache qui va aux Folies-Bergère, voir le *Miroir* (on s'en aperçoit à son tain plombé), et, n'étant pas de glace, fait au promenoir de telles conquêtes que le (Maize) roy n'est pas son cousin.

24 FÉVRIER. — Les *Erinnyes*, de M. Leconte de Lisle, c'est l'histoire d'une famille bien agitée ; la femme tue son mari quand il revient des croisades ; elle est tuée par son fils, qu'entraînent ensuite de vieilles dames.

Et tout ça en vers grecs. J'aime encore mieux la famille d'Alphonse Mégalithique — du Gros-Caillou, si vous préférez.

Pour empêcher les dames de trop s'ennuyer à l'Odéon, M. Lamoureux a bien voulu nous jouer un peu de Massenet, pendant les entr'actes ; il a même bissé une aimable rêverie pastorale, dont l'auteur, expert dans l'art d'accomoder les restes, a fait une petite romance intitulée *Nèère*, qui se vend chez Hartmann.

Une jeune personne également nommée Hartmann, entraînée par le brio de l'orchestre, s'est mise tout à coup à bramer un air lamentable, ce qui a réjoui le public, littéralement élektrasé.

★

La reprise de *Fantasio*, organisée pour nous montrer Réjane en travesti, a permis de constater que l'aimable artiste a engraissé beaucoup. Un des personnages de la pièce s'appelle Marinoni. Ce nom a fait impression.

25 FÉVRIER. — Les difficultés que l'on éprouve à recoudre un ministère et à découdre Anastay, occupent tant de place que je me vois forcé d'écourter l'analyse de la *Paix du foyer*, pièce immorale et spirituelle de M. Auguste Germain, qui vient d'obtenir, au Vaudeville, en matinée, un succès énorme, gros comme ça.

Valentine aime fervemment son mari, le docteur Darcel, et le lui prouve mal. S'il s'attarde, il la trahit; s'il reçoit un ami, c'est pour évoquer des souvenirs scabreux de vie de garçon; s'il soigne Paule d'Argillès, il est le Nordenskjold heureux de cette Paule; un mot, un geste sont interprétés: tout, bref, irrite la jalousie de Valentine, et contre cette jalousie, consolidée par un entêtement de bourrique réfractaire, rien, ni fait, ni raisonnement, ne prévaut. Au surplus, — charmante. Seule à seul, elle s'accuse, pleure un peu, se fait pardonner, jure que désormais elle aura la foi, enjôle Darcel. Ces alternatives de grains et de bonaces durent depuis trois ans, — et la longanimité de Darcel est à bout, car, à la fin du premier acte, il part définitivement.

C'est chez sa mère que Valentine s'est réfugiée. Ne tyrannisant personne, elle n'aime pas qu'on attente à la liberté de ses fantaisies, cette bonne Mme Rivière. Son programme est donc bientôt: me débarrasser d'une fille si acariâtre, et, par conséquent, la rendre à Darcel. Mais celui-ci la reprendra-t-il ?

Obéissant à la fatalité d'un nom célèbre, (à la consonne initiale près), dans les fastes de la lampisterie, Darcel, dès la liberté, s'est enflammé pour Mme d' « Argillès idéale, ô merveille ! » Le deuxième acte se passe gaiement dans les salons de Paule, où mistress Simpson et Mmes de Brasigny, Villot, des Clos et de Kergort, toutes divorcées, boivent du kümmel, taillent un bac, fument un peu de Levant, gloussent de galantes anecdotes, et vilipendent l'Eternel Masculin. Arrive Mme Rivière, qui veut Paule pour alliée ; et Paule, en effet, comprend que sa liaison avec Darcel ne gardera de la saveur, et ne durera, qu'à la condition de ne pas ressembler à un mariage.

Au troisième acte, le couple Darcel est reformé. Valentine a pour amant une bonne caricature de magistrat, qui lui faisait la cour au premier acte, et que nous avons vu à la neuvième chambre correctionnelle, dans les récents procès de presse. Darcel et Paule sont toujours du dernier bien.

Au domicile conjugal, la paix règne. L'acrimonieuse Valentine s'est muée en une Valentine du plus agréable caractère.

Les deux époux vivent en un côte à côte indifférent et courtois. Les petits adultères sont organisés. Un peu de tristesse plane. Darcel et Valentine ne connaîtront jamais plus la joie des orages.

Je ne crois pas qu'il existe un plus fin comédien que M. Henry Mayer.

28 FÉVRIER. — Dans ce même février où furent exposées l'œuvre d'ensemble de Camille Pissaro et la série *les Peupliers* de Claude Monet, il est triste de voir, aux murs de Paul Mériel peintre-sculpteur, de si mornes coloriages. Ce Mériel devrait remarquer comment, au deuxième acte, le visage de la princesse Olsdorv se bleute et lacte aux réactions d'une robe or. Mais il jacasse, tout

le temps, et du reste, ses peintures valent bien les Vereschagine et les Harlamov que la princesse, actuellement à Paris, avait l'habitude de voir à Pétersbourg.

Une clairvoyante goton, Sarah Lambert, s'éprend, elle aussi, de Paul Mériel. Pour éliminer sa rivale, elle fait insérer dans de complaisants journaux des entrefilets scandaleux où le nom de la princesse avoisine celui du peintre : et le prince, qu'elle a abonné à l'*Argus*, reçoit chaque jour dans sa propriété de Bogaroutchevo où il soigne son petit garçon, un paquet de « coupures ».

Soudain, il est à Paris, escorté d'une serve, Daria, et d'un domestique à tête de chevau-léger. La princesse avoue. Nous divorcerons, lui dit-il, et désormais votre fils n'a plus de mère : mais la loi russe interdit à l'époux contre qui le divorce a été prononcé de se marier avec son complice. Or, je veux que vous épousiez M. Mériel ; je veux surtout que l'origine de mon fils ne soit pas rendue louche par la divulgation des fautes de la mère : j'assumerai donc l'adultère ; tel jour, à telle heure, vous ferez constater le flagrant délit.

Et, en effet, le flagrant délit, — illusoire délit! — est constaté entre Daria et le prince.

En ces circonstances incompréhensibles pour elle, Daria témoigne d'une grâce éliacine, d'une candeur à toute épreuve, d'un dévouement délicieusement servile ; et le prince Olsdorv comprend qu'il aime Daria. Et cette Daria, il ne pourra pas l'épouser (voir le motif indiqué plus haut)!

Heureusement, la princesse constate que Paul Mériel n'a nul désir de se marier, et qu'il continue à la tromper avec Sarah-Lambert. Elle s'empoisonne donc. Arrivent sa mère, le prince et Daria. Laissez-moi mourir! Qu'il soit fait comme vous le désirez, acquiesce le prince. Personne ne bouge, et ma foi, elle meurt. Daria épousera le prince, et le petit Pétia, qui est resté à Bogaroutchévo, aura tout de même une mère.

Les faits, j'en ai atténué la loufoquerie; et la phraséologie est de ce ton : « non, pas adieu, au revoir! » et « si cela était tu ne serais plus de mon sang! » Tous ces personnages étaient si à leur place dans le roman, *Divorcée*, de M. de Pont-Jest. Pourquoi diable M. Henri Amic les en a-t-il extraits puisqu'il a, lui, beaucoup de talent et que le René de Pont... (voir plus haut) en est totalement démuni.

11 MARS. — Le *Don Quichotte* dont s'agit, ce n'est pas le journal frondeur qu'illustre avec tant de maîtrise Gilbert Martin, crayon agill, élève de Gille, non ; le Don Quichotte dont nous venons d'applaudir, au Nouveau-Cirque, les folles et généreuses chevauchées, est bien le héros, j'allais dire, le *patito* de Cervantès, l'héroïque loufoque appelé (disent les savants calés en étymologies espagnoles), Don Quichotte « de la Manche », parce qu'il avait le bras long.

J'ajoute que M. Laurent Grillet, pour réconforter l'amant de Dulcinée dans ses traverses, a bien voulu les égayer d'une musique de scène, je ne vous dis que ça ! Son talent est nerveux, comme... comme le bifteck que l'on m'a servi hier soir (ça m'apprendra à faire gras, les vendredis de carême); mais il est plus tendre, et dans le ballet des fiançailles, notamment, j'ai remarqué une langoureuse mélodie qui respire l'amour. On s'attendait à voir descendre du cintre, charmée, la déesse de Chypre, et les mélomanes du Nouveau Cirque, préfèrent cette musique à celle de Gustave Charpentier; pour eux, les *Impressions d'Italie* pâlissent auprès de ces Impressions d'Idalie.

Or, donc, sachez-le, l'ingénieux hidalgo, insensible aux discours de son barbier — qu'il trouve, logiquement, raseur — se fait armer chevalier « sur le pouce » et part en guerre contre l'Injustice, le Crime, l'Influenza, suivi d'un porcher, homme de sang-froid, malgré son nom. Ce n'était pas déjà un choix si bête ; qui va dans le monde se doit munir d'un Sancho, habitué à voir des cochonneries.

Puis, c'est les noces de Gamache, (ô la jolie fiancée qu'Hélène Gérard !) servant de prétexte à un magnifique défilé auprès duquel celui des Thermopyles est peu de chose.

Vous pensez bien que les metteurs en scène du Nouveau-Cirque n'auraient en garde d'oublier le cheval de bois, bourré de pétards qui jette à terre le pauvre Don Quichotte, indice d'un esprit plus artificieux que magnanime, en dépit du vers célèbre de Belmontet. J'ajoute que « l'ouvreuse du Cirque d'Été, » a pouffé de rire en voyant, sur le programme, le cheval de l'amoureux désigné sous le nom de Chevillard.

17 MARS. — Oui, je le dis bien haut, il m'est doux d'écrire un article, de Paris, sur la pièce (de ce nom) que viennent de représenter aux Menus-Plaisirs, MM. Boucheron et Audran.

Un portrait du librettiste semble inutile ; la physionomie du père de *Miss Helyett* est si connue ! Une figure rasée de cardinal narquois, comme en peint M. Vibert dans ses tableaux, si médiocres, qu'il vend si cher : derrière un binocle inamovible, deux yeux malins ; aimable embonpoint ; tel est Maxime Boucheron. Avis aux dames !

Son compositeur habituel, Audran, est un petit maigriot, trottinant, malade imaginaire. Comme il est musicien, il demeure rue Guillaume-Tell.

Leur *Article de Paris* devait se jouer aux Bouffes-Parisiens, mais la petite Américaine retroussée refusant de quitter l'affiche de cet heureux théâtre, les auteurs portèrent la pièce que nous venons d'applaudir au directeur des Menus-Plaisirs, M. de Lagoanère, pour le récompenser d'avoir reçu, quand il dirigeait les Bouffes, cette indestructible *Miss Helyett*, dont il n'eut pas le temps de profiter.

Imbibé d'une reconnaissance imperpétueuse, comme dirait notre sympathique confrère Boquillon, le directeur des Menus-Plaisirs monta ces trois actes avec un luxe aussi oriental que la matrone des fez : hôtel éblouissant de peluche et d'or; fourneau économique, etc., et il dépensa des sommes invraisemblables, en homme qui ne craint pas d'échec, pour le décor représentant la maison de commission Lebadois, rue de l'Echiquier.

Apprentis flâneurs, fleuristes coquines, trottins au nez audacieux, placiers séducteurs, modistes à la jambe conquérante, c'est le quartier Saint-Denis, où l'acheteur est crânement invité par la jolie Méaly à se rendre compte par lui-même. Heureux acheteur !

> Mettez en main, si ça vous tente;
> C'est un peu cher, mais c'est exquis.
> Voyez, messieurs, voyez la vente !
> Voyez l'Article de Paris.

Cette accorte personne a une frimousse éveillée, un amoureux (Pierre) avec lequel elle chante un duo qui deviendra populaire, « aussi sûr que 2 et 2 font 4 », et un porteur de boîtes répondant au doux nom de Séraphin, qui, pendant qu'il déjeune, lit le *Siècle*. Imprudent Séraphin ! c'est risquer de mourir d'une indigestion de moules.

Ce Pierre donne dans l'œil de la miniature de fillette (Netty) procréée par le père Lebadois (Vandenne), avec celui qui ressemble douloureusement à feu Edgard, le regretté chimpanzé que pleure le Jardin d'Acclimatation.

Cette gamine fait demander la main du beau Pierre, l'obtient, et la pauvre Méaly, plaquée, jure de tirer une vengeance féroce...

Oh ! ça ne traîne pas ! en un mois, elle ruine son patron Lebadois, beau-père de l'infidèle Pierre, au point que ce lâcheur doit, la dot de sa femme croquée, avaler, pour ne pas mourir de faim, une soupe gratuite aux « Fourneaux de charité » fondés par Rose.

(Cette Rose est une petite gaillarde d'un tempérament si volcanique, si hum!... qu'elle cède — chaque fois — aux instances de ses amoureux successifs avant de les avoir conduits à la mairie.)

> Au futur devenant trop tendre
> J'ai beau dire : « Attendez! Après... »
> Chaque fois — comme un fait exprès —
> C'est moi qui ne peux pas attendre.

A la bonne heure ! c'est une future de cette trempe que je rêve, moi,... pour mes amis.

Assez vengée d'avoir ainsi prouvé son pouvoir, en épouvantant Pierre le félon, la bien-aimée de Lebadois, qui ne veut pas la mort du pécheur, lui restitue sa fortune, si lestement accaparée. Ces vilaines gens en sont quittes pour la peur.

Et elle ?

Et elle épousera le porteur de boîtes Séraphin, qui se trouve être un noble diplomate. Ma parole, je l'aurais plutôt pris pour un vidangeur déguisé !

18 MARS *(par télégramme).* — Obligé d'être bref, vu le coût des dépêches que l'on parle encore d'augmenter — une singulière manière de nous monter le coût — je passe sous silence les ovations dont vient d'être gratifié M. Pierre Lamarche par le public de Boulogne-sur-Mer, et je vous narre le scénario de l'*Écueil*, sans réflexions. (Ne vous désolez donc pas comme ça !)

Maître Houchard (rien de Mario) continue la série des tabellions prévaricateurs ; la fortune de sa femme est roustie ; celle de Valère, frère de ladite, se volatilise également ; enfin, les monacos du rentier Braissier s'envolent, et leur propriétaire marri, désireux de les revoir, signe avec le notaire un pacte par lequel il s'engage à marier avec deux rustres les pupilles de M⁽ᵐᵉ⁾ Houchard. Mais la bonne tutrice qui les soigne comme celles de ses yeux, ne veut point de cet hymen odieux ; on l'a dupée, elle, en lui faisant épouser un drôle ; l'union fit la farce. Cette farce, on ne la jouera pas à Blanche, à Jeanne.

Pourtant, ces dots, il les faut ! Et le fêtard Guillemain, qui en convoite une, dit à Mme Houchard : « Si vous ne m'aidez à épouser la petite, je révèle à votre mari qu'au premier acte vous avez embrassé Valère ». Il ne sait pas que Valère est le frère de la notairesse : nul ne le sait, sauf elle, Valère, Mme Braissier, quelques autres personnes et moi qui l'avais deviné dès le lever du rideau. On ne me cache rien.

Quand les autres apprennent le secret de cette naissance, tout s'arrange ; le baiser se justifie, Blanche et Jeanne convolent avec leurs amoureux. C'est une allégresse générale. Seul, le subalterne de M. Champion n'est pas content, qui doit vous télégraphier cette dépêche, un peu longuette, malgré mes efforts.

M. Mergey est un Guillemain accompli ; M. Donval, un rentier plein de bonhomie narquoise, genre Thiron ; le bon docteur Duchesne est représenté à ravir par M. Dailly, et je conseille à M. Andrault, directeur du Théâtre, de voter à M. Noël — la perle des notaires — deux panonceaux d'honneur.

Mmes Serigny et Niel ne méritent que des éloges, de même que Mlle Kostia (le prince va bien ?) Une mention spéciale à Mlle Berthilde.

P. S. — Il y a des gens qui me trouvent « rosse » ! Qu'en pensez-vous, dites, artistes boulonnais ?

21 MARS. — La Porte-Saint-Martin se peut enorgueillir du *Voyage dans la Lune,* féerie fort bien montée — ce qui ne permet pas de la confondre avec les chevaux du baron Finot — d'un lot de danseuses ayant appartenu au Casino de Paris, et d'un secrétaire qui ne répond pas aux lettres. Avec de tels éléments de succès, nul doute que cette sélénomufflerie à beaux décors

— du Leterrier de derrière les Vanloo — ne double victorieusement le cap, etc., etc. Seulement, s'il ne se trouve pas un prix de Rome sur le pavé pour baisser de deux tons les couplets d'Offenbach, Jeanne Granier s'esquintera vite; faudra la remplacer par quelqu'un ayant à peu près la même voix qu'elle, — Baron, par exemple.

J'oubliais... A l'Ambigu-Comique (Comique!), 11 mars, *le Muezzin des enfants*, avec M. Paulin-Ménier. Aux Folies-Dramatiques (dramatiques!), 15 mars, *Joséphine vendue par ses sœurs*, avec Mlle Mily-Meyer. Évidemment, c'est gentil, mais enfin il me semble que si l'on confiait, histoire de changer un peu, le rôle de Paulin à Mily, et celui de Meyer à Ménier, ça ferait venir le monde.

29 MARS. — Pourquoi diable Cluny reprend-il ça?

Lors de la première, en 1867, la troupe du Palais-Royal monta tout entière dans ces *Chemins de fer*; l'idiot Tapiou, manchot des deux bras, c'était Hyacinthe au nez proboscidien, à qui succède aujourd'hui le bon Lureau, tout épanoui de gaieté communicative. L'illustre Geoffroy faisait pressentir Veret dans le rôle du majestueux actionnaire; avant Numas, Gil Perez glapissait les répliques de Jules. Enfin, Lassouche avait coiffé sa tête simiesque du bonnet de Colombe, la cuisinière altérée (dame, puisqu'on lui dit Bois-Colombe!)

Les hoirs n'ont pas fait regretter au public de Cluny leurs glorieux ancêtres, et je voudrais bien que ces *Chemins de fer* fussent des trains de plaisirs.

Mais pourquoi diable Cluny reprend-il ça?

30 MARS. — MM. Jules Méry et Victor Melnotte ont introduit dans leur « adaptation » du *Premier chant de l'Iliade* quelques épisodes pris

dans les autres chants et quelques images extraites des tragiques. Ils ont teinté d'un léger moyen âge les bravacheries des guerriers autour des captives dont la virginité n'est plus que du butin. Leurs vers, au beau timbre, aux amusantes coagulations d'épithètes, aux allitérations parfois trop ostensibles, sont mouvementés et aventureux. Thersite a des mots riches de satire, de rancune et de bouffonnerie. Au quatrième tableau, les auteurs ont accusé à souhait l'allure cancannière du débat olympien, sûrs d'héroïser de nouveau les événements par les strophes de la muse récitante. Mais ils n'avaient pu décider les acteurs du Théâtre d'Art à jouer en veston, alignés devant la rampe. Mercure ne savait où mettre les ailes de son chapeau; Neptune s'était efforcé de se faire le masque de Raphaël Shoomard; Jupiter semblait déclamer dans les *Femmes savantes*; Briséis semblait étonnamment asparagoïde et premier empire; Jules Méry, sous le coup de poursuites en cour d'assises, pour un article de l'*En dehors*, jouait Calchas en Latude. Arlette était très humaine en déesse. Mlle d'Epernay (Hébé) versait du moët. Bref, tout le monde était très bien, et M. Gabriel Fabre (le récent auteur d'un *Orgue* sur paroles de Cros) avait composé des musiques belliqueuses et drôles.

Les Noces de Sathan. — Passent Faust, Adam, les démons stercoraires, des incubes, des succubes, des demoiselles, Eve dont la poitrine tressautante trouble Jules Lemaître, Méphistophélès, — et Sathan est fort marri de voir comment ils salissent son beau scenario, avec quelle incurable stupidité ils exécutent le mal. Si Christ était là et que lui aussi passât en revue son troupeau, il ne serait pas moins désolé que Sathan: le Bien de l'un serait aussi piteux que le Mal de l'autre. Et, enfin fraternels après tant de sottes histoires d'héritage, Christ et Sathan se réconcilieront pour

CONJURATION D'AMBOISE

l'enchantement de Psyché toujours un peu inquiète des aventures de son grand diable. — Le tableau dessiné au programme par M. Henri Colas démarque gauchement un verni mou de Khnopff.

Sans doute, les deux scènes de *Vercingétorix* de M. Édouard Schuré étaient surannées. Mais il est beaucoup plus difficile de faire parler Vercingétorix que de remettre en vers François Coppée : aussi les ricanements de ce M. Georges Rodendenbach, trop connu dans un Paris qui ignore Émile Verhaeren et Georges Eekhoud, ont-ils paru assez ridicules. Pendant les entr'actes M. Rodenbach enseignait les belles-lettres à d'antiques spectatrices qui, tout de même, le trouvaient trop bouffi. — Au programme, une druidesse de M. Odilon Redon.

*

Échantillon du *Premier chant de l'Illiade* :

Voici. Agamemnon fait lancer sur la mer
Un vaisseau noir, où vingt rameurs nerveux s'appliquent.
Il le charge des offrandes et des suppliques,
Et lui-même y conduit Chryséis. Le prudent
Odusseus est le chef. — Or le vaisseau, fendant
Les plaines d'eaux disparaît à tire de voiles.
Alors le roi des Grecs, sous les yeux des étoiles,
Commande d'asperger la mer stérile, avant
Le sacrifice, puis de brûler dans le vent
Cent bœufs : la prière de la graisse allumée
Tourbillonne sur les ailes de la fumée...

2 AVRIL. — On dit M. Porel enchanté de passer la main, et qu'il rit : m'est avis qu'il régane ; la preuve, c'est que pour dégoûter à jamais les honnêtes gens de l'Odéon, il joue un tour pendable à ses successeurs, et le plus terrible drame en vers de Bouilhet, poëte normand, ami de Flaubert et auteur d'un dictionnaire célèbre.

Sujet embêtant, mais connu : la maladie du petit François II, que cherche à conjurer Ambroise Paré, d'où le titre : *Conjuration d'Amboise* ; la femme du roitelet souffreteux, Merril Stuart, débite de pénibles alexandrins qu'Henri de Régnier m'affirme n'avoir jamais lu dans les *Gammes*. Guitry semble glacial dans le personnage de ce Condé qui aimait les femmes et le jeu, comme le révèle son cri de guerre *Cunnus! Alea!* Nous avons tous admiré leroux de la perruque portée par Catherine de une heure moins cinquante-quatre minutes, virago qui n'en fait qu'à son guise.

*

« A l'Hippodrome, réouverture des plus brillantes », c'est-à-dire que dans la salle, il y avait environ trois fois plus de spectateurs que de places ; toilettes de printemps, panachées de souvenirs hyémaux — Veste d'astrakan et chapeau de paille par exemple — au buffet, deux douzaines de jeunes idiots, pour la plupart sémites, menaient un tapage effroyable, payaient fastueusement à des méharis hors d'âge des bocks à 50 centimes, et vociféraient pour épater le bourgeois, des inepties qu'un spécialiste n'aurait pas osé fourrer dans une revue de fin d'année.

Le triple tandem de chevaux sauteurs, par Mlle Gontard a été justement applaudi, mais il faut renvoyer au plus vite sur les places publiques, le duo de MM. Wilson et Cadas (noms prédestinés aux chutes), qui a raté pendant un quart d'heure des exercices sur les trois barres, réussis par les moindres gymnastes provinciaux couramment. Sur une piste tournante de son invention, il signor Corradini a présenté un sauteur qui m'a fait songer au chansonnier Alcanter de Brahm, tant il est « bien mis ».

Impressionnants à voir fendre l'espace, puis se précipiter dans le filet, tandis que les petites dames piaillent, émues, les frères Eugène, trapézistes Zemganoïdes ; quant aux « Avolo » — quel nom désenchanté ! leurs gambades simiesques leur assurent la présidence de plusieurs chambres singicales.

La 3ᵉ séance musicale de la Rose ✠ Croix, salle Durand ✠ Ruel, a été marquée par un joyeux incident. Furieux d'avoir été mis à la porte par son archonte à grands coups de pied dans le sâr, Joséphin Pélachicot envoya le sous-mage Goury de Lacroze, additionné d'une fausse barbe, interrompre la réduction pour deux pianos du *Rheingold* (d'ailleurs crevante) par des vociférations comminatoires : « La Rochefoucauld est un menteur et un félon! » Il braillerait encore si l'astucieux Paul Fort ne lui avait bouché l'orifice buccal d'un poing solide et pentaculaire. Cette leçon vaut bien un sous-mage, sans doute.

Pas de veine, le banquier kaldéen que l'ineffable Bazalgette appelle « le Nabi moderniste ». Vieux nabi, vieux galons!

12 AVRIL. — Le *Bon Docteur* du Gymnase nous a tous anesthésiés : grâce à son intrigue au chloroforme, nous avons pu subir sans trop de souffrance les mots de M. Paul Ferrier et les sourires d'ogresse de la mère Desclauzas qui ne se décide pas à embellir : la tête d'Abraham Dreyfus, le corps de Capelle, les jambes de Bois-Glavy. D'ailleurs, vêtue somptueusement.

Elle joue le rôle d'une dondon incandescente, Mᵐᵉ Loriol, qui décrasse un purgon sans le sou, lui indique le propre tailleur de Georges Feydeau, et l'initie à de tortueuses combinaisons mafioiravéliques. Par exemple :

Viens ici, ma petite amie; je suppose que, m'ayant donné un successeur, ce nouvel amant rhumatise et se soigne aux eaux d'Allevard (Isère); si tu éprouves quelque plaisir à le voar (toujours Isère), tu en fais part au bon Docteur qui, vivement, te diagnostique une affection de l'utérus, pour te permettre d'aller rejoindre ce ponte aimé, mais perclus. *All right!*

Ainsi manœuvre le bon docteur; mais, terrible châtiment, il finit par épouser Desclauzas. Ça prouve bien qu'il y a un Dieu.

Certes, elle est insondablement crétinisante, la pièce de Paul Ferrier et de X. (je ne veux pas nommer Depré qui, lui, a de l'esprit, souvent.) Pourtant, je dois reconnaître que, plusieurs fois, au cours du troisième acte, le public a ri. C'était aux passages pathétiques.

N'oublions pas les décors; celui du un est charmant; sur la droite, un élégant pavillon (15 centimes avec toilette), à l'entrée d'une allée de platanes centenaires — Mme Desclauzas sera bientôt, comme eux; — à gauche, un pommier qui semble greffé sur le tronc d'un platane. L'horticulture progresse tous les jours.

Le nom de M. Cocheris (Gaston de Lantenac), est suivi sur l'affiche de l'indication *Début;* en effet, ce jeune marié commence seulement à venir manger, dans ce domaine, le miel de sa lune, en compagnie de l'exquise Frédérique-Darlaud qui, elle, ne débute pas, mais a déjà vu le feu, ou le loup comme vous voudrez.

Louons le très catholique directeur, M. Koning, de nous servir, en ce temps de carême une intrigue un peu maigre, louons la non moins pieuse Demarsy d'arborer pour les mêmes motifs religieux une toilette saumon.

13 AVRIL. — Un bruit assez étrange est venu jusqu'à moi... non, ce n'est pas ce que vous croyez, ô lecteurs d'Armand Silvestre... Mais on affirme qu'hier M. Meilhac a offert à la direction des Variétés 30,000 francs pour qu'elle ne jouât pas *Brevet supérieur,* qu'il trouve indigne de son talent. Comme on le voit, le grassouillet académicien devient, avec l'âge, très sévère pour ses productions. Au temps de sa verte jeunesse, il a laissé représenter plusieurs douzaines d'ouvrages dramatiques (quelques-uns ont eu beaucoup de

succès) qui ne valaient pas mieux que la pièce d'hier soir, ou même lui étaient notablement inférieurs. Aussi bien, M. Samuel n'a pas cru devoir accepter cette proposition de la dernière heure. Entre nous, c'est peut-être parce qu'il la savait inacceptable que M. Meilhac l'a faite.

Pas luxueux, le salon de la grosse institutrice Bourgarel ; banal et bourgeois ; sur le piano, un portrait du séant de la maîtresse, non de la maîtresse de céans. Il est vrai que cette décoration très simple est complétée par une autre, violette, que vient de recevoir la plantureuse éducatrice.

Tout de même, faut-il être sûr qu'on ne lit plus Voltaire qu'en province, pour arborer en plein boulevard ce démarquage de *Nanine* ou *le Préjugé 20 bottom*. Je ne suis pas curieux, mais je voudrais savoir (oh ! pas ce que vous croyez... ces sombres intimités pileuses des blondes, je m'en fiche !) — je voudrais savoir combien de coups de pieds directoriaux résonneraient sur le coccyx d'un inconnu possédant assez de toupet pour présenter ce scénario : une jeune roturière, dans la mélasse, épousée par un aristo très opulent... Mais c'est si bien joué, ma chère ! Cooper et Baron ténorisent ; Samuel thésaurise ; Mathilde inquiète la poutraison ; Mlle Carlix, en juive byronnienne (Rothchild - Harold), minaude et Lavallière, de plus en plus maigre, détaille quelques couplets de la Chanson des grues et des oies. Fichtre ! j'allais oublier Réjane. Elle fait de son mieux ; ne pourrait-on l'informer que, pour la démonstration du « Carré de l'hypoténuse », il n'est pas inutile de dessiner un triangle rectangle ?

14 AVRIL. — Triangle aux Variétés, Carré à la Renaissance, réussissent. Je crois que la *Femme à Narcisse* aura beaucoup d'amoureux. C'est Estelle, une fleuriste habile, qui n'a pas sa pareille pour vous découper des pétales, vous tortiller une queue ; las ! son Narcisse n'est qu'un Nénuphar !

Tout au regret d'une Palmyre envolée, il se comporte pendant sa nuit de noce comme aurait pu le faire, après l'incident Fulbert, le vénérable abbé Lard. Mais le garçon de magasin imitant le bruit du tonnerre, — je ne me rappelle plus avec quoi, — l'épouse ratée croit la fin du monde venue, et pardonne. La musique, toute gentillette, est de Varney, je crois ; néanmoins consulter les affiches.

On a fort applaudi Mme Simon-Girard dans le rôle d'Estelle, rusée qui, pour supplanter dans le cœur du patron sa rivale Palmyre, engage cette jeunesse inconsidérée à fuir avec un amoureux et, de la sorte, édifie son bonheur sur les ruines de Palmyre.

Les députés présents dans la salle ont vigoureusement bissé les couplets, où il est question de sénateurs poursuivant les petites fleuristes. Vous ai-je dit que l'action de la *Femme de Narcisse* se passait en l'an X? Depuis, les fleuristes ont changé.

Mais ce sont toujours les mêmes sénateurs.

16 AVRIL. — Au Nouveau-Théâtre, *Lo, Jo, Zo* (à vous d'Axa !) des escarpes, du rêve, des femmes qui se battent, des hamadryades qui s'ébattent, Courteline et Mendès, de la poésie ailée, des gauloiseries salées, des mythologies qui semblent raillées par Henri Heine, et les fanfreluches envolées de la *Commedia dell' Arte;* ô les joyeuses et divines et shakespeariennes *Commères de Paris!*

DEUX CHANSONNIERS. — Demain, — Cieux écoutez ma voix, Terre prête l'oreille (je te la rendrai) — demain vont paraître les *Chansons poilantes* d'Alcanter de Brahm et Saint-Jean, deux gaillards qui, désireux de se faire connaître sans délai, veulent, pour leur coup d'essai un coup de grosse caisse, que bien volontiers j'assène en leur honneur.

Hélas ! que j'en ai vu mourir de jeunes gloires chansonnières ! Combien, cueillies à peine écloses par quelque impressario de beuglant pour la boutonnière d'un Paulus bouffi ou le corsage d'une Yvette plate, se sont fanées, à la chaleur floricide de la rampe. Hélas ! que j'en ai vu mourir *(voir plus haut)*! Mais quelle joie et quel réconfort de contempler s'épanouir, dédaigneux du fumier de la réclame, le talent original et polychrome d'Alcanter de Brahm et Saint-Jean, poussé librement sans le secours du chauffage intensif ni de l'« arrosage » — vous m'entendez bien — robuste, sain, vivace, incompris du snobisme, et point déshonoré par la moutonnière admiration des gothons de Panurge.

Peut-être, au temps de leurs débuts, il y a bien longtemps — en 1890 — peut-être Alcanter (toujours de Brahm) et Saint-Jean (Bouche d'or) eussent-ils confié l'une de leurs géniales trouvailles à quelque pitre d'assommoir musical, inconsidérément car *Kouphon è mèotès* a dit le judicieux Shakespeare, en la *Henriade*. Mais, par fortune, pas un cabotin n'osa prendre en ses mains accoutumées au maniement du strass, un de ces coruscants joyaux pour l'exhiler aux foules qu'hypnotise la *Marche des Commis-Voyageurs*. C'est donc vierge je veux dire pure de toute compromission, que je vous présente, citoyens et citoyennes, cette muse nouvelle, Rosa-Josépha du lyrisme ironique, idoine à doter, elle aussi, la littérature d'un frisson nouveau, et et vous savez, pas un de ces petits frissons de rien du tout comme mon ex-Lolotte en portait sur le front, non, un frisson de tout premier ordre, irrétrécissable, savoureux et séduisant comme le Frisson (Adolphe) des *Annales politiques et Sarceyennes*.

Ces poètes sont beaux :

ALCANTER DE BRAHM, primate dolichocéphale, très dolicho, au chef ombragé d'une chevelure calamistrée galamment, dont Fortunio dirait que le soleil « la dore et qu'elle est blonde comme l'Hébé » de la brasserie où je passe mes soirées à prêcher les doctrines anarchistes. Cette tête fière, toujours en équilibre, repose avec quiétude sur la première vertèbre cervicale, sans se pencher jamais, jamais ! Immobile et dédaigneuse, laissant au repos les muscles sterno-hyoïdien, omoplat-hyoïdien, sterno-cléido-mastoïdien et trapèze ; — doux noms ! D'ailleurs, rictus suffisamment satanique, œil monoclé comme il sied aux disciples de Scholl, allure Montmartroise d'un Masher de la Butte, à l'aise dans les salons de l'Élysée-Montmartre. Circumchahutez, débris du monde enduit de $C6H2 (AzO6H)3$, vous pourrez tourbillonner autour d'A. de B. sans que le plus fugitif émoi vienne ravacholer son front, impavide emmi les ruines.

Voici SAINT-JEAN, dont on connaît toutes les herbes : esprit objectif, fortune insolente, système pileux très développé. Conrartiquement silencieux avec les inconnus, cette constipation verbale ne résiste pas à l'Hunyadi-Janos des laxatives sympathies. Littérateur discret, il découpe des phrases d'une élégance menue, avant de les vernir de poésie, amoureusement ; alors, avec le rire muet du trappeur, il les regarde luire. Une grande dame, une très grande dame, la baronne X... (vous l'avez reconnue) m'a confié que des sombres cheveux de Saint-Jean se dégagent des effluves « délicieuses » comme dit la jeune bourgeoisie, toujours ; et la jeune littérature, quelquefois.

Poilante, leur technique. Jamais, — fût-ce devant les alexandrins de l'âge de pierre taillés par Leconte de Lisle, ou les strophes ductiles qu'étirèrent de trop roublards praticiens, chipeurs de métaux à La Forgue des *Complaintes* — jamais je ne ressentis d'impression aussi poilante. Tantôt, Alcanter de Jean, grâce à une consommation d'apostrophes dont on ne trouverait l'équivalent que dans les plus incandescentes vociférations oratoires de Paul Déroulède, mue cette indication topographique « Près de l'École de médecine », en un hexapode « Près d'l'Ecol' de méd'cine », car Moréas lui-même ne manie pas plus audacieusement l'apocope. Tantôt Saint Brahm, s'amuse à la *Messe des Oiseaux*, parodie dont la finesse n'a pas été comprise de tous, notamment de M. Brunetière qui l'a passée sous silence au cours de ses récentes conférences odéonesques; il accumule l'ingénuité des hiatus, la puérilité voulue des énumérations ornithologiques, la naïve fraîcheur des sensations et des ruisselets, et des cou-cou, et des cui-cui, à faire crever de jalousie le spécialiste Jean Rameau. Pour synthétiser en un seul mot mon jugement sur cette œuvre, je n'hésite pas à la déclarer... Poilante.

21 AVRIL. — *Le Nid d'autrui*, de M. Le Corbeiller, ressemble au *Médecin des enfants*, à *Christiane*, à plusieurs autres mélos ayant cherché à résoudre le terrible problème chéri des jeunes licenciés ès sciences dramatiques, la lutte entre le père naturel et le père légal; il faut donc une mauvaise foi bien nauséabonde pour dire dans les couloirs du Vaudeville, comme l'a fait notre confrère X... — qui m'a baillé cent sois parisis à dessein d'acheter mon silence : — « C'te pièc'-là, ça r'ssemble à rien ! » Ajoutons que l'auteur a prodigué les morceaux à effet, genre Sardou (mais moins finement écrits), qui auraient pu enlever les applaudissements d'un public mieux disposé ; couplet sur les romans anglais, air de bravoure sur les mariages à la mode, romance sur la pudeur des vierges, récitatif sur l'incombustibilité des allumettes de la régie. Larroumet peut se conjouir avec Francisque, en voyant quelles dévotions les jeunes scribes du Temple font dans le temple de Scribe.

Dans la même matinée, une tout à fait spirituelle, et preste, et rosse, et antisémitique piècette de l'ami Soulaine, *la Part du Mari*; son collabo Grisel se prénomme : sur la brochure,

Emile; sur le « Prière d'insérer », Henri; (c'est peut être le contraire). Je ne sais rien de plus sur lui. Ce petit acte, écrit chez Ollendorff, s'enlève comme une sabine.

22 AVRIL. — Après nous avoir montré, deux années durant, le bottom — trop maigrelet pour mon goût — de Miss Helyett, les directeurs des Bouffes ont résolu de nous exhiber un peu de vraie musique : ils ne pouvaient mieux s'adresser qu'à Paul Vidal, qui a plus de talent dans son petit doigt que MM. Planquette, Audran et Serpette réunis — ajoutez aussi Joncières pour faire bonne mesure.

En revanche, le livret de MM. Jaime et Noriac (on m'affirme que l'un de ces deux stylistes vit encore), ne vaut pas grand chose; longuet, mièvre, d'une fantaisie un peu laborieuse, il courait risque de tomber à plat sans le secours de Maurice Bouchor, un littérateur celui-là — qui a bien voulu semer sur cette piteuse carcasse de vaudeville la fleur de sa poésie. Parbleu! si l'auteur de la *Légende de Sainte-Cécile* s'engageait à lécher mes ours, j'aurais bientôt fait de confectionner d'aussi méchants livrets que ceux de M. Jaime!

Oyez : dans une ville très éloignée habitait, il y a bien longtemps, un savantasse aphone, nommé Bobinus. Pour se venger d'avoir été cinq fois minotaurisé par ses cinq femmes successives, ce pentagame enfermait dans une maison écartée sa nièce Fidélia, au grand désespoir de l'amoureux Fortuny qui lui peignait (dame, avec ce nom!) en vain sa tendresse.

Un jour, Eros lui-même vient prêter son aide au couple énamouré — ô bonheur! — mais le farouche Bobinus survient — ô terreur! — et le pauvre petit dieu s'enfuit à travers les cheminées — ô fumiste! — pour se faire bientôt pincer par son ennemi — ô maladroit!

Lors, on juge le coupable, sous un chêne (de

nos jours, il attendrait la justice sous un orme). Et voici venir les témoins : femmes lâchées en robes mauves ; délégation des jaunes maris sganarellisés ; vierges abandonnées, vêtues de bleu illusion, la couleur de l'*Année fantaisiste*, (ce bouquin, où un de mes bons amis passe De la grave au doux) réquisitoire, plaidoiries, en vain Éros déclare que s'il meurt, c'en est fait des roses et de la joie, on le jette à la mer et le soleil s'éteint.

Le monde sans amour, c'est une prairie sans fleurs, c'est un journal dont la caisse est vide. Embêtement général, les bouquetières vendent des fleurs en papier ; plus d'amour, partant plus de joie ; même les militaires ne suivent plus les bonnes d'enfants, et l'on entend retentir dans le silence morne les ronflements sonores des employés du bureau des naissances.

Bientôt les femmes, excédées, bâtonnent Bobinus, repêchent Éros qui resplendit plus frais que jamais, — l'Amour mouillé — les prés se couvrent de fleurs, les têtes des maris se couvrent de cornes, et les spectateurs couvrent d'applaudissements la musique de Paul Vidal.

En voilà un qui ne trouvera pas que le public... Éros.

Par télégramme

LYON, AVRIL. 1892. — Il y a un peu plus de trente et un ans, *Tannhaeuser* sombrait à l'Opéra sous les sifflets du Jockey-Club, répercutés par les échos d'une presse dont l'ignorance musicale semblerait aujourd'hui fabuleuse. Cham déposait le long de ce magnifique drame lyrique d'innombrables caricatures, et Berlioz lui-même félicitait les Parisiens d'avoir sifflé le « mauvais style » splendidement !

Depuis le 13 mars 1851, l'éducation musicale du public a quelque peu progressé ; des Français audacieux ont gravi la montagne de Bayreuth pour entendre *Tristan, Parsifal, l'Anneau du Nibelung*;

et *Lohengrin*, après avoir triomphé en province, a fini par s'imposer à Paris. *Tannhaeuser* aura-t-il même fortune ? Je ne le pense pas, car, malgré les efforts de Stewart Chamberlain, d'Alfred Ernst, de Schuré, de quelques autres critiques clairvoyants, les raffinés de la jeune école affectent aujourd'hui de n'admirer, en ce drame poignant, que le poème. *Aures habent !* Et longues... Aussi, féliciterais-je M. Poncet d'avoir ouvert au chevalier aimé de Vénus les portes du Grand Théâtre national de Lyon, si ce directeur pavé de bonnes intentions, avait pris soin de monter cette œuvre d'une façon moins foraine.

Dans une grotte mystérieuse, aux flancs des monts de Thuringe, Tannhaeuser, le Minnesinger sans rival, vit auprès de Vénus une vie de voluptés pécheresses, loin du monde qu'il méprise, mais que son âme irrésolue ne tarde pas à regretter. Un jour, s'arrachant des bras de la déesse, il invoque Marie. Aussitôt, parmi les fracas du tonnerre, le Vénusberg s'écroule : dans la candeur du renouveau, au pied de la Wartbourg, le pécheur se retrouve, attendri aux sons d'un cantique de pèlerins qui dit les joies de la pénitence et l'inébranlable affirmation de la Foi.

Au deuxième acte, c'est le grand tournoi de poésie dont les concurrents vont se disputer, devant la foule immense qui remplit le palais du Landgrave, le prix que va décerner sa nièce Elisabeth. Mais, enfiévré par la lutte, aveuglé par l'orgueil et la vengeance divine qu'irritent ses luxures inexpiées, Tannhaeuser raille les pures tendresses célébrées par Walther, la loyauté rude de Bitterolf ; les strophes ardentes se pressent sur ses lèvres, c'est le triomphe de la chair qu'il proclame, et, frémissant au souvenir des ivresses anciennes, il épouvante les voûtes de la Wartbourg avec le chant même de la montagne maudite, l'hymne à Vénus. Un cri de fureur s'élève, les glaives étincellent, mais, entre eux et l'infâme, Elisabeth s'est jetée, la prière à la bouche, et Tannhaeuser, enfin repentant, baise, avec des larmes, la robe de la vierge avant de partir à Rome, chercher l'absolution aux pieds du Saint-Pontife.

Son pardon, il ne l'a pas obtenu. Malgré ses larmes, et l'âpreté de sa pénitence, il n'a reçu que cette parole : « Tu ne seras pas sauvé avant que le bâton en bois mort du pèlerin refleurisse ». C'est la damnation éternelle ! Alors, que les complaisances infernales soient douces au pécheur repoussé ! Puisse Vénus reprendre son amant infidèle ! Et la montagne s'ouvre, et la déesse approche, tendant ses bras victorieux, quand apparait, sous les roseurs de la première aurore, le cortège funèbre d'Elisabeth, morte en offrant sa vie pour le salut de celui qu'elle aimait. La piété des voix innocentes monte au ciel ! « Heureuse la vierge, heureux le pécheur pour lequel elle pria. » La troupe émerveillée des jeunes pèlerins apporte la crosse de son évêque enguirlandée de fleurs soudaines, Tannhaeuser s'agenouille et meurt, pardonné.

Sans parler des énormes difficultés de la mise en scène, il faudrait, pour interpréter cette œuvre géniale, sinon des artistes à la hauteur de pareils rôles, du moins des gens sachant leur métier suffisamment. J'ai le regret de dire que ni M. Jourdain sifflé dans *Tannhaeuser*, ni Mme Janssen dans *Elisabeth*, ne m'ont paru se douter de ce que l'on attendait d'eux. M. Noté est un Wolfram qui manque d'autorité, Mlle Doux une Vénus qui manque de séduction ; et le décorateur manque de bon sens.

23 AVRIL. — Tandis que le Nouveau-Cirque donne *Dagobert*, Gadobert (qui a mis deux lettres de son nom à l'envers) nous offre l'*Honneur d'un Ouvrier*, cinq actes, plutôt longs, pendant lesquels les spectateurs du Château-d'Eau sont priés de s'intéresser à la guigne d'un contremaître mécanicien qu'exploite le sieur Daniel, entrepreneur, chargé d'autant de crimes qu'on peut inventer, au cours d'une existence diablement longue, M. d'Ennery.

Ce vieux scélérat — je parle de l'entrepreneur — désire ne point payer Pierre ; car j'ai oublié de vous dire que le contre-coup s'appelle Pierre, et que *super hanc petram ædificat Gadobertus melimelodrama suum*. Pour arriver à ses fins, il dit : « Je n'ai plus un maravédis, car mon caissier a filé vers la frontière belge en boulottant le batracien. »

A la filouterie, il joint la luxure ; cupidité est sœur de Cupidon ; sous prétexte que la fiancée de Pierre est proprette, ce proudhonien veut la violer. « La propreté, c'est le viol. » Par fortune, l'ouvrier arrive à temps, et peu s'en faut qu'il n'étrangle l'entreprenant entrepreneur. *Avis* : Ne pas mécaniser les mécaniciens.

De plus en plus fausse-aux-Lions, Daniel poursuit le cours de ses forfaits. Jusqu'à une heure du matin, c'est des Ossas de crimes sur des Pélions d'infamies, et des désespoirs bruyants, et d'inébranlables espoirs en la Justice immanente. On n'entend parler que d'malheurs.

Du reste, ça finit très bien ; l'entrepreneur se périt pour échapper à la cour d'assises. Jobard, va ! avec des jurés aussi taffeurs que les ravacholistes de l'autre jour, il en était quitte pour 16 francs d'amende.

★

Dans ce carton à chapeau, qui s'appelle le Palais-Royal, quels éclats de rire ! quelle torsion ! Pour célébrer *Monsieur chasse*, ce n'est pas un article qu'il me faudrait écrire, mais un palmarès.

Premier prix de beauté : Mlle Cerny, charmante et rageuse, trompée par son mari à qui elle jure de rendre œil pour œil, coup pour coup.

Premier prix de guigne : M. Raymond, médecin et poète (comme le *Bon Docteur* du Gymnase, mais plus gai), qui n'abuse pas de cette double qualité pour rédiger ses ordonnances en vers. Le pauvre homme ne peut arriver à profiter des bonnes dispositions à son égard de Mlle Cerny; plaignons-le, plaignons-le beaucoup.

Premier prix de mensonge : M. Saint-Germain, mari infidèle, qui s'embourbe dans ses contes, et rapporte à sa femme de fallacieuses bourriches remplies, non du gibier qu'il n'a pas tué, bien sûr, mais de pâtés accusateurs placés là par une erreur de Potel et Chabot (ne pas confondre avec la maison Porel et Cabot, à l'Odéon).

Sournoisement excités par des vaudevillistes vieux-jeu qui ne peuvent plus doubler le cap de la vingtième représentation, les critiques austères font des réserves. Faites donc !

Il paraît que *Monsieur chasse* n'est pas « de la littérature. » Mais je n'ai jamais ouï dire que, sur la scène du Palais-Royal, les Piérides eussent chanté. Bah ! Ces trois actes de Feydeau m'ont fait rouler; peut-être même — ohé ! les ingénieurs du Conseil municipal ! — pourrait-on s'en servir pour faire rouler aussi le funiculaire...

27 AVRIL. — Ce *Justicier*, de Rzewuski, ne fanatisera pas le poulailler de l'Ambigu, mais l'auteur y montre de saisissantes qualités théâtrales; c'est souvent long, monotone, confus, mais toujours intéressant, et l'idiome que parlent les romanesques héros à la Vautrin, du jeune auteur slave, repose des hideux patois hurlés, d'habitude, sur la scène à Zulma Bouffar. Analysons :

La Débâcle. — Rien du roman de Zola; il s'agit de la dégringolade du prince Philippe de Mora; car, en cette fin de siècle dynamitée, les princes sautent comme de simples maisons de marchands de vin : *ô tempores, ô Mora !* Malgré sa dèche, il a conservé une barbe russe, très élégante, bien que grise, sans vouloir s'en défaire. Sans doute, un souvenir de famille.

M. Rodolphe. — Ce monsieur, qui a de mauvais instincts, et qui parle du nez, conseille au prince de demander soixante mille francs à sa maîtresse, une très jolie personne juive. Celle-ci s'exécute Des Sémites comme celle-là, je les gobe.

Le Justicier. — Dans un salon russe, décoré d'une sainte image qui ressemble à un grand timbre-poste nouveau modèle, le prince et la généreuse maîtresse filent ce que l'on est convenu d'appeler le parfait amour; le justicier André les dérange à coups de pistolet; et v'lan! il envoie la juive dans le sein d'Abraham.

La route de l'Exil. — Philippe a été condamné comme auteur du meurtre de son fils. C'est à se croire en France! Il accepte cette erreur avec philosophie, parce qu'après tout ça ne sort pas de la famille; revêtu du costume des forçats, soumis à leur destin — *les Forçats del Destino* — et haut-botté comme un vidangeur, il part pour la Sibérie.

Bax-les-Bains. — Le justicier André est devenu un prince américain (!!!) cinquante fois millionnaire; il rencontre dans cette ville d'eau la fille de sa victime, Mᵐᵉ Rival, ainsi appelée, parce que sa beauté n'en a pas.

Les évènements se précipitent; André offre sa fortune à la Rival, mais ces assiduités mécontentent Lousteau, un chroniqueur échappé des romans de Balzac, qui le tue d'un coup de pistolet.

Ainsi se vérifie la parole de l'Ecriture : « Qui a tué par le pistolet périra par le pistolet. »

28 AVRIL. — « *L'homme étant couché avec sa*
« *compagne et espouse, la doit mignarder, cha-*
« *touiller, caresser et émouvoir, s'il trouvait*
« *qu'elle fût dure à l'esperon: et le cultivateur*
« *n'entrera dans le champ de la nature humaine*
« *à l'estourdy, sans que premièrement n'aye fait*
« *ses approches qui se feront, etc., etc.* »

Ainsi parlait Ambroise Paré. Il disait vrai. Et ses doctes enseignements, Louis de Gramont les développe en trois actes, habiles et nerveux, mais que le public du Théâtre-Libre, lui-même, a trouvés un peu bien libres.

Cette *Simone* se souvient de la *Physiologie du mariage*, comme aussi du *Bréviaire de l'amour expérimental*. Gramont estime que les bourgettistes ont tort de faire de l'amour une question de sentiment et considère qu'il est, du moins au début, une affaire de sensations. Je ne dis pas qu'il ait tort, mais sacrebleu ! que sa pièce est raide !

Simone, épouse d'un maladroit et simpliste, assoiffée de raffinements qu'elle devine, liseuse et rêvasseuse, tente un essai loyal avec le compositeur Mauryas, amoureux compliqué à souhait. Ça dure huit jours, à la campagne, huit jours de révélations et d'extases. Mais le mari revient.

Simone le trouve plus gauche que jamais, et propose la suite traditionnelle à Mauryas qui, rassasié, refuse, préférant sa femme. Lors, la pauvre désillusionnée se tait, et le mari se demande pourquoi.

3 MAI. — Quand M. Antony Mars porta aux Nouveautés sa « Demoiselle du Téléphone » il manifesta l'intention d'en confier la musique à notre aimable confrère Victor Roger.

— Non, non, répondit le directeur, j'aime mieux Serpette (tous les goûts sont dans la nature).

Pas entêté, le librettiste s'adressa docilement au maëstrino qu'on lui recommandait, et convaincu que tous les directeurs étaient serpettophiles, il ne manqua pas de dire à M. Vizentini, en lui présentant le manuscrit des *Vingt-huit jours de Clairette* :

— J'ai donné ma parole à Serpette.
— Parfaitement, répondit le directeur des Fo-

lies Dramatiques, il ne vous reste plus qu'à lui la reprendre : je veux Victor Roger.

Ainsi va le monde.

Il faudrait être bien faible d'intellect pour ne pas deviner, rien qu'à lire le titre de la pièce, que cette Clairette, qui revêt l'habit militaire sous lequel on reconnaît qu'elle n'est pas soldat, doit s'assujettir à toutes les corvées, coucher à la chambrée, se battre en duel, etc.

C'est Mlle Ugalde qui joue, qui vit le rôle; et vous pensez si elle révolutionne le 33ᵉ chasseurs, un régiment qui profite de ce qu'il est en garnison à Montargis pour avoir beaucoup de chien; avec quel élan elle s'introduit dans un pantalon rouge à basanes, large du fond — c'est le fond qui manque le moins — puis dans un dolman bleu pincé à la taille, aussi pincé que les sourires de Jules Renard, enfin, dans le quartier de cavalerie. Et pourquoi ? pour surprendre son capricant époux (Guyon), qui copule en injustes noces et festins, scandaleux Titus, avec une folâtre Bérénice, d'ailleurs affriolante : « *Bérénice, very nice* », disait René Benoist.

Cette Bradamante fin-de-sexe est prise pour un homme; puis, un réserviste est pris pour une femme; il en résulte une tripotée de plaisanteries à faire rougir un petit télégraphiste anglais. Conclusion : l'infidèle Guyon, récupéré par sa légitime, renvoie, à contre-cœur, son invitée « — invitus invitée ».

Certes, on a ri dès le premier acte qui se passe dans le magasin d'une modiste, un magasin incontestablement chic, où l'on exécute des chapeaux au goût de demain, avec une élégance telle qu'un bœuf lui-même, se faisant coiffer par ces demoiselles, sortirait de leur mains transformé, pimpant, irrésistible, bref, un bœuf à la mode.

Mais le public, surtout, a pris un plaisir extrême à voir la cour de la caserne à Montargis; la vie militaire avec ses petits ennuis et ses grosses gaîtés y est dépeinte avec une verve point méchante, irrésistible d'entrain. Je ne saurais trop engager le sympathique commandant Duperré (si c'est toujours lui qui se trouve au bureau de recrutement, 5ᵉ région) à venir le constater de visu. M. Antony Mars a été récemment appelé sous *le* drapeau — il n'y en a qu'un par régiment — et a profité de ce stage parfois désagréable (« ce stage est sans pitié » remarquait La Fontaine) pour recueillir bon nombre d'observations narquoises; par exemple, il n'a eu garde d'oublier cet officier de territoriale qui, pendant les repos, distribuait des cartes-réclames aux soldats qu'il faisait manœuvrer, en leur disant : « Vous qui connaissez du monde à Paris, envoyez-moi donc des clients; j'ai chez moi des vins très avantageux. »

La musique de Victor Roger ne ressemble pas à celle que nous fait entendre la Société Nationale; elle m'a paru plus dansante, et je ne crois pas les spectateurs des Folies-Dramatiques idoines à goûter *Sainte-Rose-de-Lima*, par exemple, aussi pleinement que ces *28 jours de Clairette*, dont M. Mars écrivit le « sonnet sans défaut » pour parler comme Nicolas.

6· MAI. — D'habitude, le public de Cluny s'abandonne à de promptes jouissances, titillé par de jeunes vaudevillistes experts en leur métier ; ou bien, c'est par les vieilles ficelles du répertoire qu'il se fait chatouiller, avec ivresse, Mais l'auteur de la *Mission de Prosper* a les mains gourdes, et l'intelligence comme les mains, si bien que les spectateurs récalcitrèrent. La faute en est à la critique, disent les amis du maladroit. Elle n'a pas su creuser le sujet. Personnellement, j'ai fait de mon mieux pour aller au fond des choses, sans réussir. Si vous croyez que c'est facile avec certaines personnes ! Barré !...

7 MAI. — Donc le citoyen Georges Rolle fit jouer un *Neuf Thermidor* au Bouffes du Septentrion, assuré que les plus enragés robespierrots n'auraient pas le courage d'aller si loin siffler sa pièce, d'ailleurs fort intéressante, paraît-il.

Aujourd'hui, 18 floréal, étayé de M. Jean de Rode (sans doute quelque descendant du colosse), il aborde le drame moderne. Et dire que dans ces réunions publiques, on clame couramment « Les journalistes, c'est tous des feignants. » Ah ! là là ! malheur...

Cette histoire de femme lâchée qui glisse sur la pente aimablement gazonnée du vice jusqu'à l'hôpital, mon Dieu, je ne prétends pas qu'elle soit toute neuve, car j'ai vu l'*Abandonnée*, *Mamzelle Quinquina*, et tant d'autres. Toutefois, habilement ressemelée par l'auteur, elle fait encore de l'effet, surtout aux lumières.

Puis, certains détails ont amusé le public du Théâtre Moderne. Il a paru goûter particulièrement la vue de cette gargotte montmartroise, fréquentée par des modèles et des ratés (ce ne sont pas les modèles qui posent le plus) asile héréditaire où viennent se reposer, avant la culbute finale, devant les bocks sans faux-col, les bohèmes sans chemise, ceux qui, jadis, Rois de l'Art, ont perdu leur couronne, et comme les Majestés déchues de *Candide*... (la phrase peut se continuer indéfiniment ; mais, pour des lettrés comme vous, il suffit de l'amorcer).

Intéressante, la scène où Marie Lafond apprend, de la bouche d'un littérateur un peu pochard, que son amant vient de convoler en justes noces avec une demoiselle ayant le sac. La pauvre fille se trouve mal, et le rideau s'affaisse.

Il se relève, lui, sur le troisième acte, mais elle s'alite définitivement ; et nous la retrouvons dans une salle d'hôpital. L'infortunée a une araignée dans le Lafond, et des maladies variées ; admirable sujet pour un chirurgien en vogue. *Io Péan !*

Bientôt, pour avoir séché trop de bocks, elle entre au cercueil. La revanche de la bière.

Tous nos compliments à Mlle Nau, parfaite en nauceuse.

9 MAI. — Ne piétinons pas *Enguerrande*. Les amis de Wilder s'en chargent, qui chinent son collabo — Cabrion attardé, clown poussif, Shakespeare de brasserie, — et les copains à Bergerat qui vitupèrent (Dieu ait son âme !) l'écriture brabançonne du critique musical de *Gil Blas*. Bergerat, Belgerat, il n'importe. C'est Chapuis qu'il faut plaindre. Ce petit parigot talentueux, guillotiné par ses librettistes, peut s'écrier, comme Abélard mourant : « Et pourtant j'avais quelque chose là ! »

Si jamais je fais jouer quelque œuvre, je souhaite que ce ne soit point chez Carvalho, ponte rapace, enclin à conserver d'antiques décors, aussi sales que les chemises de Léon Cladel ; je souhaite aussi que Camille de Sainte-Croix et Rodolphe Darzens, comme ils firent l'autre jour pour *Enguerrande*, me défendent contre l'hostile mufflerie ambiante, conspuent les chahuteurs, engueulent ferme l'inerte capellmeister... Mais quand on jouera du Willy, tous deux seront morts, depuis vingt ans au moins. Et moi depuis trente.

15 MAI. — Reçu le tome VI des *Impressions de Théâtre*. Il ne me manque plus que les cinq précédents pour avoir la collection complète. En ce volume, unique, il est parlé avec une grâce souple et légère, — et avec une sûre érudition qui se dissimule — du *Misanthrope*, de l'*Alceste* d'Euripide (ce n'est pas le même), du *Chat Noir* (sonnez, trompettes !), de Jean Jullien et de Térence (je ne respecte pas l'ordre chronologique) et du 14 Juillet, aussi, par Jules Lemaître à qui M. Ber-

nard Lazare, naguère voulut bien reconnaître les qualités d'un estimable petit journaliste.

Nota. — Si ce n'est B. L... c'est donc son confrère Mauclair, ou bien quelqu'un des siens.

16 MAI. — Tout d'abord, mentionnons pour n'y plus revenir quelques calembours qui fleurissent dans les couloirs de l'Opéra, pendant les entr'actes de *Salammbô*.
— Musique très dramatique, on dirait du *Reyerbeer*.
— Ce Mathô chante avec une précision *mathômatique*.
— Belle chambrée! J'aime voir cette *salle en beau*.

Il y en avait beaucoup, d'aussi bêtes, et dont s'amusaient des gens d'esprit, indulgemment.

★

Vous décrirai-je les décors? A quoi bon! ils m'ont semblé médiocres, regardés de près, beaux quand je les ai vus de loin; c'est l'histoire des bâtons flottants, celle, aussi, de plus d'une femme; d'où le double titre de la fable de Lafontaine.

Du livret, je n'ai rien à dire non plus; à mon sens, ceux qui ne connaissent pas l'œuvre de Flaubert n'ont pu comprendre grand'chose au poème de Du Locle; ceux qui la connaissent ont dû bien souffrir. Les costumes, du goût le plus carthaginois, ont été dessinés non par Bianchini, hélas! mais par un autre italien, sans doute il signor Chienli. Peu d'exactitude, d'ailleurs; c'est ainsi que Mathô n'a pas cru devoir se conformer au texte de Flaubert que voici :

« Mathô n'avait plus, sauf les yeux, d'apparence humaine. C'était une longue forme complètement rouge ; ses liens coupés pendaient le long de ses cuisses ; mais on ne les distinguait pas des tendons de ses poignets tout dénudés ; sa bouche restait grande ouverte, de ses orbites sortaient deux flammes qui avaient l'air de monter jusqu'à ses cheveux... »

Je suis sûr que M. Bertrand n'a jamais lu ça; c'est de la faute de Flaubert, après tout; pourquoi cet auteur n'a-t-il rien au répertoire des Variétés?

*

On a beaucoup portaicturé M. Reyer. L'œil bleu, dur; les cheveux blancs, durs; le nez rouge, dur; on dirait un drapeau français, dur! Le compositeur de *Sigurd* sangle dans une redingote noire son ventre épanoui depuis peu; avec sa rosette rouge, sa moustache grognarde, son aspect rébarbatif, il a tout à fait l'air d'un vieux général, suivant ses amis; suivant d'autres, d'un vieux sous-officier.

Sa garçonnière est sise rue de la Tour d'Auvergne, n° 24. Si vous lui écrivez, joignez 0,15 pour la réponse, le maëstro ne répondra pas davantage, mais il augmentera sa collection de timbres. Il collectionne aussi les pipes d'Orient; comme il fume beaucoup, ses admirateurs attribuent au tabac les faiblesses qui déparent souvent ses œuvres; le chibouk a bon dos! c'est le chibouk émissaire.

Apre, hirsute, quinteux, grognon, rageur, bougon et colérique, — je ne sais pas si je me fais bien comprendre — M. Reyer a de l'esprit, parfois, dans ses feuilletons du *Journal des Débats*; souvent, quand il cause. Ses querelles avec Halanzier sont restées célèbres.

Un jour, ce directeur affolant cherchait querelle aux noms des personnages de « Sigurd » trop rocailleux prétendait-il, et proposait de modifier en « Bilda » celui de « Hilda » vierge au pâle sourire.

— Bilda! rugit furieusement Reyer, jamais! Est-ce que je vous appelle Balanzier?

Avec son directeur actuel, il n'est pas plus amène; le soir de la répétition générale, M. Bertrand, à qui l'on avait vanté la phrase, si merveilleusement dite par Mme Caron : *Qui me donnera, comme à la colombe, des ailes pour fuir dans le soir qui tombe...* Bertrand dit à l'auteur :

— Ravissante, cher maître, cette romance.
— Ce n'est pas une romance, monsieur !
— Ravissante, votre mélodie, alors.
— Ce n'est pas une mélodie !

Interloqué, l'autre n'insista pas ; mais hier soir, il dit à son irascible musicien, d'un petit air finaud « Ravissant, votre... machin ! »

*

La musique de *Salammbô*, j'en ai assez parlé quand les Belges l'exécutèrent ; le maestro l'aggrave aujourd'hui d'une grrrande marche, où fonctionnent tous les instruments à vent connus, sauf le Pétomane du Moulin-Rouge ; il y passe des souvenirs d'*Érostrate* et un robuste courant de vulgarité.

Je pourrais énumérer les leitmotive de cet opéra consciencieux, celui du zaïmph, celui de l'amour, etc., signaler les harmonies sauvages qui caractérisent les bûchers de Moloch (ça n'est pas très soigné d'écriture, mais je suis un peu pressé) ; la fumée de ces sacrifices humains prenant les spectateurs à la gorge, le compositeur a indiqué ce détail en employant la quinte augmentée. Ingénieux, ingénieux.

Comparez, je vous prie, monsieur, madame, cette petite phrase de *Mignon*, cette petite phrase de *Salammbô*,

> Assis autour des tables !...
> Sonnez, clairons sacrés !...

et reconnaissez avec moi que c'est très gentil, très touchant, de faire ainsi une politesse aux anciens, surtout quand ils sont aussi effondrés que l'Ambroise Thomas.

Le triomphe de Rose Caron, si belle d'attitudes, m'a rappelé les ovations faites à feu Boulanger.

Bertrand n'en revenait pas. Le soir de la première très complimenté, cramoisi d'émotion, voyant déjà sa redingote éclairée d'un ruban de la même couleur que ses joues, M. l'ex-directeur des Variétés, flambant d'enthousiasme, s'écria : « Voui, voui, messieurs, vous avez bien raison ! quelle artiste ! on dirait Schneider ! »

★

On m'affirme que, soucieux de ne pas faire concurrence à l'opéra lunaire de M. Reyer, la Porte Saint-Martin va interrompre les représentations du *Voyage dans Tanit*.

17 MAI. — Comme M. Porel n'a plus qu'une quinzaine de jours à rester directeur de l'Odéon, il n'a pas jugé utile de nous donner une dernière première — si j'ose ainsi dire — très luxueuse. A fin de bail, on ne décore pas de fresques les murs de l'appartement qu'un autre locataire va venir occuper. C'est pourquoi les *Vieux amis*, de son vieil ami Jacques Normand, lui plurent.

C'était la pièce rêvée : trois petits actes trottinant autour d'une intriguette pas compliquée ; des rimes pas trop riches, un seul décor ; ça n'était guère plus dispendieux à monter qu'un monologue de Coquelin cadet. D'ailleurs, l'œuvre a déjà dix ans de bouteille, je veux dire de carton ; car, à l'Odéon, les vieux amis du directeur ne sont pas joués avant dix années d'attente, et les inconnus ne le sont pas du tout, contraints de céder la place au sympathique Shakespeare, un Anglais de talent, traduit souventes fois par des poètes moins géniaux que lui, beaucoup moins.

Les spectateurs, doucement émus, ont pris un réel intérêt à cette histoire simple : deux vieux amis craignant d'être expulsés de leur domaine, et qui l· gardent. Il suffirait de condenser ces trois actes en un seul pour qu'il fût immédiatement représenté sur un millier de théâtres d'amateurs.

La morale de M. Jacques Normand est aussi pure que le fond de mon cœur. Quant à sa poésie....

Sa pièce — elle est en vers, comme *Les Ecrevisses* — peut plaire aux spectateurs purs, exempts de tous vices ; tout le temps on y parle honneur, bonté, vertu : c'est des beaux sentiments à bouche que veux-tu. L'un de ces *Vieux amis* est un homme irascible, l'autre, tout au contraire, est d'humeur très paisible ; il choisit pour son frac, sa culotte et ses bas, la couleur qui distingue, Espagne, tes tabacs. Pauvre, il fait dans le monde assez peu de figure, mais sait se consoler par la littérature...

Le nez de Cornaglia continue à prospérer. Les décors suffisent.

M. Jacques Normand ne compte que des amis dans la presse ; tous lui souhaitent un gros succès, ils ont eu un demi contentement.

21 MAI. — Vous n'avez pas oublié l'apologue où le fabuliste...

(*Règle générale* : Quand vous n'êtes pas absolument certain du nom de l'auteur à qui vous empruntez une citation, désignez-le par une prudente périphrase. Dites : « le fabuliste » dans le cas dont s'agit, « le dramaturge » si vous hésitez entre Eschyle et Valabrègue, « l'andouille » si vous parlez d'un émule de Montépin.)

... où le fabuliste — je crois tout de même que c'est Florian — raillait l'avaricieuse ineptie d'un Harpagon qui détenait jalousement, intactes, dans une armoire hermétiquement close, des pommes splendides. C'est seulement quand elles commençaient à pourrir « qu'en soupirant il les mangeait. »

Ainsi procède la Comédie-Française ; quand une bonne pièce de théâtre, après un long séjour au Gymnase — ou à Déjazet — se fane, blettit, Messieurs les Sociétaires se décident à la servir aux appétits distingués des mardistes.

Vous allez encore prétendre que je ronchonne

toujours ? Mais écoutez le *Figaro;* vous ne suspecterez pas, je suppose, la compétence théâtrale du *Figaro*? Or, voici l'opinion de son critique dramatique : « Il m'a semblé comprendre que, au jugement presque unanime des spectateurs réunis ce soir, *Froufrou* a beaucoup vieilli. » Elle n'est pas d'hier cette constatation douloureuse, mais du mois d'août 1875.

Si j'essayais de vous persuader que, depuis 1875, la comédie de Meilhac et Halévy a rajeuni, vous auriez bien du mal à me croire, bien que les auteurs y aient introduit le mot de « vélocipède » histoire de la moderniser.

Bah! on s'est amusé tout de même ; aussi bien, il en reste quelques-unes de ces froufroutantes créatures — des impulsives, pas plus — répondant au signalement donné par Valréas : « Vous entrez, tournez, cherchez, furetez, rangez, dérangez, bavardez, boudez, riez, parlez, chantez, pianotez, sautez, dansez, et vous vous en allez toujours froufrou, et je suis bien sûr que, pendant que vous dormez, l'ange qui vous garde agite doucement ses ailes avec ce joli bruit : « froufrou ».

Seulement, au froufrou de ses propres ailes l'ange gardien, assez souvent, s'endort, et Froufrou tombe aux bras d'un Valréas quelconque — lassé de la baronne ou de la grande Charlotte — toujours inconsciente, naïvement perverse, « ondoyante comme le feu follet qui court à la surface hydrogénée des sociétés en voie de fermentation putride ».

Sur les cendres de feu Môssieu Joseph Prudhomme, je vous jure que cette belle phrase n'est pas de moi !

On discutait ferme, hier soir, l'interprétation du personnage de Brigard. Il paraît qu'à la création, Ravel avait pris son rôle tout à l'envers (il faut dire que c'était en 69); de Féraudy, lui, joue à la papa — c'est le cas de le dire; quelques vieux abonnés lui reprochaient de n'être point simiesque à l'instar de son chimpanzé de prédécesseur, qui avait toujours l'air en scène sur un cocotier : ce sont là questions au-dessus de ma compétence; laissons ces habitués de coulisses laver leur singe sale en famille.

La seule observation que je me permettrai d'adresser au nouveau Brigard, c'est qu'il devrait bien s'abstenir de farineux, il bedonne abondamment. Et, comme le disait tout près de moi une ex-almée de la rue du Caire, il devient très dense du ventre.

Non ! je ne donnerai pas non plus mon avis sur le jeu de Mlle Marsy; je suis trop galant pour cela.

Des soiristes français, tel est le caractère.

Je ne dissimulerai pas cependant que les spectateurs ne m'ont point semblé ivres d'enthousiasme, ni prêts à porter la jolie actrice en triomphe aux accents de la *Marsyllaise*.

23 MAI. — Vertement, l'on siffla *Monsieur Célimène* au Théâtre Moderne.

L'authoress de la chose, Mme Frédéric Grésac, signe « Fred », dans quelques canards pour snobs, des fantaisies chiquées, démarquages de Du Tillet, rinçures de Lavedan, sous-Martelages, ce que la littérature gyponnière produit de plus mouche. Sur la scène, c'est mourant. Ah! on l'a reconduit, son journaliste dos, courtisé par une duchesse (une dussèche, ma chère!), par une acteuse, par une élève de Mlle Romani qui fait ses dévotions à Notre-Dame de la Palette, par, etc., etc.

Mais, que diable, il s'agit d'une dame, soyons poli! Je change de ton. A moi les phrases académiques...

★

« Désexuez-moi! » Le vœu barbare et sublime de lady Macbeth, nos modernes dramaturges l'accomplissent. A Mme de Girardin, on doit une Tartufe, bien oubliée; demain, quelque Dennery en herbe nous exhibera un *Monsieur Phèdre*, féru d'amour pour sa belle-fille. (J'omets volontairement de rappeler le centon grotesque où M. Charles Morice, impuissant même à modifier un type, mettait en scène, commodément, *Chérubin*, Harpagon, Calino surtout.)

Et aujourd'hui, c'est un *Monsieur Célimène* aux coquetteries savantes, cœur sec, langue dorée, finissant, comme son modèle, par rester seul parmi l'abandon des dupes enfin éclairées. L'auteur n'a pas cru devoir imiter le style de Molière.

C'est un romancier, son héros, son irrésistible don Juan, ce « Trouble-Cœurs » comme l'appellerait Jean Jullien; au premier acte, dans son boudoir de travail, encombré de bibelots féminins, défilent les mille et trois admiratrices de son talent — de ses talents — duchesses, bourgeoises, cabotines, mais point de Jeanne d'Arc, car (reste de scrupule? abus de jeunesse?) ce gendelettre trop aimé n'apprécie que la seconde représentation des pièces; la première l'effraie; moi, au contraire, je demanderais une répétition générale; préférant être le second partout que le premier dans Rome, il n'est, à vrai dire, qu'un enfonceur de portes ouvertes ou, pour employer la métaphore musicale de son ami Lucien, « il ne fait vibrer que des lyres déjà accordées. » S'il se marie jamais, ce sera avec une veuve.

(Il est bête, ce romancier; si je mange une pomme, j'aime autant qu'un autre n'y ait pas mordu. Et vous?)

Outre cette exposition de principes, le premier acte de *Monsieur Célimène* nous vaut un gentil décor, une tirade de la duchesse d'Elbe (retour de l'île) sur les cocottes décorées de palmes académiques, et quelques-uns de ces mots cruels vulgairement appelés coups de Becque.

Un peu mélo, le deux. Nous apppenons que le romancier trop aimé refuse la main de Mlle Mériem, d'abord parce qu'elle est une vraie jeune fille (triple idiot, va !) puis, parce qu'il est l'amant d'une femme mariée, Mme Lesage (quadruple idiot, va !) épouse d'un membre de l'Institut (sextuple idiot, alors) avec qui il a eu un enfant. C'est avec la dame qu'il a eu ce bébé, pas d'erreur n'est-ce pas ? Bien que membre de l'Institut, le mari se doute de quelque chose ; probablement, il aura eu du mal à mettre son claque.

Pour finir, fête chez les Lesage ; toutes ces dames au salon ; si le premier acte nous avait offert des mots salés, une des invitées, tragédienne de son état, nous montre des salières.

Curieuse, l'intempérance des femmes trop maigres, ou trop grasses, à se décolleter. Et les autres, au contraire, les potelées sans excès, dûment entrelardées, elles ont la manie de tout enfermer dans d'absurdes corsages montants... Ah ! si j'étais le gouvernement !

Comme il est près de minuit et quart, la coquetterie de *Monsieur Célimène* est enfin punie. Toutes les dames le lâchent, si j'ose ainsi m'exprimer ; M. Lesage manifeste un moment l'intention de lui laisser sa femme sur le dos (ou sur les bras, comme vous voudrez), mais le romancier, né malin, proteste, et le bon cornard pardonne à l'adultère, qu'il ramène heureuse et guillerette, au logis conjugal.

Hélas ! hélas ! hélas !

24 MAI. — Aux Variétés, ils reprennent les pièces dont Léon Marx ne veut plus ; ce *Lycée de jeunes filles*, drôlet à Cluny, jadis, embête à présent tout le monde. L'obèse et poussif Gobin n'apprend pas mieux ses rôles qu'il ne faisait aux Folies-Dramatiques ; mais, comme il n'y a plus Guyon pour lui tendre la perche, on s'en aperçoit davantage.

24 MAI. — Je vous assure que le *Béguin de Nini*,

de M. Maurice Varet, est beaucoup plus amusant à voir qu'à raconter. Mais le devoir est là !...

Apprenez donc, ô vous qui n'étiez pas à Déjazet, que Nini est le surnom de l'incandescente Mme Cornebuse dont l'époux, directeur des Téléphones sous-marins, possède un secrétaire délicieusement gommeux, Oscar, lequel est, bien entendu, le « Béguin » de Nini. Or, Nini éprouvant le désir bien naturel de s'enbougivaler un dimanche avec son joli jeune homme, elle lui expédie une demande de rendez-vous que, pour plus de sûreté, elle adresse aux bons soins de M. Domergue, sous-chef à la même administration. Le chiendent, c'est que Mme Domergue, irascible et jalouse, trouve la lettre, la croit destinée à son légitime, s'emballe, jure de se venger, et file, elle aussi, avec le premier employé venu, à Bougival, à Bougival en France.

C'est dans ce port de mer que tout le monde se retrouve ; la fête y sévit ; une femme-torpille veut r'électriser Cornebuse, à qui elle a donné des secousses il y a vingt ans ; la grosse caisse retentit. Et, comme le troisième acte s'embellit d'une séance de magnétisme, Cornebuse est gratifié de la croix d'honneur.

J'ai ri comme un coffre.

30 MAI. — Pendant que Francisque Sarcey, escorté de la plus grande partie des sociétaires, est allé faire ses dévotions à Vienne, où il récite son « *Prater noster* » M. Claretie, pour utiliser ce qui reste d'acteurs à la Comédie-Française, nous donne une solide reprise d'*Athalie*. Et allez donc ! Dire qu'il se trouve encore des grincheux prétendant qu'on ne fait rien pour les jeunes auteurs ! J'ai plaisir à constater que Mlle Moreno est un adorable Zacharie ; quant à la musique de scène de Léon, elle ne vaut pas ses chapeaux.

Laudabunt alii... M. Mounet-Sully, vantant son masque tragique, et l'incontinence de ses hurlements, et sa coutumière épilepsie. Ce que je veux louer en lui, c'est la fermeté avec laquelle il s'est opposé à ce que Mlle Reichenberg vînt encore nous montrer les restes d'une voix qui tombe et d'une ardeur qui ne veut pas s'éteindre. Puisque son acte de naissance ne réussissait pas à convaincre la « doyenne » que le rôle du petit Joas ne lui convenait plus, M. Mounet-Sully, avec l'autorité d'un grand prêtre et d'un semainier, a eu raison de lui faire comprendre qu'elle paraîtrait, sous cette robe puérile, un peu grotesque, duègne plutôt qu'enfant, évoquant moins l'idée de Joas que le souvenir de Joas... sin.

Mlle Hadamard, en jeune fille juive, a bien de la grâce, et de la jeunesse et du charme ; je suis seul de cet avis, tout le monde autour de moi la déclarait exécrable, mais qu'importe ! c'est évidemment moi qui ai raison contre l'unanimité des critiques et des spectateurs, car enfin, si Mlle Hadamard n'avait pas les qualités physiques de ce bout de rôle, pourquoi diable l'aurait-on engagée ? Pas pour sa manière de dire les vers, je suppose ? Vous voyez bien que l'on doit se tromper en la trouvant au-dessous de tout.

Un vrai succès, par exemple, ça été celui de Silvain, dans Mathan ; quelle noblesse d'attitude ! quelle diction pure ! quelle vigueur aussi ! car il a mené les scènes où il paraît, tambour-Mathan.

Je saisis l'occasion par les cheveux — bien sûr qu'elle ne me rendra pas la pareille — pour mentionner une rapide et charmante biographie de Silvain par Armand Silvestre, Le poète de *Griselidis* rappelle que Silvain « oiseleur émérite, « pisciculteur honoré sur les bords de la Seine, « est encore un mécanicien redouté à bord de son « bateau à vapeur. Il n'est aucun de nous, les « poètes ses amis, dit Silvestre, qu'il n'ait tenté « de noyer en des expéditions nautiques dont « Saint-Ouen et Argenteuil ont compté les inno- « cents naufrages... »

Modeste prosateur, j'ai dû me contenter d'une simili-noyade en bateau à rames ; c'est au moyen d'une embarcation appartenant à l'éditeur Bernard Tignol (chez qui l'on trouve la brochurette en question) que Silvain, nouveau Carrier, voulut, un vilain jour, me retrancher du nombre des vivants. « Je rame comme personne », m'assurait-il. Comme personne, en effet ! Au bout de cinq minutes, le bateau avait la quille en l'air, et moi la tête en bas, dans la Marne. Ramené sur les rivages de Chelles par la poigne vigoureuse du tragédien, on m'affubla, pendant que mes effets séchaient, d'une robe et d'un corsage appartenant à Mlle... — qu'importe son nom ! — canotière appréciée dans tout le pays. Et les indigènes venaient contempler avec une curiosité surexcitée cette femme à barbe dont la vue ne coûtait rien.

Entre nous, le spectacle était bien aussi drôle qu'une reprise d'*Athalie*.

1er JUIN. — Curieuse, la salle du Vaudeville ! Un vent de malveillance soufflait de toutes parts ; des *chut* indignés bruissaient dans les coins ; on voyait s'agiter nerveusement des éventails désapprobateurs.

« Quel vilain homme, cet Henri Lavedan qui *nous* attaque ainsi ! » me dit d'une voix suffoquée, le vicomte de Lardillon de Laboucle de Monbissac, un daim eflanqué, dont la noblesse remonte à la dernière exposition.

Et la grosse petite baronne d'Orseuil déclare que les gens bien nés ne pourront plus mettre le pied au Vaudeville ; elle est bien née elle, oui, bien née Chouilloux, et son estimable vitrier de papa remettait des carreaux aux croisées sans prétendre, comme elle, en descendre.

Malgré ces petites protestations avortées, ces petites rages sournoises, le vrai public n'a cessé d'applaudir les types dessinés par l'auteur du *Prince d'Aurec*, avec une si jolie méchanceté.

Le prince, d'abord (Henri Mayer plus élégant que jamais), un grand seigneur terminoséculaire, conducteur de mailcoach, railleur, ennuyé, fort indifférent aux enseignements de l'histoire, assez sceptique pour considérer le cilice de Saint-Louis comme une veste, la poule au pot d'Henri IV comme un canard, et très modérément désireux d'un changement de gouvernement, attendu que, si le roi rentrait dans sa bonne ville de Paris à cheval, on le mettrait à pied. Une seule chose l'inquiète, la « culotte » prise en compagnie du prince de Galles, et le papier qu'apportent des huissiers innombrables, du papier aussi timbré que le faux duelliste Roulez.

Mince, élégant, de jolie tournure, le romancier Montade (Grand) est phychologue assez avisé pour reconnaître bientôt que les beaux esprits de « la Haute » s'intéressent uniquement aux chevaux de course et qu'un homme de lettres serait bien fou d'attendre des encouragements d'une Société qui s'occupe surtout de Sociétés d'encouragement.

Un personnage partout méprisé, salué partout, ce Chambersac, dont les quartiers de noblesse sont aussi indiscutables que la dèche, mais qui lutte contre la mauvaise fortune avec beaucoup de Sagancité, place des vieilleries de famille, maquignonne des pur-sang et des mariages, retrouve les parchemins égarés, va-t'en-ville...

L'aristocratie n'est pas seule à protester, la juiverie grogne aussi, rageusement. Pourquoi ? Certes, je suis plutôt antisémite, mais du diable si c'est pour un tel motif, d'ordre inférieur et extra-littéraire, que j'applaudis *le Prince d'Aurec !* Tout au contraire, je maintiens qu'en la pièce verveuse et frémissante de Lavedan, le baron de Hirsch, de Horn... il n'importe... est ce que les anatomistes désignent ainsi : « le grand sympathique. »

Pardieu ! ils nous la baillent bonne, avec leurs tardifs mépris, le d'Aurec et sa hautaine compagne, indignés que ce « juif insolent » — comme ils ont le front d'appeler leur magnifique prêteur — renacle enfin après de si coûteuses complaisances, et frappe sur la table, et vocifère qu'il en veut pour son argent ; cinq cent mille francs, s. v. p. ! il les a versés pour entrer au Jockey et dans... hum! dans l'intimité de la princesse ; le club lui reste clos, le reste aussi ; on le détrousse, on le berne, madame d'Auree lui prodigue des impertinences qu'elle risquerait à peine contre sa belle-mère ; mais, mais, mais Philippe le Bel lui-même applaudirait ce baron de l'almanach Golgotha (le mot a traîné partout) pour sa véhémence à secouer ces tapeurs princiers, synthétisant la pourriture insolente et la cancéreuse élégance dont crèvent les aristocraties fichues, fourbues, foutues, plus youtres que les vrais youtres. Vive Drumont !

Et la comédie peut bien piétiner pendant deux actes, s'ouvrir par une scène d'exposition larbinesque peu neuve, abonder en mots d'auteur, en tirades trop écrites, en hors-d'œuvre futiles, n'empêche que c'est d'un juteux !

J'allais oublier les décors. Ils sont exquis. Celui du deux, surtout, les salons de la princesse qui donne une grande fête ; elle a pris le costume de Marion Delorme (de l'orme sous lequel attendent ses créanciers) ; le prince semble un peu las sous la cuirasse du connétable son aïeul, un gaillard de la rude époque où l'on ne passait pas les nuits à tirer à cinq ; quant au baron, il arbore une robe indienne constellée de pierreries ; et le juif étincelle, rutile, resplendit, parmi ces aristocraties à leur déclin, ce l'répuscule des Dieux !

3 JUIN. — Soirée tout intime au « Théâtre Ésotérique » pour les admirateurs d'Adolphe Retté.

Le Rêve, cette seconde vie que nos pas résignés de mélancoliques voyageurs traversent — à l'heure où la vie réelle flotte autour de nous comme un voile de funérailles — l'insaisissable réalité du Rêve, éclose du sommeil des haschichins devait tenter un subtil esprit, à une époque lasse de réalisme brutal, ivre de toutes les incarnations du songe.

Un livre devait résumer esthétiquement cet état d'âme. Ce livre, « où le monde des esprits s'ouvre pour nous », où la magie de l'art et de l'opium nous reconduit, hôtes charmés, dans les vaporeux palais nomades des *Poèmes en prose* et des *Paradis artificiels*, s'est formé peu à peu dans l'esprit délicatement oseur du poète de *Cloches en la nuit*. Il s'appelle *Thulé des Brumes*. Commencé à Paris, en octobre 1889, il fut achevé à Tours, en janvier 1891. Automne, hiver, ce sont bien les saisons qui conviennent à l'évocation de l'Ile lointaine, enténébrée, *si perdue au fond de la mer boréale qu'il faut être* NOUS *pour la connaître; Ile légendaire et nostalgique aux bons poètes*... Mais, y a-t-il encore des saisons, des heures, des décors et des paysages pour l'âme captive du Haschich?

Cette mystérieuse et baudelairienne Thulé n'est que la cité intérieure qu'habite le Songe, prince hautain et solitaire; et le livre, plein de frissons nouveaux, où l'artiste depuis peu réveillé consigne son rêve, c'est le miroir des légendes toutes subjectives.

Les *Mémoires d'un Rêve*: tel est le but artistique que se proposa le voyant solitaire, M. Retté. Quelques spectateurs ont paru inquiets de cette prose neuve, de ces songeries inaccoutumées; mais pour les initiés, quelles délices!

Une curieuse citation d'Egœus manifeste nettement cette transposition complexe qui rend le songe palpable comme la réalité, et la réalité fumeuse comme le songe:

> Ce sont choses crépusculaires
> Des visions de fin de nuit;

le véritable auteur d'une pareille hallucination écrite, c'est la Folle du logis, dont s'est toujours un peu méfiée la clarté latine; c'est la reine Fantaisie qui règne aux bleus nocturnes de Shakespeare, de Gérard de Nerval et de Henri Heine. Parenté intellectuelle qui n'a rien pour surprendre, l'auteur appartenant à cette Wallonie charmante, amoureuse de la truculence et de la sveltesse; son petit livre est dédié à M. Albert Mockel, le poëte métaphysicien de *Chantefable un peu naïve*; et toute cette littérature du Nord, ultra-moderne et moderniste volontiers, s'incarne dans la « *fragile adolescente, épousée demain peut-être d'un magicien hors d'âge,* » d'une féminité mignonne et savante, un tantinet perverse. Ne la plaignons pas trop d'un pareil hymen, la songeuse espiègle, car elle va rendre de furtives visites aux jeunes hommes amis de la chimère vaporeuse et du mot sonore, et cet idéal de collaboration produit des quintessences telles que *Thulé des Brumes*.

Pourquoi faire à M. Retté l'injure d'analyser son livre? L'envol crépusculaire des visions intimes ne se laisse pas mettre en cage. La meilleure analyse et le plus vif éloge que l'on puisse faire de l'œuvre, c'est de la lire jusqu'au bout, charmé. De tels volumes passent trop vite, comme les belles *Passantes* et le *Plein rêve*. Depuis les vers plus que hardis du *Prologue*, depuis les *Fumées nocturnes* et les *Ombres sur le mur* jusqu'à cette exquise *Philosophie du pauvre* qui rêve encore, éveillé, seul en cette chambre où furent des joies, — et dont la mélancolie s'attache à l'essence des choses, — M. Adolphe Retté nous apparaît comme ces artistes étranges qui conservent dans le rêve leurs facultés créatrices, qui créent en songeant; l'imagination travaille, la mémoire persiste, trop même, au gré de quelques auditeurs sévères qui notèrent, à l'audition de *Thulé des Brumes*, des souvenirs un peu trop directs: mais en rêve surtout l'artiste n'est-il point excusable de prendre son bien où il le trouve?...

La forme de M. Retté, romantique et wagnérienne, néologique, séduisante, vespérale, à la couleur imprécise, est très adéquate à l'idée et le parfum rare qu'exhalent ces proses convient harmonieusement à la rareté du phénomène intellectuel. Devant Thulé brumeuse, le poète peut s'écrier: « *Ah ! tu le sais comme moi, c'est bien là notre île. Tu te rappelles tant de rêveries perdues sous les colonnades sifflantes des sapins aux senteurs robustes, tant d'errances en l'or onduleux des genêts !... Les girandoles se sont éteintes, les chœurs tus... il fait froid... Des siècles ont coulé, je m'imagine, car je me sens très vieux depuis tant d'hiers...* »

Le Pauvre est revenu de l'Au delà, sain et sauf; après la vie éperdue, anormale et grandiose du haschich; comme Faust, le haschichin est sauvé. Un miracle l'a défendu contre l'abîme prohibé de l'Art triste et de l'Ivresse solitaire.

« Le bonheur se fait avec des rêves. » Et quand le péril est passé, lorsqu'elle redescend dans la vie qui est l'action, l'âme, est libre de garder en elle le souvenir de son expérience et l'émoi du souvenir.

5 JUIN. — C'est, rue Benouville, un millier de voitures pour le moins, avec, dedans, toutes les plus jolies « impures » de Paris. Ne me demandez pas leurs noms, ni leurs adresses, même contre rétribution ; je ne mange pas de ce blanc là !

A tout seigneur... Celui du cirque Molier s'exhibe lui-même, montant à cheval comme le Fritz de la *Grande Duchesse* montait en grade, comme Lemice-Térieux monte des bateaux : merveilleusement.

Puis, Mlle Marville dompte le cheval Toto — et tous les cœurs. (Hein ! quand je m'y mets !).

Ludus pro patria, c'est une pantomime éroticomilitaire entre une bonne d'enfants et deux tourlourous. On me dirait que M. de Freycinet va décorer les auteurs que je ne m'en étonnerais pas.

La chanteuse équestre, Mlle Camille Stefani, galope un lied nouveau de Jean Lorrain, — nouveau et coquet — qui fait pâmer toute une assistance de connaisseuses :

> Œillet rose et gardenias
>   A la boutonnière,
> Du rond-point des Acacias
>   A la Potinière,
> Je trotte chaque matin
> Pour voir passer le « gratin »
>   Paris et Cythère

Mais le lion de la soirée a été un bœuf, et ce bœuf a été enlevé par San-Marin — je ne parle pas ici de la petite République, mais du grand lutteur.

Juché sur un échafaudage de quatre mètres, l'Hercule-fin-de-siècle se raidit, se cramponne à une barre d'appui, et à l'aide d'une chaîne fixée à sa ceinture, enlève son bœuf suspendu, un bœuf pesant 1,250 livres. — Tonnerre d'applaudissements..!

J'aimerais mieux enlever trois jeunes filles à leurs familles..., et pourtant, croyez-en quelqu'un qui a souvent essayé, ce n'est pas facile !

9 JUIN. — Le Théâtre Cluny détrousse le Palais-Royal, auquel appartenaient *Monsieur de Beaubijou*, trois actes d'Hippolyte Raymond, peuh !... et *Brelan de troupiers*, vaudeville assez court et assez drôle de Dumanoir.

Etienne Arago (est-ce bien Etienne ou un autre Aragouin ? il n'importe), mit la patte à cette pochade soldatesque où nous voyons Lureau vieux briscart, Lureau invalide, Lureau conscrit. Comme on ne nous exhibe pas Lureau Escalaïs, il n'y a que demi-mal.

10 JUIN. — Depuis douze minutes sévissait le *Chevalier du Passé*, et déjà l'Ange de l'Esclaffement étendait ses ailes hilares sur le Théâtre moderne ; aguiché par le décor, suggestif, oh !

combien! de Maurice Denis — Puvis de Chavannes retour de Tokio — le somptueux auteur de l'*Art impressionniste*, Georges Lecomte, tenait bon ; mais Jules Lemaître souriait, comme souriaient Fernand Vandérem et les *Joannes orbis* (les gens du monde, quoi !). Tant qu'aux... ça se dit beaucoup... tant qu'aux mal élevés, ils rigolaient ferme ; il y avait là surtout quelques dineurs de *la Plume !* oh, les vilains ! Alorsse, on vit s'avancer sur le proscenium, raide comme un piquet de bookmaker, un feutre mou dans l'œil, son monocle sous le bras, Edouard Dujardin luimême, en sifflet, les yeux illuminés d'espoir — *Frac et spera*. — Et : « Vous êtes tous mes invités : ceux qui trouvent ma pièce trop comique peuvent calter. » Si ce ne sont ses paroles expresses.. : c'est pourquoi je veux narrer seulement, sans apprécier l'ours de cet amateur. — *L'Ours et l'amateur Dujardin*, fable.

Le *Chevalier du Passé* appartient à un cycle en trois parties, un tricycle, dont nous connaissons *Antonia*, et sur lequel Edouard compte pédaler vers les portes ouvertes, cueillir les belles feuilles toujours vertes qui gardent nos noms, etc. *Cycle itur ad astra*.

L'Amant crapsé, Antonia a levé vers le ciel des bras de désespoir, puis des jambes consolées. Elle est à présent la Courtisane (Mlle Mellot, mellotdramatique à souhait). Autour d'elle circuitent quatre Floramyes comme les sorcières de Macbeth autour d'une autre marmite. Elles lui recommandent de ne pas oublier son blanc gras, parce que les étrangers vont bientôt venir. « Il est midi ! » clame un Frontin symbolique et évanescent. Les Floramyes récitent un peu de *Lohengrin* (1er acte), mais au lieu du héros cygnalé, l'ésotérique Circé voit arriver au parc un gigolo en jaquette, une façon de Mounet-Sully en redingue noire et un pauvre vieux photographe désabusé. Les r'çoit

d'un' façon charmante ; la toile tombe chastement ;
à la cantonade, bruit de cuvettes.

Au deux, le chevalier Lugné-Poë du Passé apparait : enlacements, lyrisme toc, plagiats de *Tristan.* A voir son ex à la clarté maudite du jour — *der kecke Tag*, — il la déclare fanochée ; ses lèvres, il leur trouve comme un goût.

>On dirait qu'elles ont appris
>Des sourires tout autres que ceux que jadis
>Notre amour y avait mis ;
>Mais en revoyant l'infidèle
>Mon cœur n'a plus senti d'émoi,
>Et Musette, qui n'est plus elle,
>A dit que je n'étais plus moi.

Finissons : départ des quatre Floramyes, qui cassent un peu de sucre sur la tête de leur patronne.

>Elle a livré son cœur de folle
>Aux dangereuses hyperboles.

Départ des trois pontes mélancoliques — *omne animal post zizipanpan triste ;* — départ de la Courtisane qui fuit seule, repentante, vers l'inconnu, vers l'absolu. Je parie cent sous que l'an prochain, cette pécheresse sera rédimée par quelque Parsifal à la coule.

Mon opinion..., mais n'oublions pas que nous sons invités.

A quand le souper de centième ?

★

P.-S. — Après la représentation du *Chevalier du Passé*, les personnes que la littérature de M. Edouard Dujardin incommode, devront absorber sans retard six tasses de Thé Chambard (exiger la véritable marque) et se faire poser douze sangsues derrière chacune de leurs apophyses mastoïdes. Ça suffira peut-être.

27 JUIN. — L'antépénultième pièce représentée à l'*Antonius-Theater* a réussi. Il y avait docquois.

Mélie, blanchisseuse bellevilloise — toutes les

qualités de l'empois — va convoler en justes noces (et festin au Lac Saint-Fargeau, 3 francs par tête) avec François, terrassier d'attaque, mais portant le monocle avec moins d'aisance, avouons-le, que le prince ce Sagan. L'aime-t-elle ? Non. C'qu'il lui laisse la peau fraîche ! « Alors, l'épouse pas », conseille Zulma, ex-camarade d'atelier, qui lasse de faire des repassages et de couler le linge, fait les passages et est à la coule. Fervente de Malthus : « Pour sûr, Mélie, que t'auras des ribambelles de salés ; quoi qu'ils briferont, les pauv' gosses ? » Thème qu'elle amplifie avec une verve ambiguë et comique, la prévoyante Zulma, sachant qu'il est malaisé de boufer à sa faim. V'là Mélie à cran. Elle renaude. Et juste, s'amène Zidore, son frangin, avec un vanne rupin : *D'mandez l'assassinat de cinq enfants par leur mère dans le besoin*. A table François épelle l'effroyable et banal *Drame de la misère*. Frémissante, Mélie court à la porte. Le père effrayé crie : « Quèqu'tu fous ? — J'fous le camp, » répond, du tac au trac (ut ait d'Axa, esquire), la Fiancée du Terrassier. Et, dans la foule indifférente, elle plongea froide et mourante. Le terrassier était fumé.

Dans *Mélie*, très justement acclamée, je crois que M. Georges Docquois abuse de l'argot. Les souteneurs le parlent, et nous ; l'ouvrier, peu.

★

Sombre drame subjectif de MM. Couturier et J. Perrin, *les Fenêtres*. Antoine traduit puissamment les remords d'un assassin acquitté, que sa femme et sa fille après avoir extorqué l'aveu à ses angoisses du névropathe, plaquent délibérément. Ecriture sobre et poignante. Adresse infinie. Mais je n'aime guère le vitrier, qui remplace les carreaux cassés par la populace avec des sentences désireuses de paraître shakespeariennes, et seulement maeterlinckocasses. Ce qu'un grammairien appellerait l'imparfait du subjectif.

✱

Élevés ensemble, frère et sœur presque, Urbain et Yvonnette ; pourtant, il la possède. Pour atténuer l'horreur de ce *Péché d'amour* quasi incestueux, MM. G. Loiseau et Carré le compliquent d'un sacrilège : Urbain est prêtre. Quand la fille s'avoue grosse, il défroque. Mais il veut trop prouver qu'il a raison, en tirades trop bien agencées. Et pourquoi s'attable-t-il sans préalable *Benedicite* ? N'empêche qu'en cet acte brillent de séduisantes qualités scéniques.

Ce curé malfaisant, qu'il faudrait détruire à l'aide de la fameuse « Poudre incesticide contre les cafards », Laroche le représente, fatal et brun, et qui gesticule comme Paul Hugounet démontrant l'excellence de la Pantomime.

8 JUILLET. — Mon cher ami, vous vous désolez à l'idée de partir pour Bayreuth, où vous appellent vos fonctions de critique musical. Pourquoi quitter Paris ? Rien de plus facile que de rédiger une appréciation compétente et impartiale, sans entendre les œuvres qu'on critique. Ça se fait beaucoup. Voici quelques renseignements qui pourront vous aider à confectionner votre petit travail.

Tristan, c'est le muet Vogl (« ténor » prétend une audacieuse affiche). Evidemment, il joue avec entrain ; mais pas un son ne sort de sa bouche édentée, pas un ! Et dame, ce duo d'amour du second acte — malgré le divin « Schlummermotiv », malgré les extasiantes progressions du « Sterbelied » — il semble un peu longuet, quand une seule personne le détaille.

Les *Maîtres chanteurs*, cet excellent Bertrand (chevalier de la Légion d'honneur) compte les représenter bientôt ; Victor Wilder (chevalier de la Légion d'honneur) a fourni une traduction qu'il a promis de ressemeler bientôt ; Edouard-Juda

Colonne (chevalier de la Légion d'honneur) déclare que « ça ne sera rien du tout à monter ». Attendons.

M. de Saint-Auban, dans son très curieux « Pélerinage à Bayreuth », a donné de *Parsifal* une analyse que les wagnériens purs — de rudes gars, allez! et musiciens comme des suspensoirs! — ont trouvée incomplète. Elle est excellente. S'y reporter.

Reste *Tannhœuser*. Vous en connaissez la Marche, le Chœur des Pèlerins, la Romance de l'Étoile, peut-être même la Prière d'Élisabeth? Ça suffit pour causer dans les salons. La Marche, mon Dieu, c'est une Marche; écrite en *si*, les apprentis tapeurs la triturent généralement en *si bémol* parce que c'est plus facile; le Chœur se chante sans accompagnement, et d'un faux! Certaine marche harmonique grimpant par intervalles de tierce mineure, à quatre temps au *un*, se reproduit à trois temps au dernier acte, baissée d'un demi-ton parce que les Pèlerins sont fatigués de leur excursion. Quant à l'*Abendsternlied*, il traîne partout. Et la Prière, vous pouvez en parler sans crainte, car pas un gendumonde ne la connaît.

Le reste de l'œuvre, les critiques français le découvriront dans une vingtaine d'années; ne soyez pas plus pressé qu'eux. Dans les dîners de mélomanes, signalez discrètement que le Chant des Pèlerins s'arrête sur un inquiétant accord de septième dominante sans résolution; les convives resteront si baba que vous pourrez en reprendre (du baba) sans être remarqué.

Chez Fischbach, à Paris, chez le Badois Wild, chez Breitkopf, en Brabant, on trouve une brochure de M. Dwelshauvers « pour servir d'introduction à l'étude du drame de Richard Wagner ». Je ne dirai pas que l'auteur est Belge, parce que cette révélation exciterait l'ire de Wilder, mais je citerai quelques passages de son petit travail, de son charmant petit travail à l'usage des michés tannhæusérieux :

A. — *Les tremoli dans les régions hautes... semblent suggérer la secousse psychique.* (A toi, Barrès, père de Petite-Secousse !)

B. — *Une blanche vaut 69.* (Voilà qui va bien !) *Tannhæuser paraît avoir déjà reconnu sa position vis-à-vis de Vénus.* (Ça ne lui en fait plus que 31 à reconnaître.) *Il n'en est plus au premier élan ; il réfléchit.* (Peuh ! déjà ?)

C. — *Une gamme chromatique indique leur impuissance.* (Ingénieux, ingénieux.) *Des Bacchantes excitent les Nymphes à une agitation croissante.* (Ingénieux aussi.)

Je crois que ça se vendrait beaucoup, chez le Kistemaeckers.

9 JUILLET. — Comme les bijoux indiscrets célébrés par Diderot, cochon grandiloquent, le *Bijou de Stéphana* révèle des choses, oh ! ma chère ! C'est une sorte de boîte à sardines idoine au dépistage des lapins. Ce sincéritomètre sonne à l'audition d'un aveu convaincu, incandescent, centrifuge et centripète. Il se tait quand c'est du battage.

Or, Stéphana — simple cocotte, comme vous et moi — renaude parce que son amant désire se conjoindre avec une jeune miss, plus vierge ; et elle fait des pieds, des mains, du... enfin de son mieux pour récupérer le lâcheur, avec le beau-père duquel, coïncidence ultra-stupéfiante ! elle fornique également. Si bien qu'un Mormon, père d'une demi-douzaine de filles nubiles, joyeuses de se décarcasser (au *deux*) en un moulinrougeoyant quadrille, les case, toutes les six, voui, monsieur ! à un présomptueux jeune homme, subit partisan de Brigham Young, et qui pourra, de la sorte, en compagnie de ses six épouses, légalement batifoler du lundi au samedi. A chaque jour suffit sa belle. Le dimanche, il fera la fête avec Stéphana.

Cette folie contagieuse de l'ami Bernède, Dubarry adjuvante, a précipité les spectateurs de Cluny dans les convulsions d'une gaité maladive qui ne manquera pas d'occasionner, chez les plus sanguins d'entre eux, de très graves accidents.

10 JUILLET. — Oh! sans blague, mon pauvre Hugounet, ça vous intéresse, mon opinion sur la pantomime et sur la musique? Je n'en reviens pas! Est-ce parce que j'ai un peu houspillé votre *Fin de Pierrot,* jadis, que vous croyez à ma compétence? Quelle idée époilante! Elle a dû vous venir de nuit, en entendant chanter Yvette Guilbert. Et vous allez, comme ça, consulter des tas de gens de lettres? Vous n'en tirerez que des réponses consternantes d'ineptie, c'est moi qui vous le prédis; tous musiciens comme des putois, tous!

— Il y a des exceptions, homme passionné : Baudelaire.

— Ah! je parle de ceux qui ne sont pas encore morts. Parce que je me sépare de mes cheveux, croyez-vous que j'aie fait mes classes en même temps que Baudelaire? Je vais vous envoyer une paire de témoins, interviewer gonflé d'insolence!

— Voyons, voyons soyons sérieux, est-ce que Huysmans...

— Je sais bien : il a élevé à la louange de *Tannhaeuser* un petit monument en phrases astucieusement polychromes, c'est vrai; mais lisez *A Rebours!* son des Esseintes, pour se désembêter, tente les raffinements les plus pervers : il respire des fleurs puantes, il fornique avec une ventriloque, il se gorge de vespetros compliqués; je crois même qu'il va jusqu'à lire du Léon Bloy. Pas un instant il ne songe a entendre un peu de musique.

— Soit, mais Daudet...

— Pis encore, le petit Chose : dans tous ses romans on chante, mais quelles abominations! « Ay Chiquita » dans *Fromont,* une romance pleurarde de Mme Massenet, dans le *Nabab*...

Ne parlons pas du Sâr, fuligineux wagnérien de la dernière heure, qui connaît la Tétralogie comme le bon sens français, de réputation. Mais ce jeune de si grand talent, Jules Renard ! Je lui ai entendu soutenir que la peur de la musique est salutaire comme celle de la débauche. Il fréquente l'Opéra une fois l'année, pour faire l'ange, comme on s'offre une orgie de temps en temps, quelque samedi soir, après une longue période de dur travail, pour faire la bête.

— Simple paradoxe.

— Possible ; Renard est le prince du fumisme à froid — un prince sans rire — et il s'est peut-être bien payé ma noble tête de vieillard. Mais rappelez-vous la définition de Taine, pas un fumiste celui-là : « La musique éveille toutes sortes de rêveries agréables. » Je ne sais plus où se trouve la phrase...

— Dans son *Voyage aux Pyrénées*.

— Pas probable ; elles n'existent plus depuis Louis XIV. En tout cas, c'est l'opinion arborée par les quatre-vingt-dix-neuf centièmes des gens de lettres. (Le dernier centième est sourd et s'occupe de critique musicale.) Des rêveries agréables. Un point, c'est tout. Ils considèrent la musique comme un haschich pas coûteux dont on peut user sans crainte de se démolir l'estomac.

— Rassurez-vous, j'interrogerai aussi des musiciens.

— Alors, ce sera coquet ! dès qu'ils ont l'audace d'écrire sur du papier sans portées, leurs opinions n'en ont pas non plus. On confectionnerait une gaffologie délirante avec les chinchollismes lâchés par les compositeurs. Tous, depuis Wagner, s'il est le premier, ce que je crois, jusqu'à Serpette, s'il est le culot, ce que j'admets, tous bafouillent. Ludger Rossignol (*dit* Victorin Joncières) morigène Berlioz ; Berlioz exulte parce que les abrutis de l'Opéra sifflent « le mauvais style » de Wagner ; Wagner lui-même s'extasie devant certaines bobêcheries d'Auber; je ne parle pas du papillonnant Saint-Saëns, qui change d'avis comme de résidence. Quant à Weber — pas celui d'Hébrard, celui d'*Euryanthe*, un Monsieur — il traite les œuvres de Beethoven de « chaos incompréhensible », et, après la symphonie en *la,* déclare l'auteur mûr pour les Petites Maisons.

— Si nous revenions à nos moutons, hein? Etes-vous partisan de la pantomime à la note?

— Energiquement. Je ne voudrais pas contrister le champfleuriste Paul Eudel, qui, si j'en crois les bruits de Londres, est revenu le soir de la première de *La Statue du Commandeur* au *Prince of Wales Theater* saluer le public avec un buste de son idole sous le bras; mais, véritablement, ce pénible faïencier de Champfleury devait être déjà sérieusement raplapla quand il préconisait l'idée, si molincharde, d'une pot-bouille musicale, « discrète pour ne pas gêner l'inspiration des mimes ». Vieille oie de Noël! Vieil amoureux de Sainte-Périne! Ça serait du propre, les improvisations des cabots!

Non, non, leurs pas, leurs gestes doivent être précisément, minutieusement réglés, ou alors, c'est de la bouillie pour les chats. Seulement, il faut que le compositeur français, né malin, ait soin de ménager, toutes les dix mesures, un reposant point d'orgue; c'est là que l'acteur et les instrumentistes se rejoignent, soufflent un peu. Et l'on repart ensemble, ou à peu près.

Je ne sais guère qu'une partition où l'on ait pu se passer de ce truc innocent et commode, *le Collier de Saphirs,* pour lequel mon ex-collabo Pierné écrivit une musique si délicieusement adéquate (comme disent les critiques instruits) au poème de Catulle Mendès. Mais des artistes aussi intelligentes, aussi déliées qu'Invernizzi, en connaissez-vous beaucoup?

— Eh! Eh! Mais la question n'est pas là. Etes-vous partisan du *leit motiv?*

— Parbleu ! il faudrait être estropié du cerveau pour renoncer à ce merveilleux moyen de s'exprimer et de se faire comprendre par les ânes bâtés qui composent un public ! Où trouverait-on une notation plus logique, plus précise, plus dramatique des sentiments et des pensées ?... Avant tout, que les motifs caractéristiques aient de l'accent, plus de relief qu'une plaine beauceronne ou que ceux de Saint-Saëns, indiscernables à l'oreille, qu'on distingue seulement en lisant la partition si l'on a beaucoup de temps à soi, l'habitude de cet exercice ingrat, et, pour se reconnaître dans ce labyrinthe proprement ratissé, le fil conducteur dévidé par Charles Malherbe, Ariane du *Monde artiste*. Au besoin, on peut en emprunter quelques-uns chez le voisin, à condition de les lui rendre ensuite, comme a fait l'ami Paul Vidal, gars talentueux d'ailleurs.

— Par exemple !

— Mon Dieu ! oui ; demandez plutôt à Chabrier. Le motif de Colombine, dans la *Révérence*, en *si bémol*, je crois, est décalqué note pour note sur ce thème de la *Sulamite*

> Dans l'émeraude de ses yeux
> Se fond le saphir des cieux.

Je chante bien, n'est-ce pas ?... Le danger, c'est d'adopter, comme Massenet — « Wagner pour cabinets particuliers », disait l'ouvreuse du Cirque d'Été — comme Massenet dans son *Esclarmonde où l'on s'ennuie*, des motifs indéformables, irrétrécissables, par exemple l'« O divine Esclarmonde ! » exaspérant, qui revient 964 fois dans la partition.

Que diable ! les *leit motiven* ne sont pas des étiquettes musicales collées par le compositeur sur le dos de ses pantins, mais, comment dire... mais des éléments plastiques exprimant les sentiments essentiels qui se développent dans le drame ; ils doivent se modeler sur les situations, se métamorphoser au choc des faits, aux conflits des passions, s'identifier par leur force expressive aux impressions mêmes qu'éprouve le spectateur. Comme l'a exposé, dans feu *Art et Critique*, mon excellent copain Henry Gauthier-Villars, c'est une vie émotionnelle qui s'organise à l'orchestre et qui évolue sous la parole et le geste humains, infiniment poétique et suggestive... Ah! ah! vous ne riez plus, mon gaillard ?

Eh bien ! vous saurez désormais — et vous en témoignerez, au besoin — que Willy, à l'occasion, peut être aussi embêtant que Johannès Weber lui-même.

Entre nous, vous devriez interviewer le seul critique musical vraiment ferré sur la question du thème conducteur et sur tout le bataclan wagnérien, c'est mon ami Alfred Ernst. Sur ce, mon cher, je ne vous retiens pas.

— Une dernière question : le livret doit-il être triste ou gai ?

— Il doit être intéressant. Pourquoi ne me demandez-vous pas aussi si une femme doit être brune ou blonde? Qu'elle soit jolie d'abord et nous causerons...après. Supposons que je devienne président du Cercle Funambulesque et enclin à la mélancolie (deux hypothèses incroyables), pensez-vous que je m'aviserais de recaler les pantomimes gaies ? Pas si bête ! Je m'occuperais seulement de choisir de bons livrets, de séparer, comme dit l'Ecriture, livret du bon gain.

— Oh ! Willy !

— Vous avez raison, je glisse sur une pente dangereuse et savonnée. D'ailleurs, je n'ai plus rien à vous dire. On m'attend pour déjeuner à onze heures et demie ; il est midi ; j'aurai de la peine à ne pas arriver en retard. Filons.

Voyez-vous, la pantomime, elle a du moins cet avantage de supprimer les mots d'auteur, les couplets de facture, les plaisanteries qui font long feu, tout cet arsenal — rouillé depuis Wagram, — dont les vaudevillistes fourbus, les seuls qu'on joue, s'entêtent à encombrer le théâtre. Aussi la plus exécrable de ces gesticulations silencieuses, je la saluerai toujours avec reconnaissance, le livret en fût-il bâti par n'importe quel sous-Burani vaseux, et la partition écrite par... que je vous cite un croque-notes bien minable... par Gaston Lemaire, tenez! — Bonsoir.

BAYREUTH, 21 JUILLET 1892. — Hier encore, à peine une mélancolique voiture de place et deux commissionnaires inoccupés devant la gare de ce Bayreuth aux rues trop larges, où l'on ne voit pas, en temps ordinaire, plus de cinquante personnes dehors à la fois, bien que la ville compte près de 24,000 âmes, à en croire le véridique Bædeker, qui, semblable à Kundry, « sait beaucoup et ne ment jamais ».

Aujourd'hui, les carosses défraîchis, tirés sans hâte par un seul cheval attelé à la gauche du timon, les landaus aux cochers devenus subitement âpres, les antiques berlines remontant, pour le moins, à l'époque de la Margrave, ont peine à circuler parmi les pèlerins que se disputent d'engageantes logeuses : « *Komm ! Komm ! holder Knabe !* », filles-fleurs dont les prévenances augmentent encore le désarroi des Parsifals fraîchement débarqués.

Nombreux, certes, les Allemands lents à lunettes d'or, les Français bavards et pressés, les Anglais rigides qui envahissent la ville, encombrés de parapluies — point inutiles, hélas! — de guide-âne, où sont consignés les principaux *leitmotive* avec leur explication, et de couronnes de fleurs qu'ils déposeront sur la massive pierre carrée, nue, d'une désagréable affectation de simplicité, qui recouvre le tombeau de Wagner ; nombreux, les adorateurs zélés qui achètent des boîtes de papier à lettre wagnérien blasonné (rouge et or) du thème de la Cène, des pantoufles-Parsifal où le père de Lohengrin est représenté, au point croisé, à genoux devant la sainte lance, des pipes de santé Bayreuth avec, sur le fourneau, le portrait du maître et la mention « injütable ». Les garçons en habit noir graisseux, les *Fræulein* aux nattes voltigeantes du buffet de la gare, servent, pour accompagner des lacs de café au lait, des Ossa de petits pains et des Pélion de ronds de beurre ; les gamines sales, qui trottinent pieds nus, et les gamins, bottés dès l'âge de dix ans, reçoivent en deux heures plus de pfennigs qu'on ne leur en a donné depuis le commencement de l'année. Hypnotisé par ce flot de voyageurs inattendus devant sa caserne, le planton bavarois, tout bleu, oublie de rendre les honneurs au sec lieutenant de chevaux-légers (prononcez *chfoléché*), qui le tance ; et la liste des *festgæste* s'allonge, interminable, où M. Albert Carré, pour avoir envoyé son adhésion sur du papier estampillé, sans doute, « cabinet du directeur », est qualifié chef du cabinet, tout simplement.

Cependant, M. von Gross, le grand administrateur du comité, le grand organisateur, le grand logeur, voudrait plus de visiteurs encore. Car le Wagnerverein de Vienne vient de lui jouer un de ces tours ! (Ne le répétez pas, c'est un secret.) N'ayant pas réussi à obtenir les réductions de prix auxquelles des relations d'amitié et un fanatisme wagnérien établis de longue date devaient, pensait-elle, lui donner droit, cette association de wagnériens vindicatifs dissimula son ressentiment et demanda cinq cents places, prix fort. A Wahnfried, on se félicita d'avoir tenu bon ; mais, hélas! sans un mot d'explication, les cinq cents billets sont revenus de Vienne, ce matin même. Voilà pourquoi M. von Gross, son feutre gris enfoncé sur ses sourcils, piétine fiévreusement à la gare, tout le jour, sans jamais trouver les wagons assez bondés.

Ce soir, seulement, s'ouvrent avec *Parsifal* les *Bühnenfestspiele* de 1892, mais les répétitions ont pris fin dès avant-hier, les longues répétitions présidées par Mme Cosima Wagner, en grands voiles de deuil, avec un soin pieux et tatillon qui lui valut certain jour cette verte réplique du capellmeister Hans Richter : « A Wahnfried, madame, faites à votre guise ; mais ici, laissez-moi diriger, car je connais cette musique mieux que vous. » Pour clore ces solennelles séances, où trois étrangers seulement ont été admis (MM. Bertrand et Colonne, de l'Opéra, avec M. Victor Wilder), Mme Wagner vient de réunir à sa table M. H. Stewart Chamberlain, le plus autorisé des commentateurs du maître, comme on sait, les chefs d'orchestre Mottl, Hermann Lévy, le ténor Van Dyck et les principaux interprètes des quatre œuvres représentées cette année : *Parsifal*, *Tannhæuser*, *Tristan* et les *Maîtres chanteurs*.

Ce banquet d'initiés n'est pas sans rappeler les agapes suprêmes où se réunissaient les premiers chrétiens avant d'être livrés aux bêtes. Les bêtes, c'est nous.

Une indiscrétion du télégraphiste me permet de prendre connaissance de la dépêche qu'envoie à son journal l'Ouvreuse du Cirque d'Été. Je la recopie :

« M'y voici donc, à Bayreuth ! Je retrouve cette Mecque du wagnérisme — la *Mecque plus ultra* — ce lieu saint où, jeune encore, (avant d'être réduite, par des malheurs immérités, aux modestes fonctions que j'exerce sous l'œil de Dieu et de mon patron Lamoureux), je bus le lait de la *Tétralogie* et humai la crème de *Parsifal*. Longtemps je n'osai avouer ces pèlerinages, voyant que les wagnériens du plus grand volume — sans calembour, de grâce, — M. Adolphe Jullien, entre autres, n'y mettaient jamais les pieds. Aujourd'hui que, sur le pont du Mein rouge, tout le monde y passe, jusqu'aux musiciens et aux admirateurs de Wagner — deux titres qui ne sont pas toujours synonymes — je confesse mon vice et me décide à vous communiquer mes impressions.

J'ai fait route avec un wagnériste (varions notre vocabulaire) qui peut passer pour le type accompli de l'espèce ; dans sa valise, à peine si deux chemises et quatre chaussettes peuvent tenir, tant il l'a bourré des *Leitfaden* du rageur Wolzogen, des *Führer* de Heintz, des inquiétants commentaires de Pfohl — bien pfohl est qui s'y fie ; — il n'a eu garde d'oublier la brochure célèbre où M. de Hagen a eu l'hagénuité de croire intéresser l'univers en démontrant que le roi Marke, cocu prolixe, n'a pas plus de cinquante-neuf ans, au lieu des soixante que certains critiques à courte vue s'obstinent à lui prêter.

Mon compagnon ne sait, d'ailleurs, pas un traître mot d'allemand, mais, s'il stoppe à la *Restauration* il entonne, pour demander un couteau, le motif de l'Epée « Nothung » ; le thème du Cygne lui sert, faute de mieux, à solliciter de la servante — qu'il a surnommée Iseult — le classique rôti d'oie, et, au moment de régler l'addition, il attaque invariablement la fanfare de l'Or. Mieux encore : en voyant la pluie tomber il a tout de suite sifflé, aussi ferré sur l'argot que Marcel Schwob, le motif de la *Lance*. Bref, un joyeux drille, malgré son lumbago qui lui procure des douleurs « Filles du Rein » comme il dit. Avant de s'engager chez nous, Chevillard était un peu comme ça.

Le théâtre de Bayreuth est tout bâti de briques et nullement de brocs, malgré le désir de plusieurs Français qui aiment la bière allemande. Wagner l'a disposé au rebours du sens commun, à l'inverse de tout ce qui se fait ailleurs. Ainsi, le public entre par un grand nombre d'ouvertures latérales, de manière à ne pas faire des lieues de chemins avant d'arriver aux rangs voulus. La salle est obscure, ce qui empêche les belles dames de fixer sur elles l'attention des spectateurs impressionables. L'orchestre est invisible, ce qui ôte à l'auditoire l'agrément de contempler les gesticulations du chef et de ses musiciens. L'éclairage ne se fait pas de bas en haut, par la rampe, de sorte que les cantatrices n'ont plus l'air d'avoir les yeux scandaleusement pochés. Personne ne songe à crier l'*Entr'acte*, ni à proposer frénétiquement des oranges. L'absence de claque vous contraint d'ouïr la fin des phrases; les interprètes ont la grossièreté de ne pas venir saluer le public après leurs effets, et l'on perd même l'innocent plaisir d'entendre le souffleur, éperdûment projeté hors de sa boîte, hurler la réplique au ténor à l'ouvrage. Pas de places de côté, et plus moyen, si l'on est relégué au côté cour, de se donner un torticolis pour découvrir le nez de la chanteuse réfugiée côté jardin. Pas de lustre provoquant les transpirations salutaires, pas de loges où murer joyeusement des messieurs bien élevés, à qui les dos puissants et les chapeaux ambitieux de spectatrices interdisent *ogni speranza* d'apercevoir, même partiellement, la scène. De tous côtés on entend et on voit. C'est insensé.

Mon wagnérien est venu, comme moi, assister aux quatre pièces de la saison, aux trois, veux-je dire, car il est trop orthodoxe pour daigner honorer *Tannhaüser* de sa présence. J'ai la naïveté de lui laisser voir mon étonnement : « Est-ce que vous croyez que je vais me raser au septuor? » me dit-il, imitant ainsi le mot de M. Massenet quand Mlle Pacary, au Conservatoire, voulut lui chanter un morceau de la *Damnation* qu'il lui persuada de remplacer par une Sitation du *Roi de Lahore*. La jeune muse trouva que le conseil avait du prix, ce qui lui valut le sien, sans douleur. Passe-moi le Massenet, il n'y aura pas de casse.

A peine avais-je inscrit mon nom et ma qualité sur la *Fremdenliste* déposée chez tous les logeurs par une police prévoyante, que l'on me prodigua les marques de la considération la plus flatteuse. Deux heures après mon arrivée, Mme Cosima-Wagner qui se tord chaque lundi d'hiver que le bon Dieu fait (chaque mardi, plutôt, à cause de la poste) en lisant mes « Lettres » dans l'*Echo de Paris*, m'envoyait sa voiture pour m'amener à Wahnfried, le repos des Vannés, comme ce nom l'indique; M. Von Gross, le grand logeur, M. Fuchs, le grand régisseur que nul artiste ne se permettrait d'envoyer faire fuchs, et quelques patrons de l'Œuvre... pas le mien, hélas, venaient me présenter leurs hommages; un magnifique bouquet de M. Van Dyck, 12, Alexanderstrasse, parfumait ma chambrette. On me gâte.

En vérité, je me plairais ici, mais l'ennui, c'est qu'au théâtre de Bayreuth, remarquable d'ailleurs à quelques autres égards, il n'y a malheureusement pas d'Ouvreuses... »

BAYREUTH, 22 JUILLET. — De récents travaux ont appris aux musicographes français le nom de Nietzsche, qui, après s'être affiché wagnérien sans mesure, puis antiwagnérien forcené, philosophe aujourd'hui dans une maison de fous (*Discite... non temnere divos*). La plus curieuse brochure bayreuthophobe de cet aliéné affirme avec une spirituelle mauvaise foi que tous les drames de Wagner reposent sur l'idée de rédemption: *Tannhæuser*, c'est le viveur rédimé par une petite fille vertueuse; *Parsifal*, c'est la coureuse rachetée par un coquebin. Sur cette donnée il s'espace.

Certes, il y a autre chose dans le drame sacré, mais on conçoit l'effarement d'un spectateur médiocrement enclin au mysticisme devant la légende empruntée à Wolfram d'Eschenbach, ce Graal où fut recueilli le sang du Crucifié, cette lance de Longinus arrachée aux mains pécheresses d'Amfortas par le magicien Klingsor, cette blessure inguérissable qu'avive la quotidienne célébration des rites — la Cène à faire.

Aussi bien, pourquoi discuter? *Parsifal* est entré dans la gloire; durement cahoté il y a dix ans, même par le wagnérien Schuré qui l'appelait « œuvre de sénilité », on s'accorde aujourd'hui à le traiter d'œuvre de sérénité. Les beaux travaux de M. Alfred Ernst, en France, ont amené ce résultat, en même temps que le drame était popularisé par les commodes études explicatives de Heintz et Wolzogen. Ce dernier jouit d'une vogue considérable, encore que l'extrême gauche du wagnérisme intransigeant lui reproche de trop s'attacher « au courant inférieur de signification », tandis que le malicieux Berlinois, Paul Lindau, regrette narquoisement de le voir bourrer ses phrases avec tant de conscience que ce digne homme sera obligé, s'il voyage avec elles, de payer un fort excédent de bagages. Ces gloses, bien entendu, ne s'accordent guère; dans tel motif du troisième acte, Hans von Wolzogen voit la purification, Heintz une lutte douloureuse : embûches tendues aux hésitants incapables d'admirer sans cornac, et qu'il faut avertir de faire du fracas à tous les beaux endroits qui méritent des *Hoch*!

. . . .

Qui n'a pas entendu *Parsifal* à Bayreuth ne l'a point entendu; M. Chevillard, qui se connaît en bons orchestres et applaudissait hier à tout rompre, ne me démentira pas : pour l'interpréter, cette incomparable musique, il faut l'incomparable orchestre dirigé par M. Hermann Lévy, dépositaire des traditions wagnériennes et de la pensée du Maître. A peine les trompettes — qui remplacent sans nul désavantage la sonnette de l'entr'acte — ont-elles lancé leur appel (Thèmes de la Cène, de Parsifal, puis du Graal), que l'immense salle se remplit d'une foule silencieuse; pas un mot; l'obscurité tombe, le rideau s'ouvre, l'enchantement commence...

Si jamais je deviens curé de Bayreuth, j'installerai des confessionaux à la sortie du théâtre ; on les assiégera pendant les entr'actes. Et des sceptiques même s'y présenteront, émus par ces harmonies ineffablement religieuses « qui rappellent la première communion », comme le disait naïvement, tout en larmes, une charmante Munichoise du meilleur demi-monde, en gagnant le buffet pour se consoler avec une solide tranche de veau à la compote de fraises.

Est-ce donc la perfection? Non. Mme Mailhac, Kundry admirable de grâce perverse pendant la séduction et d'humilité repentante au dénouement, manque de sauvagerie au premier acte et manifeste bien tranquillement le désespoir où la devraient jeter les ordres infernaux de Klingsor, magicien obèse. Amfortas joue à l'italienne, avec plus de gestes que de voix. Gurnemanz (Grengg) écuyer fidèle, esprit fruste, causeur prolixe, fait preuve de bon vouloir. Quant aux Filles-Fleurs, elles jouent juste, elles chantent juste l'adorable scène où la volupté de leurs invites caressantes s'enlace à l'héroïque motif de Parsifal ; des critiques ont comparé l'appel des filles du Rhin à celui qu'adressent ces tentatrices fleuries au Pur (*rein*) ; elles seraient alors, elles aussi, des *Reintœchter* (puissent les wagnériens me pardonner cet irrévencieux à peu près !) Pourquoi faut-il qu'elles soient si déplorablement coiffées ! Pourquoi faut-il qu'elles arpentent avec de si grands pieds leur jardin magique piètrement peint par Jukowski, qui pourrait prendre leçon de notre compatriote Gervex, un des plus chauds partisans de *Parsifal*... ?

Parsifal-Van Dyck, bien connu du public parisien, fait fureur ici : c'est justice. Sa prononciation, très défectueuse quand il commençait à jouer en allemand, est devenue excellente, sa voix est restée parfaite, et l'on ne saurait trop louer sa sobre et puissante mimique, soit qu'il s'arrache à la dangereuse compassion de Kundry, soit qu'il arrête d'un grand geste tranquille la lance tombée au pouvoir de Klingsor, la sainte lance que le bon écuyer Gurnemanz désigne par cette épithète touchante, quoiqu'un peu longuette peut-être : *wundenwundervollenheilig*.

A titre de curiosité, voici le jugement porté par l'Ouvreuse sur *Parsifal :* Etrange et magnifique spectacle, musical, poétique, symbolique, catholique, tout ce qu'on voudra, mais pas schopenhauérien, malgré l'assertion de Schuré. Devant de telles splendeurs, le snobisme international qui fleurit autour du Théâtre-Wagner se fait du moins respectueux et presque attendri. J'ai vu pleurer sur leur épingle de cravate, — un Graal minuscule (4 marks avec l'écrin) — de jeunes wagnériens qui vont s'orner, pour *Tristan*, de bijoux représentant les deux philtres ; sans doute, quand ils viendront entendre les *Maîtres Chanteurs* à l'Opéra, ils arboreront le portrait de Victor Wilder traducteur sympathique mais brabançon susceptible, très préoccupé du Gand dira-t'on.

Bien qu'antisémite comme M. Drumont, mais avec un talent plus personnel peut-être, Wagner chérissait Calm... non ! Hermann-Lévy, l'excellent capellmeister grisonnant et basané qui dirige en chemise les exécutants à demi nus de *Parsifal*. Je me hâte de calmer votre émoi, chères sœurs, en vous rappelant que l'orchestre, invisible lui-même, peut seul constater que son chef énergique ne manque pas de poil. Vous me suppliez de vous expliquer la pièce ? Soit.

ACTE I. — Gurnemanz, écuyer plutôt raseur que tranchant, narre quelques faits divers à des pages, parmi lesquels j'en remarque deux, joués par de très jolies fillettes — des « Pages d'amour », dirait Zola ; on aimerait à les feuilleter. Le vieux leur explique, plus longuement, l'histoire du Graal, que Lohengrin essaya de faire comprendre, l'automne dernier, aux abonnés de l'Opéra, malgré

M. Marcus Allard et ses farouches Mirmitrons mis en fuite par Hector Lozé.

Voici venir Amfortas, roi triste, mais adonné à l'hydrothérapie; il souffre, pour avoir, malgré ses serments, forniqué avec une belle inconnue qui le rendit malade et qu'il n'a point revue (que le nom de Ricord est triste au fond des bois!) Ce rôle a deux titurel, pardon, titulaires, le bon Scheidemantel, *alias* Manteau-de-Séparation, et un certain Kashmann, de Milan, Reichmann ayant élevé des prétentions trop rapaces. Comme je faisais remarquer à H. S. Chamberlain que ce chanteur de Milan n'est pas un aigle, le grand wagnérographe, qui ne s'orfraie pas pour si peu, m'a répondu : « Caustique Ouvreuse, encore un de vos tours! » Et il m'offrit un verre de bière, mais pas du Faucon. Ouf!

Saluons Parsifal, le beau Van Dyck — *Ha! er ist schœn, der Knabe!* — qui tue les cygnes après s'être fait traîner sur l'eau par eux, et finit par en donner du plus profond repentir. Touché, Gurnemanz le conduit au Temple, ou plutôt attend que le Temple vienne à eux (car le décor marche comme le Temps, le Progrès et le Fromage), un Temple miraculeux avec chants et gaz à tous les étages, où Pèlerine-d'Adieu dialogue avec son père, plongé dans la bière — Clarence préférait le Malvoisie. Parsifal n'y comprend goutte, ainsi que la plupart des wagnériens présents ou absents.

ACTE II. — Dans un immense magasin de fleurs artificielles, assez mal assorties, tenu par Klingsor, soigneusement dissimulé derrière le comptoir où se règle l'addition, Van Dyck est assailli par un troupeau de jeunes beautés perverses et rieuses, « les joyeuses commères de Klingsor », chuchote un Anglais dont les facéties vont de mal en Shakespeare; elles sollicitent ses désirs de luxure et d'économie — *wir spielen nicht um Gold* — ce que le bon Mac-Nab avait familièrement traduit : « C'est à l'œil qu'on consomme ». Edouard Dujardin, père d'*Antonia*, s'étonne, en contemplant les Floramyes, que Wagner ait cru devoir pasticher avec tant d'impudence le *Chevalier du Passé*. Survient Kundry à la rescousse, prodigue de calembours allemands, guèbres et musicaux ; elle aguiche le joli jeune homme, l'appelle Falparsi, Falparlà, Parsifal, un tas de noms d'oiseau, et lui campe sur la bouche un baiser si suggestif que le jouvensot ébloui comprend tout et change d'allure ; un vrai baiser de Damas. Il lance le motif du Graal, en pleine poitrine, à ce chapon de Klingsor qui se croyait vainqueur — ah ! le bon billet qu'a le Châtre ! — et sort en faisant danser sa lance comme celle du panier de ma cuisinière.

ACTE III. — Un entassement de merveilles, comme les deux précédents, du reste. Gurnemanz lui-même finit par comprendre. Tout Bayreuth pour Van Dyck a les yeux de Kundry ; comme ce gaillard-là baptise bien ! Le décor, qui avait marché de gauche à droite, va maintenant de droite à gauche, comme Dugué de la Fauconnerie. Paletot-du-Départ se surpasse ; en récompense, il est désinfecté par l'antisceptique Parsifal, nommé Prince de Graal à sa place : les Anglais de l'assistance se réveillent et approuvent.

BAYREUTH, 23 JUILLET. — « Au milieu du duo d'amour de *Tristan et Iseult*, j'éprouvai cette folle rage de l'enfant qui, désespérant d'apprendre la leçon qu'on lui a donnée à étudier, trépigne et pleure, ferme son livre avec colère et le jette bien loin de lui... mêlant au hasard les mots allemands et les phrases les plus bizarres ; je poussai des cris inintelligibles, des sons inarticulés, incohérents, sauvages... »

Ce n'est pas moi — Dieu m'en garde ! — qui ai manifesté à grand fracas mon aversion pour *Tristan*, mais bien un écrivain, je dirai même un musicien, que l'on prétendait pourtant, à l'époque où il écrivait ces lignes rageuses, entaché de wagnérisme : le très distingué compositeur de *Sakountala* et de la *Statue*, M. Reyer. Hier, personne n'a poussé de cris inintelligibles pendant la représentation (sauf le ténor), les pèlerins de Bayreuth ont écouté avec le plus respectueux silence ce magnifique et, on peut l'avouer, interminable duo du second acte. A entendre cette immense mélodie ininterrompue, car, comme l'a dit un jour M. Massenet, la nouvelle ponctuation musicale ne comporte plus ni points ni virgules, je soupçonne plus d'un auditeur de s'être ennuyé ferme ; j'affirme que pas un n'a osé en convenir.

Ce duo résume la partition tout entière, il est à lui seul toute une partition, merveilleuse et touffue, furieusement voluptueuse et furieusement longue, hymne sublime du désir inassouvi pour les uns, pour d'autres transcription grandiose de « Si cette histoire vous ennuie... », ruisselant de splendides audaces musicales (c'est là que les voix du ténor et du soprano réalisent cette série d'intervalles de septième qui ont scandalisé M. Saint-Saëns), insupportable par sa poésie encombrée de subtilités métaphoriques où fourmillent les expressions déroutantes créées par Wagner, les formidables mots composés, comme le *Nie-wieder-erwachen-wahnlos hold-bewusster Wunsch* de l'Hymne à la nuit.

Peut-être, d'ailleurs, fallait-il ces fastueux développements, pour remplir les 400 pages de la partition, car le sujet se fait remarquer par sa grande simplicité : Tristan aime follement la belle Iseult, épouse du roi Marke, bientôt averti de ses infortunes conjugales par Melot. Ce traître blesse Tristan qui meurt. Iseult ne peut lui survivre.

J'ai cité l'opinion de M. Reyer ; sait-on que Berlioz lui-même a nié les indéniables splendeurs de *Tristan ?* Dans le prélude, il n'a voulu voir qu'« une sorte de gémissement chromatique rempli d'accords dissonants, dont les longues appogiatures, remplaçant la note réelle de l'harmonie, augmentent encore la cruauté». Que les temps sont changés ! Sans parler de Bayreuth, n'est-ce pas à Paris même que, chaque année, au Cirque d'Été, M. Lamoureux fait applaudir cette symphonie troublante, glorifiée par M. Alfred Ernst en une page du plus émouvant lyrisme, célèbre en Allemagne : « Des tendresses palpitent, des fièvres s'allument, une confusion de douleur et de ravissement, de désirs, d'appels, d'étreintes, grandit, lente et formidable, sous les ondes toujours renouvelées de la mélodie... »

On nous a servi un Tristan fourbu, M. Vogl; son organe rauque a fait merveille, je le reconnais, au dénouement, dans la longue et touchante plainte du héros moribond; mais, pendant les deux premiers actes, ses amis craignaient qu'il ne fût contraint d'abandonner la partie, et moi je l'espérais, car Parsifal se trouvait dans la salle, et quelle admirable interprétation nous aurions acclamée, Van Dyck et la Sucher !

Elle est admirable de mimique, cette blonde et fière Iseult; sa voix puissante, qui éclate en furieuses imprécations quand elle appelle la mort, sait s'adoucir avec des caresses infinies pour le dernier hymne des amours éternelles, pleuré sur le corps de son amant expiré. — Après la représentation elle fit son entrée dans le restaurant du théâtre, pour y chercher un souper bien gagné. Sensation : tous les hommes debout, criant : *hurrah!* des wagnériennes se jettent à son cou, pleines de *Gemüth;* je m'approche, c'est une forte brune, quinquagénaire. Ah ! mes illusions...

Au mot de Massenet sur la ponctuation musicale il faut un correctif. M. de Saint-Auban, dans son très curieux *Pèlerinage à Bayreuth*, raconte que Wagner repondit sévèrement, très sévèrement : « Quand, du haut d'une falaise, on contemple l'Océan, y a-t-il des points et des virgules ? »

L'Ouvreuse, à qui je communiquai mon article, railla beaucoup mon enthousiasme pour la Sucher, et les lignes qu'on va lire prouvent surabondamment qu'elle est loin de le partager : « Ils arrivent ! ils arrivent ! le flot des visiteurs s'épaissit tous les jours. Les cochers de Bayreuth qui n'attellent déjà qu'une rosse aux voitures en comportant deux vont être forcés ne plus employer qu'un canasson (c'est le terme wagnérien) pour deux véhicules. A la Banque Feustel, M. von Gross, de plus en plus hérissé, reçoit à coups de boutoir les quémandeurs de places. En revanche, autour du théâtre, à la *Conditorei* où l'on débite par tranches des gâteaux au chocolat infectés de cassonade, dans les « Restaurations » que ne décrira nul Vaulabelle, jusque dans les bois de pin — ô les jolies myrtilles violettes, ô les exquises petites fraises que j'ai cueillies-là ! — les naturels du pays, pauvres mais roublards, vous glissent dans la main d'excellents fauteuils pour la modique somme de 60 marks l'un, soixante-quinze francs en langage de chrétien, *Alas poor Tristan !* nous sommes ici captifs au pays du roi mark...

Car c'est *Tristan* que l'on nous a servi ; vous connaissez cette touchante légende armoricaine, comme les huîtres, prestigieusement transformée par Wagner, de la blonde Iseult et de son chevalier, leur amour longtemps contenu, le sacrifice de la vie fait à l'honneur, au devoir, à la passion sans espérance, immolation rendue inutile par Brangaene qui substitue au philtre de mort le philtre d'amour — le seul philtre permettant de boire l'eau de Seine sans être incommodé — la cruelle attente, la réunion suprême en cette mort tant désirée. Vous savez tout cela, lecteurs illustres, musiciens très précieux. Mais peut-être ignorez-vous les interprètes actuels. Or sus, oyez :

Isolde, c'est Mme Rosa Sucher, pour laquelle les hommes s'arrachent les cordes vocales à force de crier, les femmes déchirent leurs gants — huit trois quarts quand elles se serrent — à force d'applaudir, non pas au théâtre, où un pieux recueillement est de rigueur (Wolzogen, il y a quinze jours, foudroyait de *chut!* indignés ce pauvre Bertrand qui, se croyant dans son Opéra, avait l'audace d'éternuer), mais à la « Restauration » avoisinant le temple, quand l'amante de Tristan y pénètre, le rideau fermé, pour avaler la moindre des choses, trois côtelettes de cochon à la compote de cerises, par exemple. Cette petite comédie d'enthousiasme délirant, dont la spontanéité est réglée à merveille, se reproduit, chaque soir de *Tristan*, sur le coup de dix heures huit minutes, heures de Berlin.

La Sucher, forte fille, aux puissantes... (voir les *Iambes* de Barbier, pas Jules, celui qui avait du talent...) blonde à la scène, brune à la ville, possède une voix splendide et une profonde inintelligence. Deux raisons pour qu'elle fasse fureur. Pas un geste spontané, rien qu'une leçon bien apprise, récitée consciencieusement, avec une affectation de chaleur qui rend le tout glacial. Malten, mes enfants, aura été la seule Isolde de Bayreuth, et ceux qui l'ont vue, fille farouche et superbe, vivre ce rôle sublime, ceux-là demeurent indifférents aux laborieuses violences de l'actuelle diva, chère aux dilettanti de l'Amérique du Sud « *Rasta Diva* » comme on chante chez le roi Umberto. Mme Sucher, qui porte un joli nom de fleur — Rosa, la Rose — passe pour une excellente *Hausfrau*. (Une traduction littérale de ce mot composé en donnerait une idée tout à fait inexacte). Je le crois volontiers, je l'en félicite même, mais, décidément, on ne peut pas tout avoir.

Assez parlé de fleurs, passons à l'aphone. C'est Vogl que je veux dire. Supplice et miracle à la fois ! Voici un ténor — si j'ose m'exprimer ainsi — obligé de remplacer l'art du chant par une conversation vive et animée, tellement l'usure de sa voix est complète. Mais c'est un si vrai, un si grand artiste, que, seul de tous les Tristans exhibés à Bayreuth par Mme Wagner, il donne *l'attitude* du rôle. Tamberlick de la mimique passionnée, il lance l'*ut dièze* avec ses bras éloquents. Ce qu'il peut « dire » il le dit comme personne ne le dit et ne le dira jusqu'au jour où un nouveau Schnorr nous sera révélé. Ce jour-là, Vogl a galère !

Quelle grue puissante (je ne parle pas de Pot-à-Tabac, rassurez-vous) a pu hisser Plank-Kurwenal sur le vaisseau du premier acte — où un matelot, suspendu dans les vergues, chante une cantilène dont la phrase initiale reste également suspendue, mais sur la dominante ? Peut-être ignorez-vous Plank. Figurez-vous Dailly fondu avec Dumaine, aggravé de Blowitz ; à peu près comme la fameuse recette du canon, c'est une voix de basse, avec beaucoup de lard autour. Quand il court, pour apercevoir Isolde, en criant : « V'là l'paquebot ! » (en allemand) le théâtre tremble ; plus habile à nous émouvoir qu'à se mouvoir, cet écuyer fidèle, énorme et court (wenal) devient presque agréable quand il n'est pas obligé de remuer le petit doigt.

Le roi Marke, Doering, a une voix formidable, mais aussi peu juste que l'appréciation de Bellaigue sur les *Troyens*. L'infortuné monarque, conjugalement prédestiné à la couronne de Cornuailles, et que Tristan met dans une passe difficile — le détroit de Doering — vient surprendre sa femme et son ami, très enlacés, à la tête de quelques seigneurs bien mal fichus, des gentilshommes de contre Mark, et le traître de la chose pousse des cris qui n'ont rien de Melotdieux.

A Brangaene, citons du Molière : « ... Vous êtes, ma mie, une fille suivante. Pas assez forte-engueule, oh non ! mais bien disante ». Et révélons que l'orchestre, presque toujours excellent, fut au premier acte un peu mollasse.

BAYREUTH, 24 JUILLET. — Pas de représentation hier : Mme Cosima Wagner avait invité un certain nombre de wagnériens, ou se croyant tels, à passer la soirée dans sa villa de Wahnfried ; inutile d'en recommencer la description, faite cent fois : portraits du maître sur tous les murs, cartouches encadrant des scènes de la Tétralogie, orgue américain à tuyaux dorés du goût le plus chicagrotesque, imposantes partitions d'orchestre chargeant tous les pianos, l'encombrement de ce musée wagnérien est resté le même ; c'est le même portier qui vous reçoit, en tenue d'opérette : feutre calabrais, uniforme vert, boucles d'oreilles, et l'affabilité n'a pas changé non plus, que Mme Wagner témoigne à tous, spécialement aux Français.

Il faudrait insister sur cette faveur particulière avec laquelle nos compatriotes sont accueillis dans l'hospitalière demeure. Sans doute parce que le maître écrivit un jour qu'il serait joué en France mieux que partout ailleurs, sa veuve — qui parle notre langue comme une Parisienne — trouve pour chacun de nous un mot aimable ; son maigre visage austère rappelant celui de Mme Jouassain s'éclaire, à notre entrée, d'un cordial sourire ; elle s'applaudit du succès « inespéré » que trouve à l'Opéra *Lohengrin* « si bien conduit ». (Elle ignore que M. Lamoureux fut trop tôt remplacé.) Comme son fils Siegfried, qui demande aimablement à faire la connaissance de chaque Français, comme sa fille la comtesse Gravina, elle nous promet une complète surprise quand nous entendrons *Tannhæuser* « jusqu'à ce jour si cruellement massacré sur les scènes allemandes ».

Evidemment, l'exaltation de cette œuvre de jeunesse (1845) est à l'ordre du jour. D'une étude récemment publiée par M. S. Chamberlain il ressort que ce drame, chéri par Wagner d'un amour singulier, peut être rapproché de *Parsifal* (!). Tandis que M. Vincent d'Indy — dont l'absence était déplorée à Wahnfried hier — regrettait un jour, paradoxalement, que « trop de musique vint gâter ce sublime poème », le plus intransigeant des wagnériens purs, M. Charles

Bonnier, n'hésite pas à écrire : « Œuvre de miracles, dont la réalisation même par son auteur a été le plus grand. »

On a été, hier, très sobre de musique. Mme Joachim, la femme du violoniste, a chanté trois *lieder* de Schubert, merveilleusement accompagnée par un homme trapu, figure énergique (ressemblant au compositeur Marty), le capellmeister Mottl, à qui est confiée la direction de tout le répertoire wagnérien, sauf celle de *Parsifal*, réservée à Hermann Lévy. On a poliment applaudi et le prince Guillaume de Hesse a félicité la cantatrice ; mais ni Iseult Sucher — tant pis ! — ni Brangaene Staudigl — tant mieux ! — ne se sont fait entendre. Et Van Dyck, au lieu des fragments de *Tristan* qu'on implorait, a prodigué au comte Louis de Romain, importateur du wagnérisme dans Maine-et-Loire, et à M. Gaston Jollivet, de joyeuses anecdotes.

Il y a trois mois, une petite note sournoise se glissa dans plusieurs journaux : M. Bertrand avait l'intention de monter les *Maîtres Chanteurs* ; mais il comptait égayer ce texte, trop germanique, à l'aide de quelques plaisanteries bien parisiennes fournies par M. Albert Millaud. Or, il m'a été affirmé que nous n'aurions pas la joie de voir cette collaboration Wagner-Millaud. En mars 1893, les corporations défileront à l'Opéra, je ne dirai pas conformément au texte de Wagner, mais du moins à la traduction que M. Victor Wilder en a confectionnée. Walther, ce sera M. Van Dyck, engagé pour trois mois à Paris, et qui donnera aussi quelques reprises de *Lohengrin* ; dans Hans Sachs, M. Lassalle retrouvera les succès que ce rôle magnifique lui a valus à Londres. Les études vont commencer sans retard ; M. Bertrand a déjà commandé aux décorateurs allemands la belle lune, énorme et gouailleuse, attirée, on dirait, par le prodigieux tapage harmonique — grouillement des foules encolérées, mêlée musicale, bataille de motifs — qui tonne à la fin du deuxième acte; la lune goguenarde, amusée d'éclairer la stupéfaction du veilleur de nuit en montant, très lente, se poser sur la pointe du clocher de Nuremberg, « comme un point sur un I. »

Soyons complet: au buffet de Wahnfried, on offre des fraises, d'immenses chopes de bière, de la gelée de groseilles, des sardines à l'huile. Il y a des gens qui mangent de tout.

L'Ouvreuse reproduit, en la blâmant, l'humoristique appréciation portée par d'Indy sur la musique de *Tannhaeuser*, et, du même coup, elle daube ceux qui déprécient ce péché de jeunesse de Wagner, et ceux qui l'exaltent aussi. Oyez:

Beaucoup de wagnériens qui ne s'indignèrent pas quand un barnum lyonnais bousilla *Tannhaeuser* sont marris de le voir magnifiquement exécuté à Bayreuth; — ces marris me font toujours rire.

Tannhaeuser, c'est la pomme (pour me conformer à l'étymologie du nom, je devrais dire la pomme de pin) de discorde jetée parmi les mélomanes. Tandis que tous les musicographes intelligents — je ne fais aucune allusion aux gens du *Ménestrel* — s'inclinent devant *Parsifal*, un gros de protestataires refuse de plier le genou devant ce « péché de jeunesse » du dieu. — NOTA. On appelle « gros » un parti peu nombreux; la langue française a de ces gaietés.

Cette société de négateurs semble un peu mêlée: d'Indy la dirige, d'Indy, compositeur souvent chaleureux, quoi qu'on en dise, mais fumiste à froid, adorant faire résonner le carillon de ses plaisanteries d'indynabulantes, par exemple : « Beau poème, *Tannhaeuser*, fâcheux qu'on l'ait abîmé avec une telle musique. » Rappelons à Vincent que Pillet le précéda dans cette voie farceuse, Léon Pillet, inoubliable par l'idée vrillante de confier le livret du *Vaisseau-Fantôme* à je ne sais plus quel Dietsch qu'il avait remarqué, distingué, « Dietsch, celui qu'il trouvait aima-a-able ». Aux côtés de d'Indy, bataillant contre Stuart Chamberlain, j'aperçois cette Tête-Ronde de Flat, spirituel quand il le veut (*spiritus Flat ubi vult*). Et presque toute la jeune musique contemporaine s'affiche tannhaeuserophobe. Je ne parle pas d'Alix Fournier, puisqu'il a pris soin, s'il faut l'en croire, d'écrire une *Stratonice* « plus avancée » que *Tristan;* l'ami Messager considère Elisabeth, amante ingénue de Tannhaeuser, comme une dinde lancinante, et ne lui envoie pas dire qu'elle sert uniquement de repoussoir candide à l'oncle Hermann, à dessein de faire passer le spectateur, comme le veut Boileau, « du landgrave au doux »; pendant le duo du second acte, Georges Huë souriait méphistophéliquement, car lui aussi méprise tous ceux « qui veulent élever un gigantesque *Tannhaeuser* sur le cimier d'un petit *Parsifal* », hüenanimement; Wilder, lui-même, perce de ses sarcasmes les mieux barbelés cet opéra qu'un autre a traduit... mais Wilder veut que je le laisse souffler jusqu'à la première des *Maîtres Chanteurs* à l'Opéra. Ça pourra durer quelque temps. Il y a bien aussi M. Mercieux, suppléant de Stoullig au *National*, mais comme il voudrait que l'on jouât *Parsifal* sans les paroles, il me semble négligeable.

On sait assez que les adorateurs de l'œuvre sont Ernst-le-Passionné, Schuré-le-Nébuleux, et enfin, le farouche Bitterolf-Charles-Bonnier, dont la vigoureuse admiration pente sur l'outsider *Tannhaeuser*, comme sur la *Tétralogie*, très demandée sur le *Ring*, comme *Une Capitulation* qu'on pourrait, peut-être, déclarer « forfait ». N'oublions pas Auguste Durand (délesté de Schœnwerk), éditeur de l'œuvre.

Et toi, mon Ouvreuse? demandez-vous. Que vais-je répondre ! Évidemment, le pèlerinage à Rome me transporte; évidemment je n'aime guère la coda, à tournure de strette, du « Septuor à l'italienne » qui ne vaut pas la coda pour le pendre. Mais il m'est impossible de dire franchement mon admiration pour l'un, mon inquiétude devant l'autre. Mon Dieu, quelle guerre cruelle! Je sens deux hommes en moi! C'est beaucoup pour une seule ouvreuse.

Le ténor Gruning, dont la voix fourbue scande à merveille l'épuisant compte-rendu du record Wartburg-Rome (aller et retour) manque un peu d'entrain pour chanter les voluptés damnables du « Venusberg » — en latin médical, *Mons Veneris*. Il représente avec beaucoup de naturel l'impatience énervée que doit ressentir un gaillard chéri des déesses, chatouillé par le thème du désir qui frétille à l'orchestre, tandis que, pour complaire aux oies aristocratiques de l'assistance, idéalisent, et coupent des poils en quatre, une demi-douzaine d'amateurs, parmi lesquels je signale un nommé Reimar, dont le platonisme évoque un souvenir de La Fontaine : « Le Reimar qui a la queue coupée. »

Une terrible tradition exige que, déchiqueté de contrition, il reste étendu sur le sol de la Thüringe, étendu tout de son long, aussi étendu qu'une fervente homélie de M. Paul Desjardins, gonfalonnier des Compagnons du Devoir, et raseur sans pair, mais non sans impair. Ainsi répandu, il pousse des notes fausses comme les dents de la belle Mme X...

Au finale, le verjus des soprani, allié à des basses farineuses, produit un mélange que je qualifierais volontiers de détonnant.

Quant à la Bacchanale, c'est la Zucchi qui en a réglé les déréglements. L'ex-Sieba de l'Éden a prodigué les audaces de groupements, les perverses ingéniosités de mimiques; on voit tout de suite que le Vénusberg est situé non loin de Cythère, sur la route de Lesbos.

Les Allemands s'extasient devant Mlle Wiborg, la trop pétillante Élisabeth de l'histoire. Avec ses yeux inviteurs et sa bouche hospitalière, cette petite brunette, absurde dans un rôle de vierge expirant au dernier acte — mais sans suicide, malgré le dire de M. Adolphe Jullien — pourrait tenir une place honorable parmi nos chanteuses d'opérette, presque toutes marquées.

Dans le royaume des aveugles, les wiborgnes sont rois

BAYREUTH, 25 JUILLET. — Pas heureux, le premier acte de *Tannhæuser*! Dès l'ouverture, un accroc : les trombones qui mugissent le thème des Pèlerins ralentissent leur mouvement, les violons attaquent trop vite leur dessin descendant (emprunté au finale de *Roméo et Juliette* de Berlioz). C'est à se croire aux folâtres représentations du théâtre de Lyon! Mis en goût, les pieux voyageurs entonnent leur chœur un demi-ton trop bas, péché qu'ils feront bien de confesser à Rome, avec les autres, pour obtenir une absolution « en bloc », comme on dit ici, car les mots de M. Clémenceau passent la frontière. Puis un succédané de cor anglais nasille piteusement le petit lied du berger; quelle différence avec le corniste Richter que nous avons entendu, dans *Tristan*, jouer avec tant de charme mélancolique la vieille mélodie — *die alte Waise* — dont la plainte éveille l'amant d'Iseult endormi, brûlé de fièvre, parmi les ruines du château de Caréol, au bord de la mer grise.

Ces fautes, tous les Français à qui j'en ai parlé les avaient remarquées : musicographes comme M. Charles Joly, directeur de la *Grande Revue*, compositeurs comme M. Georges Hüe, ou simples amateurs de musique comme M. Jacques Normand; pas un Allemand n'a voulu s'en apercevoir. Quant aux Anglais, je n'en parle pas. Sauf de très rares exceptions, ils viennent ici par genre, charmés seulement par Hændel, qui est pour eux une institution nationale, comme le rosbif; peut-être même, dans les oratorios bibliques de ce maître massif, goûtent-ils surtout les paroles.

Un mot encore sur cette ouverture qu'un fervent admirateur, M. Pfohl, voudrait entendre jouer à la fin de l'opéra, — tous les goûts sont dans la nature; l'élégant et prolixe Mendelssohn la daubait dédaigneusement; le profond Schumann ne la goûtait pas davantage, voilà pour les musiciens; quant au poète Grillparzer, il la déclarait terrible pour ses oreilles et y trouvait facétieusement l'image de la guerre d'Orient : les trombones représentant le courage russe et les trémolos de violons l'effroi des Turcs. Il n'est pas inutile de rappeler ces niaiseries germaniques, alors que la presse allemande les passe sous silence, avec soin, pour maudire uniquement les huées dont, en 1861, *Tannhæuser* fut couvert par les membres du Jockey, gorgés « de champagne et de pâtés », raconte un commentateur de Leipzig, mangeur solide; qui ne semble pas soupçonner les dyspepsies distinguées de nos clubs aristocratiques.

L'impression de monotonie qui assombrissait le premier acte — malgré l'éclat et la verve, presque excessive, de la Bacchanale — s'est dissipée au second; l'arrivée des seigneurs invités à la Wartburg est merveilleusement et minutieusement réglée; l'entrée des chanteurs, les évolutions des petits pages qui recueillent les noms dans une coupe d'or, toute cette mise en scène a été indiquée et dirigée par Mme Wagner dans ses moindres détails. Je n'en connais pas de comparable. Le morceau de concours de Wolfram, quelconque dans la traduction française, m'a paru, dans le texte original, d'une poésie absconse. Ce noble amour qui, avec une angélique beauté, pénètre, envoyé de Dieu, au plus profond de l'âme et conduit dans la région où brille l'étoile éternelle, c'est du germanimatias triple! Pendant que ce symboliste du treizième siècle raffine, Tannhæuser s'agite sur son escabeau, des motifs de la Bacchanale, très dynamiques, sourdent de l'orchestre, l'excitent, finissent par le pousser en avant; il n'y tient plus, et d'une voix frémissante, il entonne alors devant ces abstracteurs de quintessence l'hymne du Venusberg, scandaleux, enflammé, wébérien, et pas distingué pour un sou.

La longue et splendide mélopée du pèlerinage à Rome, au troisième acte, a été dite avec une tristesse pénétrante par le ténor Grüning, un grand gaillard, bien découplé, ressemblant à l'acteur parisien Delaquerrière, et coiffé d'une perruque Louis XIV, qui a mis en joie le peintre Jacques Blanche. Qu'il ait fâcheusement détonné quand, accablé de contrition, il chante étendu tout de son long à terre, cela prouve seulement que la *Théorie du Chanteur* devrait contenir ce paragraphe : « La position du ténor couché est plutôt défavorable à la bonne émission de la voix ». Peut-être devrait-il jouer plus violent. La violence est la caractéristique du personnage du Tannhæuser, cet homme des superlatifs qui se rue avec une égale frénésie dans la damnation et dans le repentir; Wagner a recommandé que l'interprète de ce rôle écrasant fût « extrême » dans la joie infernale comme dans le repentir.

Mme Mailhac est une fort agréable Vénus; M. Scheidemantel un Wolfram très digne; élève de Stockhausen qui chanta l'opéra-comique à Paris, avant la guerre de 1870, il possède une diction que la plupart de ses camarades ne connaissent guère : mais pourquoi s'est-il fait la tête de M. Édouard Colonne?

C'est Mlle Zucchi — la Sieba de l'Eden — qui a réglé la Bacchanale. Je crois que certains détails de cette orgie, d'une volupté trop précise, ne pourraient être tolérés à Paris; mais à Wagneropolis l'art purifie tout.

BAYREUTH, 26 JUILLET. — Avec les *Maîtres Chanteurs de Nuremberg*, le premier « Cyclus » des représentations de Bayreuth se ferme brillamment; cette railleuse contrepartie du concours des chanteurs de *Tannhæuser*, on pourrait presque la comparer aux drames satyriques dont les Grecs accompagnaient leurs sanglantes trilogies pour rasséréner un peu les spectateurs, que devaient assombrir tant de forfaits, en vers. Mais il va de soi que l'on ne trouve pas, au cours de cette pittoresque résurrection de la vie allemande à l'époque du temps d'Albert Dürer, l'énormité des plaisanteries carminatives lâchées par le *Cyclope* d'Euripide, dans le seul de ces épilogues goguenards qui nous soit parvenu, puisque le héros des *Meistersinger* est Hans Sachs.

Faut-il le rappeler ? Sachs était l'ami de Luther, « ce rossignol de Wittemberg », comme il l'appelait, dont j'ai vu, hier, la chromolithographie flamboyer aux murs de la brasserie Sammet, quartier général des wagnériens, entre celles de Calvin et (je vous le donne en mille) de Léon XIII. Érudit, cordonnier, poète, il ressemelait avec un égal succès les souliers des jolies Nurembergeoises et les légendes de Charlemagne enjolivées de souvenirs mythologiques. Gœthe, dans sa *Hans Sachsen's poetische Sendung*, avait déjà tenté de raviver le souvenir de cette originale figure, faite de bonté narquoise et d'idéalisme pratique, l'une des plus attachantes de ce merveilleux seizième siècle.

La plupart des Français que la musique moderne intéresse, ont fait, en 1885, le voyage de Bruxelles pour applaudir au théâtre de la Monnaie la comédie musicale de Wagner ; le poète de race, qui chante « comme l'eau murmure en coulant », insoucieux de la prosodie et de la tabulature, ne peut être compris des maîtres chanteurs à cervelle étroite, dont l'assemblée, chaque dimanche, discute, réunie à l'église Sainte-Catherine, les formules cataloguées, les modes hiératiques dont on a conservé les catégories limitatives : « le ton court, le long, le traînant, le papier écolier, le rouge, le bleu, l'églantier, le bref amour, le romarin, l'arc-en-ciel, le rossignol, la couleur

cannelle, l'escargot, la fleur de mélisse, etc., etc. »
Cette fougue ignorante et sublime, comment ceux
qui gardent jalousement le trésor des règles immuables l'auraient-ils pu admettre? Seul, Hans
Sachs, respectueux de la tradition, sait deviner la
poésie de l'avenir.

L'amoureuse Eva, conquise par le chant de
Walther (comme dans la célèbre pièce de Banville, la gente fille du drapier, par une ballade de
Gringoire), c'est, à Bayreuth, Mlle Mulder, gentille, candide à souhait, un peu épaisse, charmante quand, les strophes de son Walther l'attendrissant, elle verse des larmes heureuses; mais,
parfois, elle chante faux. Hans Sachs aussi, épuisé
à la fin du quatrième tableau, et trop vieux pour
son rôle dont il a, d'ailleurs, dit délicieusement
certains passages, par exemple la célèbre rêverie
du soir de la Saint-Jean, sous les jasmins aux pénétrantes senteurs, ou sa mélancolique réponse à
Eva, pendant que chantent deux thèmes de *Tristan :* « Sachs n'a pas voulu le bonheur du roi
Marke ». Il a eu une fâcheuse absence de mémoire
pendant son duo avec Beckmesser. Ce dernier,
musicien consommé, a soulevé dans la salle des
rires que les wagnériens purs, ceux qui officient,
entendaient avec horreur; il charge beaucoup, il a
beaucoup plu. Le jeune chevalier Walther (Anthes)
qu'on a fait venir de Franconie pour être maître
chanteur, a une assez jolie voix dont il se sert
mal. Et le trop sémillant apprenti Hofmüller
David, semble confondre la danse de la Saint-
Jean avec celle de Saint-Guy. L'orchestre, une
merveille! pas une hésitation, pas une défaillance. Les chœurs, étonnants d'ensemble et de
mimique intelligente.

Il est à craindre que l'on n'obtienne jamais, chez
M. Bertrand, pareille perfection; mais ce n'est
pas seulement pour cette raison que je crois les
Maîtres chanteurs appelés à un « four » complet.
Je dirai pourquoi tout à l'heure.

Certes, Wagner n'a plus, en France, d'adversaires de bonne foi ; il faut négliger les autres. Si un critique de talent, M. Camille Bellaigue, a pu écrire, en un jour de méchante humeur : « La musique des *Maîtres chanteurs* n'est pas seulement ennuyeuse, elle est laide; deux choses lui manquent : le rythme et la tonalité », je gage qu'il ne se hasarderait pas à rajeunir ce paradoxe vieux de sept ans. Quant aux autres musicographes antiwagnériens, *etiam periere ruinæ*. Tous s'accordent aujourd'hui au sujet de cette prestigieuse comédie musicale. Non seulement sa polyphonie musicale est une merveille, non seulement les *leitmotiven* étourdissants de gaieté y frétillent et tourbillonnent, disant la malice de l'apprenti David, la bonté un peu narquoise de Hans Sachs, la rage du cuistre Beckmesser, dûment batonné, mais, à l'Opéra, le quintette du second acte, les grands ensembles choraux du dernier tableau, la magnifique explosion vocale qui accueille le poète : « *Wach auf! es nahet gen den Tag* » désarmeront les abonnés candides qui persistent à déplorer que Wagner « préfère les récitatifs à la mélodie ».

J'ajoute que sur l'immense scène de l'Opéra nos décorateurs planteront aisément un délicieux décor de Nuremberg au seizième siècle, maisons coiffées de larges toits, pignons pointus, balcons sculptés où s'accroche la joie des plantes grimpantes. Et je vois d'ici le tableau final : la verte prairie hérissée de mâts où frémissent les banderolles multicolores ; au fond, les nacelles pavoisées glissant sur la Pegnitz étincelante, chargées de jolies fillettes qui se hâtent de sauter à terre, pour danser avec les apprentis en liesse, la valse attaquée par les fifres ; l'entrée des corporations aux costumes bizarres, encore moyen-âgeux, bannières en tête, et le défilé des maîtres s'avançant d'un pas tranquille et lent, tandis que tonne aux cuivres leur marche solennelle, bouffie d'importance. Assurément, la figuration sera plus nombreuse encore qu'à Bayreuth, et les danseuses, en tournoyant, laisseront entrevoir des dessous plus suggestifs que les fâcheux pantalons de percale dentelés, longs à réjouir l'âme de feu Sosthène de la Rochefoucauld, dont s'affublent ici les petites Nurembourgeoises.

Et pourtant, je n'ose espérer que les *Maîtres Chanteurs* trouvent à Paris, l'an prochain, le succès qu'ils méritent. Voici mes raisons :

Tout d'abord, on sait de quels fonctionnaires peu maniables se composent les chœurs de notre Académie nationale : malgré de consciencieux efforts, il n'a guère été possible de les mobiliser complètement ; ces messieurs et ces dames — leur âge avancé les excuse — rassurent la plus impressionnable spectatrice contre toute velléité d'émotion violente en récitant leur petite affaire avec une placidité que n'entament jamais les orgies, les suicides, les assassinats autour desquels les compositeurs aiment à déposer de la musique. Or, il ne suffit pas de chanter les œuvres wagnériennes, il faut les jouer, les bien jouer, — ou n'y pas toucher.

Quand le malencontreux Beckmesser, un luth pleurard à la main (une *stahlharfe*, à l'orchestre) trouble le silence de la nuit, et nasille sa sérénade mal rythmée en l'honneur de la jolie Eva qui l'écoute, moqueuse, blottie contre Walther, une formidable râclée ne tarde pas à punir l'intrus ; au bruit, les fenêtres se garnissent de têtes curieuses, les voisins mal réveillés descendent dans la rue, la dispute s'enfle, les apprentis accourent, éperdus de joie, augmenter le vacarme ; on vocifère ; on se gourme ; les vieilles querelles se rallument, le boulanger Kothner tombe sur le tonnelier Nachtigall, et pour une escapade, « pour un ver luisant amoureux qui ne trouve pas sa femelle », voilà tout Nuremberg en révolution. Ces gens-là se trémoussent, se battent, courent, gesticulent tout en chantant. O choristes! ô pauvres choristes de l'Opéra!

Autre ennui, plus grave : à Bayreuth, on joue du Wagner; à l'Opéra, du Wilder. Je ne prétends point que le sympathique traducteur n'ait pas fait preuve de beaucoup d'audace et de persévérance pour trouver la solution du problème insoluble qu'il s'est posé; je ne dis pas non plus que M. Bertrand devrait faire chanter par sa troupe le texte original; je constate seulement que les Parisiens auront une idée fausse de la métrique wagnérienne, qui la jugeront d'après la version belge, « seule autorisée en France ». Ce n'est pas l'avis du docteur W. Langhans, continuateur de l'*Histoire de la musique*, convaincu que, malgré « quelques gaucheries », la version de M. Van Wilder, de Gand, est merveilleusement réussie, grâce à la fortune qu'eut l'auteur de naître à « cheval sur la frontière des deux idiomes »; mais c'est l'avis de la plupart des musicographes wagnériens; c'est aussi celui de Wahnfried.

Assurément, on ne trouverait pas, dans la traduction des *Meistersinger*, l'équivalent des licences désormais célèbres que s'est accordé M. Wilder dans son *Siegfried* :

> Viens, mon fils, viens fils de loup,
> Prends et crève du premier coup.

> Qu'as-tu ? Je cherche à boire et je trouve à manger.

rien de pareil, non plus, à l'invraisemblable vers, si j'ose m'exprimer ainsi, de *Parsifal* :

> Que nul en armes n'y s'avance.

Néanmoins, on s'en apercevra à l'Opéra, la tyrannie de la rime (à laquelle il eût été si facile de se soustraire!) contraint l'auteur des *Maîtres chanteurs de Bruxelles* à d'inquiétantes fantaisies; telle par exemple, cette addition exigée par le nom de *Sachs* placé au bout d'un vers : « Qui voit Achille, voit Ajax! » On m'accordera que ce souvenir homérique, déplacé dans l'espèce, présente l'inconvénient de rappeler aux spectateurs érudits, grâce à ce jeu de rimes, les couplets de la *Belle Hélène* où « les deux Ajax » s'avancent au bruit des « cuivres de Sax ».

Un dernier argument ; tous les Français que j'ai interrogés à Bayreuth, après la représentation des *Maîtres chanteurs*, tous m'ont répondu : « Merveilleux, mais dix fois trop long pour Paris. » Ils avaient raison. Trop longue — pour un spectateur français, bien entendu — l'explication de l'apprenti David énumérant au chevalier Walter, sans les bien connaître lui-même, les difficultés sans nombre de la cordonnerie, du chant, de la poésie, etc. ; trop long le discours de l'orfèvre Pogner offrant au vainqueur du concours, « pour montrer au monde ce que vaut l'Art », sa fille Eva en mariage ; trop longue la sérénade bouffonne, si bouffonne ! de Beckmesser, et la scène où ce cuistre rossé obtient de Hans Sachs la permission d'emporter les vers que le chevalier va chanter. M. Van Dyck, qui sera un Walther parfait, exige, paraît-il, que l'on joue à Paris cinq fois au moins les *Maîtres chanteurs* intégralement, sans aucune coupure ; gageons qu'il changera d'avis et qu'il proposera des allègements lui-même, après la première représentation.

PARIS, 30 JUILLET. — A mon retour de Bayreuth, je trouve plusieurs lettres qui me prouvent combien les petits côtés de ces grandes questions wagnériennes intéressent ; je ne l'aurais pas cru.

Un correspondant, qui signe Septimus Beckmesser, m'écrit : « Puisque le chevalier Walther chante un *lied* mal prosodié, je comprends que les maîtres chanteurs l'aient blackboulé. » Il faut s'entendre ; les coups de craie rageurs dont le marqueur zèbre son tableau noir punissent des fautes de *lèse-tabulature*, des péchés contre le dogme immuable sur lequel veille cette corporation de

régents obtus, mais c'est Beckmesser qui ignore la prosodie véritable, non son jeune rival.

Au pasteur H. K..., qui me reproche de n'avoir pas montré le schopenhauerisme des *Maîtres chanteurs*, je ne puis que répondre : « Comment l'aurais-je fait, si je ne l'ai pas vu ! » Le docteur Hugo Dinger, qui a de bons yeux, affirme, il est vrai, percevoir « nettement, en maints endroits », l'influence, la fâcheuse influence du *Monde comme volonté et représentation* sur le rôle de Sachs ; mais comme M. H. S. Chamberlain la nie d'une façon absolue, même sur *Tristan* (sur ce dernier point on pourrait discuter), je n'hésite pas entre l'opinion raisonnée du savant musicographe anglais et la boutade irréfléchie de l'aventureux docteur allemand.

De plusieurs : « Les Allemands, qui supportent ces pièces sans coupure, sont donc plus musiciens que les Français ? » — D'abord, c'est seulement à Bayreuth qu'on joue les œuvres de Wagner intégralement ; sur les autres scènes, on les allège (parfois même on supprime des passages qu'il serait indispensable de conserver). Puis, il est certain que les Allemands avalent, sans douleur, une plus grande quantité de musique que nous ne pouvons faire. Il faut les voir, après *Parsifal*, s'empiler à la brasserie, où une musique militaire bavaroise leur verse des torrents de valses, des pas redoublés, des pots-pourris de Millœcker (un sous-Offenbach), d'invraisemblables fantaisies pour flûte sur la *Somnambule*, comme à Nuremberg, des sélections à dormir debout sur *Tannhæuser* comme celles que dirige, dans le magnifique parc de Stuttgart, un capellmeister dont les moustaches valent celles du roi Humbert. Ah ! oui, ils en supportent de la musique ; la goûtent-ils mieux que nous, c'est une autre affaire...

Une dame défend les traductions de M. Wilder. « Pourvu qu'elles donnent le sens général du poème wagnérien, cela ne suffit-il pas ? » Hélas !

non madame. Wagner s'est astreint à ramener certains mots décisifs, explicatifs du drame, sur certaines notes décisives d'un motif. Un exemple suffira, celui du mot « Minne » sur la note la plus élevée du thème du Renoncement, quand ce motif donné au premier tableau du *Rheingold* reparait dans la *Walküre*, au moment où Siegmund saisit l'épée. Comment pourrait-on, au point de vue de la prosodie et du rythme (rythme qui est ici caractéristique du motif) trouver une équivalence entre ce passage :

Tristan's Ehre, hœchste Treu

et la traduction, d'ailleurs méritoire, que l'on en a donnée :

La gloire de Tristan, c'est sa fidélité!

(J'ai dû formellement ennuyer ma correspondante.)

Plus qu'un mot ; très spirituellement, un « littérateur français », comme il s'intitule, déplore le sort de nos musiciens, s'il leur faut désormais ne travailler que sur des sujets germaniques. Rassurez-vous, littérateur, qui devez avoir en portefeuille quelques livrets. Et lisez ceci : « Les poètes français ne doivent s'attacher qu'à peindre leurs types nationaux... Le Français sent et comprend le théâtre beaucoup mieux qu'aucun autre peuple... Le premier souci d'un compositeur français décidé à sortir de l'ornière doit être de se procurer un poème simple, humain, expressif et, surtout, conforme au génie de sa nationalité. »

L'auteur de ces conseils, c'est Richard Wagner.

18 AOUT. — Pends-toi, brave Gandillot! on joue un vaudeville aux Français, et il n'est pas de toi.

C'est Grenet-Dancourt, l'auteur des indestructibles *Trois Femmes pour un mari*, qui, sous le pseudonyme de Favart, fait jouer sa pièce — un peu dérangée, et baptisée *Les trois sultanes*, — par les Comédiens « ordinaires » de la République.

Il a cru devoir la corser d'un personnage emprunté à *Mon Oncle Barbassou*, peu expansif avec les femmes, acaule, comme on dit en botanique, à qui la sultane Roxelane crie avec beaucoup de désinvolture : « Fiche-moi le camp ! » — en latin *castra...t*.

Cette petite française sémillante, babillarde, délurée, (Ludwig) qui bouleverse le harem, dompte le sultan, importe en pays barbaresque la politesse française, les modes françaises, les immortels principes de 89 (bah ! à vingt années près !), mais je la connais, c'est la Virginie du *Caïd !* Par bonheur, M. Ambroise Thomas s'est tenu à l'écart.

26 AOUT. — Les foules enfiévrées prennent d'assaut le théâtre Cluny. Avec leur acte sapide et dru, d'une gouaillerie verveuse, *On ne badine pas avec l'honneur*, Paul Ginisty et Jules Guérin, deux amis, triomphent.

Un honnête paysan, de ceux qui ne badinent pas avec l'honneur, vient à Paris, embrasser sa fille, femme de chambre croit-il ; de vrai : cocotte. Craignant l'ire paternelle, la pauvrette endosse les vêtements de sa bonne, époussète, balaye... Ah ! c'était bien la peine ! Le vieux la houspille, la rudoie. « Bête ! Pourquoi qu't'as pas fait comme ta patronne ? J'aurais pu acheter ce lopin... » Toujours la passion de la terre étouffant tout autre sentiment. C'est le lopin qui a commencé.

*

Madame Montbrisard demande à son amant, à qui elle sait le bras long : « Vous qui l'avez long, profitez-en donc pour faire nommer mon mari commissaire. » L'affaire est dans le sac, et, tout de suite, Montbrisard est chargé de pincer un couple adultère en flagrant délire. Il se précipite, se trompe d'étage, arrête l'amant de sa femme, et le reste, le reste...

Le *méli*-proquo de M. Hennequin, fils et successeur de son père, enchevêtre ses intrigues, embrouille ses pantalonnades, amuse les amateurs de qui *mélo*. Dans cette *Femme du Commissaire*, un grime désopilant, M. Le Gallo, et le type gaîment crayonné de Montbrisard, quinquagénaire sur les boulets, mari fourbu, aime-à-l'aise.

29 AOUT. — Dix-septième réintégration de Mlle Lerou au Théâtre-Français, où, cette fois, elle prend Racine, pour lui jouer *Britannicus*. Gros succès qui va détourner Agrippine, définitivement, il faut l'espérer, d'un tas d'alarmantes *Porteuses de pains*...

Oserais-je vous faire observer, petite Mam'zelle, que Junie ne doit point bêler avec cette résignation monotone ; elle avait du montant, cette Romaine délurée, (*festivissima*, assure notre paillard de Sénèque, en connaisseur) ; elle était jeune, elle était belle — tant mieux pour elle ! — son frère l'aimait un peu trop vivement, sujet délicat sur lequel je ne veux pas incester ; non, non, il y faut plus de nerf, Mademoiselle, petite Mam'zelle !

Adoable, chamant, avissant, cet Albert Néron Lambert ; regards veloutés sous de longs cils, quenottes à la Diémer, et des grâces de ténor. Au fait, pourquoi ne pas chanter le rôle avec un peu de musique tripotée par le chef d'orchestre :

Récitatif

Narcisse, pour toute ma vie
J'aime, que dis-je, aimer ! j'idolâtre Junie !

Arioso

Qu'elle est belle, qu'elle a de charmes,
Et combien ses yeux étaient beaux,
Quand ils brillaient, mouillés de larmes,
Narcisse, à travers les flambeaux, etc.

Quatre bémols à la clef, et ça y est.

Sous la toge de Burrhus, Ramollot prolixe, Paul Mounet s'agite; le diable le mène : Et quelle souffrance de n'entendre plus la voix ensorceleuse de Maubant :

> Je répondrai, Madame, avec la liberté
> D'un soldat qui sait mal farder la vérité.

1ᵉʳ SEPTEMBRE. — Finies les vacances! Adieu les petits trous pas chers! C'est fini de rire, les théâtres sévissent. Et déjà le genre éminemment national fait des siennes; à la Renaissance, *Le Mariage aux lanternes*, pantinerie offenbachique où la plupart des critiques musicaux constatent le summum de wagnérisme assimilable au tempérament français; on reprend à l'Opéra-Comique, *Manon*, de M. Massenet, en attendant *Werther*, de M. Massenet, que suivront *Thaïs*, de M. Massenet, et autant d'autres masseneteries qu'il en faudra pour épargner à la maison Carvalho la honte de monter quelque œuvre d'un compositeur au-dessous de cinquante-cinq ans,

Quant aux *Boussigneul*, les habitués de la Renaissance y applaudissent avec ivresse un commandant de pompiers, des couplets qui montrent la corde (35 francs chez Crémieux), et des gagas qui se camouflent en Turcs pour des raisons que je ne révélerai jamais, à moins qu'un ordre exprès de Mᵐᵉ Leroy ne vienne...

★

2 SEPTEMBRE. — Au Koning's Theater, c'est *Les Crochets d'un gendre*, par Théodore, Barrière, Lambert, Thiboust, Auguste, Vitu, j'en oublie. Gaîté trentenaire, trucs moisis, ficelles usées, et Mᵐᵉ Desclauzas!

★

AVIS. — La gentille Mlle Paulucette Habans, 90, rue de Bondy, revendique « énergiquement » le droit de s'afficher, sur les murs des cafés-concerts, fille du sieur Habans, dit Paulus. A sa place, je ne m'en vanterais pas.

9 SEPTEMBRE. — La Porte-Saint-Rochard, toujours facétieuse, reprend *Martyre*, drame inéluctable : « Il faut *Martyr*, mes vieux compagnons d'armes ! » Le public a copieusement inondé ses mouchoirs d'un liquide dont le chimiste Richepin a fait connaître la composition :

Eau, sel, soude, mucus et phosphate de chaux.

Pendant les entr'actes, on pleurait dans les bocks ; et les garçons inquiets de ces fontaines hurlaient : « Boum, versez Wallace ! » C'est qu'aussi l'histoire est touchante, oh ! combien, que narre Dennery : durant l'absence d'un capitaine de frégate, la femme dudit flirte avec de jeunes officiers de marine, à *tels* enseignes qu'elle accouche, après trois quarts d'année, d'un garçon bien bâti auquel, à peine le cordon coupé, elle ne pense pas plus qu'à ses premières fleurs d'oranger. On emmène, au loin, le môme.

Vingt ans après, comme disait le père de M. Dumas fils, vingt ans après son mari est devenu amiral, l'amiral de la Marche, ainsi nommé parce qu'il est toujours en course, et son bâtard est devenu un chenapan, ce qui est moins rare qu'un amiral. Ce garçon, pas délicat pour un sou, propose à son oublieuse maman oune petite combinazione : ou elle lui remettra cent mille francs, ou il remettra au digne cocu d'amiral des lettres prouvant combien la dame eut la jambe hospitalière...

Haletez-vous ? Vous haletez. *All right !* Si vous voulez savoir comment ces horreurs finissent, courez aux bureaux de location.

Dans son feuilleton de dimanche dernier, M. Francisque Sarcey croit — colonne 1 — que *Martyre* « fournira une fructueuse carrière ». Il ajoute — colonne 2 — que « *Martyre* ne saurait aller très loin cette fois ». Si les lecteurs du *Temps* restent dans l'indécision, ils sont impardonnables.

Marie Laurent et Lacressonnière soutiennent cette pièce lourde ; il est admirable en amiral ; elle est, en amirale, admirable.

Vif succès pour M¹¹ᵉ Leconte, exquise dans un rôle de jeune vierge qui revient de l'Inde avec l'air aimant, naïf, un peu d'Inde, quoi !

13 SEPTEMBRE. — Ohé ! ohé ! la *Vie Parisienne*, plus tyrolienne-second-empire-laï-tou que jamais, réjouit les Variétés ; les auteurs l'épousseterent avec ménagement : au lieu de « Voir la Patti dans *Don Pasquale* — et Thérésa dans le *Sapeur* », c'est, aujourd'hui, des vœux plus modernes :

> Viens, suivons les foules brûlantes
> Qui viennent jeter leur argent
> Pour ouïr les *Chansons poilantes*
> D'Alcanter de Brahm et Saint-Jean.

Avec la poésie (ouf !) des siamois coupolards, vous admirerez Lender, pas trop intelligente, mais jolie, Lavallière, pas trop intelligente, mais jolie ; Germaine Gallois, pas trop, etc., etc. Entrez ! entrez ! suivez le monde !

Si vous trouvez Lassouche un Porto-Rico aussi jeune qu'il y a vingt-six ans, je vous prierai de vouloir bien me l'écrire.

15 SEPTEMBRE. — Robuste, audacieux et poignant, ce *Monsieur de Réboval*, drame sénatorial de Brieux, où les abonnés de l'Odéon apprennent qu'un parlementaire prolifique a tort de laisser son bâtard et sa fille légitime coqueter ensemble, sans les prévenir qu'ils n'ont qu'un père pour deux. Ils s'emballent, et sa tardive révélation les aplatit. Pauvres petits ! s'ils passaient outre, leurs enfants courraient le risque d'être sourds-muets. Je blague, mais la pensée de l'inceste, même non accompli, me paraît essentiellement vomitive.

Jules Lemaître, — débauché au front d'airain —
Jules Lemaître, *ipse*, confessait que l'idée de relations charnelles entre des personnes qu'une convention humaine (« d'utilité publique », soit, mais devenue, par son antiquité, vénérable et sacrée comme une loi de nature) veut insexuées l'une pour l'autre, le gêne comme une représentation sacrilège. Ou bien, alors, faut de la musique, comme dans la *Walküre*.

17 SEPTEMBRE. — Je ne crois pas Mme Judic menacée de mourir d'étisie, ni que, de sitôt, Gobin puisse doubler Van Dyck dans les *Maîtres Chanteurs*, mais ces deux étoiles, pour les discrètes ambitions des habitués du Châtelet, suffisent. Bon vent, *Madame l'Amirale!*

La jeune Lucienne, que l'on veut marier contre son gré, écrit à son flirt, en villégiature aux Iles Marquises et dont la font les beaux yeux mourir d'amour, qu'il peut toujours compter sur elle. Elle écrit aussi, cette femme de lettres, à un soupirant qui l'agace : « Rien à faire avec moi ». Or, son valet de chambre Scipion, maigre, mais soudoyé par la famille d'icelle, change les missives d'enveloppes, si bien que le séduisant emmarquisé recevrait un congé fort inattendu si, Dea ex machina, Mme l'Amirale ne s'embarquait à la poursuite de la malencontreuse épître. (A propos des pitres, signalons le succès d'Alexandre dans le rôle du Roi de Siam). Alors, les tableaux géographiques commencent et ne finissent plus, la Grèce, l'Ajoupa, Ceylan, oh oui ! c'est lent !

En ce massif Blum-pudding, il faudrait plus de Toché. « Trop de Blum! Trop de Blum! » gémirait un Calchas germanique. D'ailleurs, on nous a servi — tous les *Prière d'insérer* le proclament — des cascades « naturelles » (celles de Gobin le sont moins), avec de l'eau véritable — Ah! ma nièce, de l'eau! de l'eau, quelle douceur! — et des ballets où fulgurent quelques rubis, également balais, des broches en toc, des yeux au kohol. Une amirale majestueuse escalade un mur et nous montre son arrière ; un vaisseau majestueux vire et nous montre son derrière, cependant que, le voyant démarrer, M. Floury, l'œil voilé de larmes heureuses, murmure, appuyé contre un portant : *Sic te diva potens Cypri...* Il est si lettré ! Le capellmeister spécialement dévolu à Mlle Judic répond aux espérances qu'elle avait fondées, et au nom de Rosenthal, m'assure un ami Saint-Cère.

Avec de telles jambes, si fermes, si concupiscibles, si galbeuses, on ne s'étonne pas du succès de vos courses, Dauville !

19 SEPTEMBRE. — Claretie dévalise Marx. Aux Français, le *Juif polonais* réussit presque aussi bien que jadis, à Cluny. Quelconque, l'histoire : un aubergiste tue et vole un youtre ; enrichi, il vit heureux pendant quinze ans, sans remords, et c'est après trois lustres d'une tranquille paix goûtée dans le crime, avec un front qui ne rougit jamais, que, stupidement, il s'effare d'une coïncidence, au point d'en claquer, pendant la noce de sa fille. Pfuit ! Succès personnel pour Mlle Reichenberg, qui chante aigrement, le *Lauterbach* et valse avec tant d'entrain qu'elle était, le soir de la première, tout en eau. De l'eau de valse.

27 SEPTEMBRE. — Mouvementé, invraisemblable, et point ennuyeux du tout (malgré les corrections Koningiennes, que M. Ernest Daudet eut le tort d'accepter) le *Drame parisien*, joué par la troupe du Gymnase.

Le Révérend Père Vignal-Duflos, de l'ordre de Saint-Dominique, prêche avec tant d'onction et de si beaux effets de manches blanches que toutes les clientes de l'église où il opère veulent se confesser à lui. C'est d'abord une cocotte, Rose Morgan (sans doute un nom d'*emprunt*) très dégoûtée de la noce depuis sa dernière aventure :

« Figurez-vous, mon Père, que le comte de Véran, mon amant, a été tué en sortant de chez moi, dans l'escalier conduisant à la chambre de sa femme. » Elle sort. Entre une dame en noir, la comtesse (parbleu !) qui révèle : « C'est moi, mon Père, qui ai supprimé mon mari. Il courait les filles, il ne leur résistait pas, je l'ai assassiné. »

Un perspicace magistrat instruit l'affaire, et on arrête Rose, naturellement.

Cour d'assises, avocat, gendarmes, Christ au mur ; l'innocente cocotte va être condamnée quand le R. P. Vignal jure qu'elle n'est point coupable. Aussitôt, le jury l'acquitte, sans en demander plus long. La comtesse, pour se remettre de tant d'émotions, épouse un officier.

La presse fut acide, à l'exception du *Figaro*, où l'auteur fit preuve envers son œuvre d'une bienveillance lénitive qui contrastait heureusement avec le verjus des autres gazetiers. Il serait à souhaiter que cette innovation devînt une coutume (« Qu'est-ce qu'une coutume ? Une innovation qui se répète habituellement », a dit Chincholle). Les auteurs dramatiques jugeraient leurs pièces, les musiciens leurs symphonies : de la sorte, on pourrait enfin trouver un critique couvrant de fleurs les petits travaux de M. Emile Bergerat.

6 OCTOBRE. — M. Antony Mars a de l'esprit, beaucoup ; M. Hippolyte Raymond en manque, totalement ; quand ils collaborent, ils se neutralisent, ça produit la dernière pièce des Nouveautés. Le syndiqué Micheau paiera le bouillon.

Oyez, gens de bien : le vicomte de Montgiscard délaisse la vicomtesse pour chauffer une *Bobonne de chez Duval*, sous le pseudonyme de Casimir. Le vrai Casimir, astucieux larbin, ramasse le nom de son patron pour épater une omnicoucheuse. Complications classiques, imbroglios catalogués, erreurs sur la personne, flonflons de

Serpette, rencontres dans l'inévitable garçonnière, gifles, gifles, gifles. Enfin Mily Meyer épouse le domestique. Pauvre petite !

Essentielle, parmi le troupeau des figurantes, culmine, m'assure-t-on, une demoiselle Willy ; elle n'est point ma parente ; ma conjointe non plus.

7 Octobre. — A Déjazet, *L'Instantané*, de MM. Maurens et Rousseau, pièce photogénique mais bien ennuyeuse.

M. Landrinard croit que sa femme le trompe avec le vicomte Gaëtan des Hauts-Fourneaux ; elle file avec un américain, parce qu'elle suppose de son côté son mari infidèle, grâce à une épreuve instantanée qui le lui montre, dans une cabine, auprès d'une inconnue. Tout le monde se retrouve en Corse chez un professeur de Vendettas. Seigneur, votre droite est terrible !

15 Octobre. — Vaudeville à grand spectacle, à grande gaîté, à grand succès, la *Tournée Ernestin* va remplir les poches de Gandillot (Léon) et de Marx (également Léon). Ce dernier demeure 31, avenue Trudaine ; avis aux cambrioleurs.

Le jeune premier de la *Tournée* s'appelle Léon (lui aussi !), la jeune première, c'est Lucette, qui suffit à ravir, seule, tous les spectateurs, — seule Lucette omnibus. — Il s'agit de marier ces deux chérubins vers ménuit, ménuit et quart, et de les occuper à d'autres exercices depuis huit heures. Tout l'art du vaudeville est là. Entre ce point de départ et ce *winning-post*, Hippolyte Raymond nous rase, Léon Gandillot nous saoule de rire, voilà toute la différence.

Pourquoi vous cacherais-je, mes petits agneaux, que les cabotins de la *Tournée*, — des Ragotins exquis, échappés du « Roman comique » — fluctuent sans mergiter (dans la Barque à Scarron, je pense) et finissent par atterrir à San-Baccara, une ville où doit fréquemment apparaître le spectre de Banco. Ernestin, en 24 heures, est président de la République, déboulonné, milliardaire, ratiboisé ; olla-podrida de parlementeries ; bouillabaisses révolutionnaires.

> Pour la bouillabaisse, troun de l'air !
> Ita-Bagasse!...

Il faut être solide pour ne pas crever de rire à Cluny. Toute la troupe est excellente, sauf la personne callinichonnière qui vinaigre les couplets de Nelly, Mme Acidula, je crois.

21 OCTOBRE. — Le personnage le plus important du *Brillant Achille* est un collyre reconstituant, d'une puissance inouïe, comme il sied dans un théâtre dénommé « Renaissance ». Versez-en quelques gouttes sur un socle vide, vous assisterez à l'érection d'une statue. Il rajeunit même les sénateurs. (Ce dernier trait a paru forcé.) Pour en avoir lampé un verre, la veuve Pélican, — dangereusement regaillardie, veut utiliser les restes d'un corsage qui tombe et d'une ardeur qui ne s'éteint pas... « Lorsque la Pélican, lasse d'un long veuvage... Poète, prends ton collyre et me donne un baiser! » murmurait un assoiffé de Musset. Cette antique femelle, nigris dignissima barris, embrasse avec frénésie l'imprudent pharmacien lanceur de la drogue. Lors, le pauvre bougre, jura, mais un potard, qu'on ne l'y pig'rait plus.

Quant au brillant Péléide, il gobe Théo, il l'épouse, elle se refuse, il tire la langue, *La Maîtresse de Forges*, quoi !

Tout s'arrange, ne craignez rien. M. Lerville comptait beaucoup sur ces trois actes et, avant de céder son théâtre à M. Léonce Détroyat (qui nous promet, comme spectacle d'ouverture, *Madame Chrysanthème* — un bijou — de l'ami Messager), il tenait à finir sa carrière directoriale par un coup d'éclat. C'était une bonne idée. Il choisit, pour l'aider à gagner cette partie; M. Clairville. C'était une idée aussi, mais peut-être moins bonne.

Disons à sa décharge que le jeune potentat de la Renaissance a été poussé par une idée superstitieuse et reconnaissante tout ensemble ; car c'est avec une revue de M. Clairville qu'il inaugura, jadis, sa direction. Cette pièce avait été aux étoiles. Il aurait fallu, pour bien faire, que les étoiles vinssent à la pièce qu'on a jouée hier. Hélas! il n'est venu que Mme Théo, chez qui la valeur survit au nombre des années.

L'auteur du *Brillant Achille*, il faut bien le dire, est responsable de cet engagement inattendu; car lui aussi voulait payer une dette de reconnaissance à Mme Théo, qui fut la créatrice de son premier ouvrage, *Madame Boniface*, aux Bouffes, où, réellement, elle se montra fort agréable, quoique un peu marquée. Il y a de cela une dizaine d'années, au moins.

Le premier acte du *Brillant Achille* se déroule dans une pharmacie ; on y voit donc des bocaux de couleur, des comptoirs, des récipients étiquetés d'inscriptions latines : *Aqua distillata, Mica panis, Lavementum irresistibile*, et un garçon, irrésistible aussi, qui répond au nom de Bonami Regnard. C'est sur Regnard, ne l'oublions pas, que ce jugement définitif : « Il est peut-être médiocre, mais il n'est pas médiocrement gai » fut porté par notre sympathique confrère Boileau-Despréaux.

Musique digestive de M. Varney.

22 OCTOBRE. — Voici de retour dans nos murs le compositeur toqué, Hervé, qu'on avait prétendu à tort naturalisé Anglais, et qui, au contraire, nous revient plus Français que jamais (merci, mon Dieu!), dégoûté pour toujours des mœurs britan-

niques depuis la malpropre affaire des Petits télégraphistes bleus.

> Le p'tit bleu, p'tit bleu, p'tit bleu,
> Ça vous met l'Anglais en feu.

Sa partition de *Bacchanale* contient un grand nombre de morceaux, 22! les deux cocottes...

Les figurantes des Menus-Plaisirs sont beaucoup plus de deux; il en est, dans le tas, de fort gentilles. Au premier acte, dans l'atelier du peintre Milanor, plus d'un petit modèle jacasse, pose, flirte avec le rapin (c'est le rapin qui a commencé).

La maîtresse du peintre Milanor (pas de mœurs, ces artistes!) est très belle dans sa robe d'intérieur. Ah! que j'aurais voulu voir l'intérieur de cette robe! Aiglonnette, c'est son nom, sous le joyeux prétexte qu'elle vient d'hériter d'une auberge à Noisy, détaille, à grand renfort de couplets égrillards, les soins dont elle compte entourer les heureux voyageurs descendus dans son immeuble. Elle les choiera, elle les embrassera, elle fera leur couverture, elle... Enfin, pas plus tard que ce soir, je vais prendre le train pour Noisy. (J'ai le regret d'informer messieurs les membres de la *Ligue contre la licence des Opérettes* que ces facéties croustillantes ont mis la salle en joie.)

Mlle Lambrecht, jadis applaudie (avec discrétion) à l'Opéra-Comique, joue ce rôle d'Aiglonnette. O le charme de son décolletage, chemisette bouffante, jupons courts, laissant voir des appas qui, bien que très accusés, ne sont nullement condamnables! De plus — vous voyez que je n'ai rien de caché pour vous — elle a sur le cou un signe, un petit signe dont j'aimerais bien être le Lohengrin. Et puis elle a tant de dents!

Très réussie, la fête athénienne que donne dans son vide-bouteille, l'intrépide Milanor. Le Piper-Heidsieck coule à flots (dam, une maison de champagne); ces dames portent des robes antiques, ouvertes sur le côté, infiniment troublantes; ces messieurs, des casques en toc, infiniment cocasses. Mais comment se fait-il qu'aucune Athénienne n'ait songé à se déguiser en chatte... agora. Bien qu'on s'amuse ferme, on ne joue pas aux cartes, ce qui est au moins singulier dans une assemblée où se trouvent tant de grecs.

Je ne connais que de vue M. Just Lecocq, c'est un débutant de belle encolure. « Il a fort bonne mine, à ce qu'il m'a semblé. » En revanche, son collaborateur Bertal — ne pas confondre avec le trop fécond caricaturiste — ne compte que des amis dans la presse. C'est pourquoi je souhaite de grand cœur que son opérette réussisse et qu'il ne lui arrive pas de rester en plan, comme le Baccanal de Panama.

Mais qu'elle est longue, prétentieuse et banale l'hervéique partition ! L'académicien qui l'a signée devrait bien s'occuper de son *Soleil* au lieu d'écrire des musiques Comme-la-Lune !

25 OCTOBRE. — Four, au Nouveau-Théâtre : le *Rabelais* de Méténier de la Forêt, resté loin Dubut. Puisque insoucieux de l'histoire, ce couple, si littéraire ! adoptait la légende du Rabelais joyeux, friand de beuveries, fécond en propos torcheculatifs, il urgeait de ne point prêter au gigantesque « Gaudisseur » propos de Gaudissart.

Leur Curé de Meudon grisaille, aussi morne que notre épolant Emile-la-Grillade converti, graine de coupolard, (qui impose au *Gil Blas* sous menace de porter ailleurs *Lourdes*, Bruneau, grinceur d'accords damnables pimentant *le Rêve* paradisiaque), Zola rival de Lasserre, — le Curé de Médan.

26 OCTOBRE. — M. Pierre Wolff réussit le néovaudeville, produit incestueux de la carpe-Labiche et du lapin-Becque, aussi désagréablement superficiel, aussi ridicule et peu cohérent que les

chefs-d'œuvre ciselés par les maîtres du genre, mais où les armoires recéleuses d'amants surpris sont remplacées par les mots amers ; au lieu de procéder de Lambert-Thiboust, les fantoches de *Celles qu'on respecte* semblent issus de Gavarni, tournant, d'ailleurs, dans le même cirque. — « Montagnes Pyrénées, vous êtes mes amours ! » chantonnait Veber, orgueil de la *Revue blanche*.

D'ailleurs, c'est un vrai jeune, malgré sa précoce calvitie d'apparence diplomatique ; une indiscrète artiste du Gymnase m'apprend que, pendant les répétitions de sa pochade naturaliste, il passait son temps à s'arracher poil à poil les moustaches. De plus, il est neveu d'Albert Wolff. A présent, vous le connaissez comme si vous l'aviez fait.

En cette blague à prétentions pessimistes, amusante au demeurant, deux femmes du monde et une cocotte. Total, trois catins. Contre ce trio de coriaces, le seul Henri de Bressac. Que vouliez-vous qu'il fît contre trois ? Qu'il les... Précisément, il s'en acquitte de son mieux, mais à ce jeu les plus solides tempéraments se lassent vite, — dit-on. Aussi, lâche-t-il la femme de son ami Demareuil, pour chauffer une petite veuve qu'il plaquera bientôt à dessein de renouer avec une grue collante, oh ! mais là, collante comme du pied de cochon.

La veuve en question ressemble à une fleur (Depoix).

Elle a de beaux yeux noirs, cette Suzanne, et j'aimerais assez la voir au bain, d'autant plus que ce passe-temps ne présente plus, aujourd'hui, de graves dangers, la race des Daniel ayant disparu, heureusement pour les voyeurs. Sa toilette est monochrome : toque violette, jupe violette, jarretières violettes (je n'en sais rien, mais on me l'a confié). On dirait un petit évêque, et, s'il était jamais besoin d'un coadjuteur...

Quand à Mme Demareuil, si elle pêche, c'est que son mari a le grave défaut d'abuser du bicycle, ce qui le conduit à négliger ses devoirs conjugaux, car il n'est pas de taille à courir deux lièvres à la fois *non bicycle in idem*. Dès lors, on conçoit qu'en femme pratique, son Ariane délaissée, au lieu d'aller aux rochers conter ses injustices, les narre à un ami de son nigaud d'époux, son camarade de collège — qu'elle ne tarde pas à prendre pour camarade de collage. Le rôle de cet heureux coquin est confié à Noblet, le prince des élégances mondaines, qui porte le « sifflet » comme pas un, et n'en attire jamais.

La plupart de nos contemporaines se nourrissant de la littérature *select* distillée par Paul Bourget, on conçoit que ne puissent résister à un gentleman aussi soigné par son tailleur et par son bottier, les mondaines précitées et la petite Margot, qui lève non pas « son sabot » comme celle des *Noces de Jeannette*, mais de cendrillonesques petits souliers tels qu'en chaussent habituellement les aimables « sans profession » de son espèce, héritières des voltigeantes apparitions qui charmèrent les derniers regards d'Ibycus.

27 OCTOBRE. — Encore une revue! pas inférieure aux trois cents que j'ai déjà vues, pas supérieure non plus, toute pareille. La seule différence avec les autres, c'est que MM. Millaud et Clairville l'ont appelée *Premier-Paris*, et voilà tout, et voilà tout.

Mlle Lender célèbre sur l'air du « Roi d'Yvetot » les mérites du chef de l'Etat :

Hé ! Hé ! Hé !
Ah ! Ah ! Ah !
Quel joli Pré-
Sident c'est là !

M. Albert Brasseur réunit tous les suffrages, en Pétomane ; ce spirituel fantaisiste, toujours à l'affût du succès, sait, comme on dit, d'où vient le vent.

Le ténorino Marcelin, détaille un air de *Sa-*

lammbô avec un succès de derReyer les fagots ; il faudrait, pour ne pas l'applaudir être sot comme Tanit.

M. Depas, acclamé dans sa mirifique imitation de Mounet-Sully, roule des yeux « Agar » frappe du pied le sol, écume, vocifère des vers d'Hamlet — sans musique d'Ambroise Thomas, Dieu merci ! On croirait entendre le monstre lui-même. Après avoir débuté très modestement au cercle Pigalle, il peut maintenant se considérer comme étant de la maison, Depas (prononcez l's final).

Mme Mathilde (idole de mon âme), a encore engraissé de 50 kilos depuis l'année dernière.

Le duo des petits chiens (sur l'air si distingué *All' s'a fait choper dans la ru... u... e*) a porté jusqu'au délire la gaieté du Toutou-Paris des premières.

31 OCTOBRE. — M. Jules Dornay — un vieillard avec qui refuse de collaborer désormais notre Xavier de Montépin qui lui trouve décidément trop peu de littérature — M. Jules Dornay remplit, à lui tout seul, l'Ambigu de chiens courants et d'intrigues traînantes. Ses *Cadets de la Reine,* on dirait une invention d'Alex. Dumas père vieilli, ressemelée par Louis Noir ; il y a deux frères qui se ressemblent comme deux fours de l'Ambigu, ces facéties-là c'est le ménechme plus ultra du machin historique ; ils changent de nom comme de pourpoint, profèrent des mots héroïques, ferraillent, ah, zut !

Des critiques instruits qui possèdent un Larousse affirment que Richelieu, Anne d'Autriche et Louis XIII sont, de par les fantaisies de M. Dornay étrangement défigurés. Je m'en doute bien un peu, mais c'est le cadet (de la Reine) de mes soucis.

1er NOVEMBRE. — Pour des motifs qui m'échappent, le Théâtre-Moderne opère sa réouverture, sans fracas, avec la *Marie Stuart* de MM. Samson et Cressonnois.

Chelles est très bien, avec ses bottes (Both, well!) M. Berton fils, déjà remarqué dans une panne du *Prince d'Aurec*, est plus remarqué encore dans le personnage de Douglas. Je n'hésite pas à prédire à ce jeune homme qu'il sera de plus en plus remarqué, jusqu'au jour où il sera tout à fait marqué.

Mme Laurent-Ruault n'a eu, cette année, qu'un second prix au Conservatoire, heureusement pour nous ; honorée d'une plus haute récompense, le Théâtre-Français se l'attachait — avec des saucisses — et nous n'aurions pas eu le plaisir de l'applaudir dans *Marie Stuart*.

Une mention spéciale à Mme Béranger, dont — son nom l'indique — le talent fait loi.

Entendu à la sortie : Si Maristoire vous embête, nous allons la, la...

3 NOVEMBRE. — Le protagoniste du *Grappin* se nomme Privas ; les gens forts en géographie en ont inféré qu'il devait être pauvre, Privas se trouvant dans la (r) dèche. Je n'insiste pas.

Un « grappin », c'est une femme collante, c'est une sangsue, c'est le crampon auteur de tous les maux dont souffre le pauvre diable assez nigaud pour avoir commis un tel mariage. C'est le grappin qui a commencé !

Si encore cette batifoleuse avait un grain de poésie, un atome d'intelligence, une étincelle d'esprit ; mais non.

> Elle est — et rien de plus — la superbe maîtresse
> Qui dévoile au soleil sa hanche et ses seins nus,
> Et verse également sa banale caresse
> Aux voyageurs d'un jour, aux passants inconnus.

Dûment épousée, elle a gardé avec le bêta qui l'a conduite à l'autel les manières qu'elle affichait avec les noctambules qui la conduisaient à l'hôtel. Elle piaille, elle introduit au domicile conjugal des péripatéticiennes nocturnes, elle... enfin, il faut tout le talent de Salandri pour imposer ces inquiétantes outrances. Aux amateurs de naturalisme, je recommande surtout certain maqu...ignon qui arrive, qui arrive, à toutes nageoires, offrir à l'infortuné mari de la donzelle des photographies, hum! Je ne les ai pas vues, mais elles ne doivent pas représenter Léon XIII coiffé de la tiare.

Un abonné m'a écrit pour me demander le signalement de Salandri. Pâle et brun, madame, le teint mat, les yeux aigus, la bouche moqueuse; je ne vous en dis pas davantage. Ayez les pieds chauds, la tête froide et le Théâtre libre.

4 NOVEMBRE. — Tandis qu'aux Bouffes *Miss Helyett*, de Boucheron, musique d'Audran, chantée par Mlle Biana Duhamel, était remplacée par *Sainte Freya*, de Boucheron, musique d'Audran, chantée par Mlle Biana Duhamel, le Nouveau Cirque ouvrait ses portes ; j'ajoute que ces huis étaient à peine suffisants pour laisser passer la foule compacte qui s'engouffrait dans l'immeuble sis 251, rue Saint-Honoré : princes de la critique, beaux éphèbes toujours à la mode, étincelantes décorsetées du quartier Marbeuf.

Gros succès pour les *Japonais équilibristes ;* le plus robuste, qui ressemble audacieusement à Caran d'Ache, se pose une échelle sur la plante des pieds, ses camarades se posent sur l'échelle, et voilà..

Les trois *Rexford*, c'est trois Américains, gros, roses, bien lavés, frétillants, qui montent les uns sur les autres. Du reste, ils seraient d'une autre nationalité que ça ne les empêcherait pas d'en faire autant.

On applaudit les *chiens clowns*, dressés par M. Didié (Didié de quoi? Didié de rien), et aussi trois ours sans doute échappés des cartons de M. Bergerat. — Le premier marche sur des bouteilles, le deuxième se balance sur une escarpolette, le troisième, plus malin, mange des carottes. Comme le dit si justement la Sagesse des nations : « Les ours se suivent et ne se ressemblent pas. »

5 NOVEMBRE. — Enorme quiproquo, ce *Champignol malgré lui*, si formidable qu'on ne comprend pas comment la bonbonnière des Nouveautés le peut contenir. Surprise par d'austères parents de province en compagnie de Saint-Florimond, un soupirant, Mme Champignol, pour sauver les apparences, le présente comme son mari. Tout le monde le considère, dès lors, comme l'heureux époux, et les gendarmes, partageant l'erreur générale, incorporent sans douceur au 175e de ligne à Clermont sur Oise, pour treize jours, le Champignol malgré lui.

Mais le véritable Champignol rejoint son régiment, et voici que l'imbroglio étend ses tentacules. On rase les cheveux de Germain, (le mari réel) jusqu'à la peau, un beau-père tombe à l'eau, les sous-officiers crachent de la salle de police, le public se roule. C'est un triomphe.

Puisque mes lectrices veulent à toute force savoir comment les auteurs dramatiques ont le nez fait, — je ne veux pas leur celer que M. Georges Feydeau est ce que la nature, aidée par l'art et la mode, a pu produire de plus délicieusement *select*. On peut se faire la barbe dans ses chapeaux, — non pas de la façon que vous croyez, — je veux dire qu'on peut s'y mirer, tant ils reluisent ; ses souliers vernis « étincellent la nuit de mille feux » et le jour aussi. Quant à ses complets, des poèmes ! Et puis des yeux fins, des moustaches blondes qui flottent au vent, et un charmant caractère, ce qui vaut mieux encore. *Signe particulier* : une irrésistible gaîté, ainsi qu'il appert de *Monsieur Chasse* et de moult autres pièces acclamées.

Quant à M. Desvallières, sa vocation ne date pas d'hier : le collaborateur de M. Feydeau a été mon condisciple au lycée Condorcet, à une époque lointaine où le bailloir de la rue Caumartin était encore placé sous l'invocation de Fontanes.

Dès ces temps préhistoriques, cependant que l'excellent Courbaud nous initiait aux mystères de tes hendécasyllabes, ô Flaccus, Desvallières feuilletait d'une main fiévreuse les brochures de Labiche et, insoucieux des odes berceuses, délaissait pour Meilhac, Lalage, *dulce ridentem*.

Un jour que de sa voix sonore et grave, aux intonations franc-comtoises, Courbaud nous déclamait une page célèbre du *Pro Milone*, l'incorrigible dramaturge, le menton dans la main, l'œil vague, rêvait à je ne sais quelle scène à faire. Tout à coup, il tressaillit. Le professeur finissait sa période sur le mot *fulgens*. Desvallières murmura, avec un sourire extasié : *et Wafflard !*

Rien de particulier à dire des décors. Le premier représente un atelier de peintre, pour que les spectateurs (à moins d'être hermétiquement fermés au symbolisme) comprennent tout de suite que Champignol malgré lui en verra de toutes les couleurs.

17 NOVEMBRE. — Des Tartarins d'écritoire, dont la prose boursoufflée a doubles muscles, vocifèrent que M. Paul Hervieu manque de puissance. Pour ces forains, *les Paroles restent* c'est « des œufs à la neige ». Propos de gars sonores rendus mal propres par les gesticulations dans les brasseries, et les gueulées, à comprendre l'élégante vigueur de ce « Marivaux féroce », et qu'un stylet vaut bien des triques retentissantes. On ne vèle point, sur la scène du Vaudeville, nul père (vu de dos) n'y viole sa fille, on n'y lâche pas même un pauvre petit nom de Dieu ! et, entre mondains, s'échangent des bavardages acérés, de souples réticences, pendant trois actes. J'en voudrais cinq !

Le marquis de Nohant — à ce nom, on devine qu'il y aura effusion de Sand — a calomnié Régine, une pure jeune fille (il y en a encore). « On dit qu'elle marche avec Missen... » Après avoir bavé sur la pauvrette, il se repent et lui offre sa main qu'elle accepte. Jusque-là, ça va bien. Le chiendent, c'est qu'avant de la conduire à Saint-Augustin, il glisse aux confidences — pourquoi ? pourquoi ? — et ne lui dissimule pas qu'il l'a, jadis, salement bêchée. Ire de l'infante : « Moi ! avec Missen ! » Coïncidence étrange, celui-ci entre. Elle court à lui : « Dites à M. de Nohant qu'il a raison, que je suis votre maîtresse... » *Exit Regina.*

Duel. Missen atteint la carotide du bavard qui, pourtant, guérira, à moins qu'une émotion fâcheuse... La voilà, la fâcheuse émotion, la voilà bien, apportée par de bons amis colportant potins venimeux. Invisible, le blessé entend siffler ces vipères : (Duel à la mie, Régine une drôlesse, mariage fructueux pour Nohant). L'ex-calomniateur, sous ces calomnies, s'effondre. *Requiescat.* Rideau.

23 NOVEMBRE. — Sur la scène étonnée du Théâtre-Français, la dame d'un chauffeur fornique avec un logis de dragons, puis narre l'historiette à son homme qui se périt. Titre : *Jean Darlot.* Legendre *scripsit.* A présent développons.

L'amitié d'un grand homme est un bienfait des dieux. Celle d'un ministre aussi. M. Legendre serait bien ingrat de penser différemment, car il est douteux que son intéressant fait-divers eût été représenté au Théâtre-Français sans l'appui d'un homme politique important qui fait, dans la maison de Molière, l'appui... et le beau temps.

Je me hâte d'ajouter que si, d'aventure, les espérances du ministre des Beaux-Arts étaient déçues, qui rêvait un très gros succès pour son protégé, afin de pouvoir lui rougir la boutonnière, l'auteur de *Cynthia* (joli acte en jolis vers) et de *Beaucoup de bruit pour rien* (brillante shakespyrotechnic) resterait cent fois digne, de par son passé, du ruban qui empourpre tant de vestes littéraires.

Il va sans dire qu'une pièce se faisant remarquer, comme la chanson de cantonnier, par sa grande simplicité, ne comporte aucun luxe de mise en scène. Pourtant, le petit décor du premier acte a plu, par son humble exactitude : un cabinet de lecture, modeste, timide même, à Abbeville, avec tomes de romans dépareillés, affiches de l'Encre du Coq, plumes, papier à lettre et journaux de toutes nuances. L'*En-Dehors* s'y étale à côté de la *Paix*. Malgré cette louable indifférence en matière politique, la pauvre boutique est misérablement achalandée, et le propriétaire, dont la patience a un terme, vient réclamer ceux qui lui sont dus.

La pauvre marchande pleure à fendre des pierres, et tout fait espérer que, grâce à ce désespoir elle perdra un ou deux de ses cent dix kilos. Quelle santé ! Cette vendeuse de journaux doit avaler tous ses bouillons.

L'élégant Worms a beaucoup souffert quand il lui a fallu endosser le complet de velours à côtes du bourru Jean Darlot, acheté dans quelque *Jean-Bart* ignoré des gens bien mis. On m'a raconté que l'auteur avait même voulu lui imposer une blouse ! Ce sacrifice dépassa les forces du sociétaire. Ressembler à Thivrier, jamais ! La seule concession à laquelle il consentit fut d'acheter un billard à blouses, mais on ne le voit pas dans la pièce.

Le second décor représente l'appartement des Darlot : une pièce mansardée, salon-salle à manger-cuisine avec fenêtre sur la Somme, photographies au cadre de la glace, table à ouvrage minable, bref un mobilier qui indique une *mediocritas* peu *aurea*, trop peu. A gauche, un poêle. Il y en a un second, dans la main de Louise Darlot, triste, lasse, écœurée de ces meubles laids, de ce mari fruste, auquel elle préfère toujours le beau

jouvenceau qui « tire » son temps aux dragons...

Précisément, ce chéri fait son entrée ; un amour de maréchal des logis (Albert Lambert) adonisé, botté finement, les yeux agrandis au kôhl, avec un soupçon de poudre à la maréchale (des logis). Et comme il s'exprime en termes choisis ! Quelle différence avec ce maladroit chauffeur de Darlot, uniquement occupé de sa locomotive et de son repas, expédié entre deux baisers goulus dont il bouscule sa femme énervée, qu'il empoigne au lieu de, savamment, la darloter.

Vous pensez bien qu'on mange sur la scène. C'est un élément de succès dont aucune pièce ne saurait plus se passer. Dans du vrai bouillon, la belle-mère taille de la vraie flûte, que M. Worms mange avec sa vraie bouche. Il expédie ensuite un vague miroton et termine ce repas qui eût fait bouder Lucullus par un morceau de Brie, ce qu'un légiste de mes amis appelle le Brie de clôture.

Ovation du public quand le puissant comédien, après la confession — bien inattendue — de sa femme coupable, lance à pleine voix cet alexandrin, également inattendu :

On m'arrache le cœur, il faut bien que je crie !

Beaucoup de dames pleurent, au balcon, avec le ferme propos de ne pas conter à leur mari, rentrées au domicile conjugal, qu'elles furent adultères, elles aussi.

Pas de costumes sur la scène, mais, dans la salle, des merveilles ! J'ai surtout remarqué une adorable jupe collante, très collante, serrée derrière par un paquet de plis en éventail, étroitement agrafés de chaque côté par une double rangée de gros boutons. Veste smoking avec gilet-plastron. Le tout en serge bourrue, — comme Jean Darlot.

29 NOVEMBRE. — Robert de Chantemelle, chevaleresque et poitrinaire, devient l'amant d'une

jeune personne, qui, avant lui, s'était offert déjà le duc de Chantemelle, père. Ça ne sort pas de la famille. Naît un enfant mâle qui perpétuera le nom de cette noble race de *Fossiles* et mon Robert épouse, ignorant, bien entendu, la collaboration paternelle. Quand elle lui est révélée par une nourrice, au bord de tes flots bleus, ô Méditerranée, il se tait, blessé mortellement, et revient s'enfermer au château de ses ancêtres, pour y mourir.

Le décor du premier acte des *Fossiles* représente un vaste appartement du château de Chantemelle, dans la forêt des Ardennes. On ne voit pas la forêt, mais on en parle, c'est une économie de décoration. Aux murs des tapisseries tristes, maussades mêmes, comme les vieilles filles qui la font (tapisserie) au bal; à droite une armure dressée sur un socle, comme au dernier acte des *Cloches de Corneville* — on connaît ses classiques — à gauche, une cheminée où brûle du gaz (on se met bien dans la forêt des Ardennes) et un bahut somptueux, comme jamais je n'en aurai — pékin de bahut, ainsi que disent les Saint-Cyriens quand ils s'évadent.

La duchesse et sa fille, pour ne pas fatiguer le jeune poitrinaire qui repose dans la chambre voisine, parlent à voix basse. En revanche, les spectatrices des avant-scènes jacassent tout haut, si bien que les infortunés venus pour entendre la prose de M. de Curel s'épuisent à pousser des « chut! » infructueux. De temps en temps, quand la situation devient plus poignante, quand Antoine prononce une phrase effroyable de cruauté hautaine, tout ce joli monde s'esclaffe. *(Ne pas oublier que le Public du Théâtre-Libre est le plus intelligent de Paris, — et conclure.)*

Vif mouvement de curiosité quand entre Mlle Dulac, chargée du rôle d'Hélène Vatrin; amère, provocante, dans son ultime avatar — la dernière incarnation de Vatrin — l'astucieuse demoiselle (?)

de compagnie, cette « grue », comme l'appelle énergiquement le duc, porte une robe de forme russe (ça fera plaisir à M. de Mohrenheim) bordée de castor ; j'aurais plutôt compris le demi-castor.

J'allais oublier de décrire le petit complet cynégétique arboré par le duc; comme ce seigneur chasse dans un pays montueux, il revêt un costume en velours... à côtes.

Au deuxième acte, pour bien faire comprendre aux intelligences les plus rétives que le pauvre Robert a été sganarellisé, l'acteur chargé de ce personnage sympathique, mais guignard, introduit ses jambes dans un pantalon du plus beau jaune.

Pendant la grande scène entre le père et la fille, la maîtresse des Chantemelle, avec une discrétion à laquelle je rends hommage, regarde par la croisée — d'où descendent ses amants. A l'orchestre, un monsieur fin a susurré : « Elle fait la fenêtre ».

Joli, le décor du trois. A Nice : une joyeuse véranda à travers les vitres de laquelle on aperçoit une étendue azurée; le ciel, affirment certaines personnes; la Méditerranée, prétendent d'autres. Je consulte une ouvreuse d'aspect intelligent, qui me répond : « Ça doit être la Manche. »

Si nous ne sommes pas dans les Alpes-Maritimes, voici toujours des meubles de *canne*. Pour égayer son poitrinaire de frère, Mlle de Chantemelle lui joue la Marche funèbre de Chopin. Cette petite est pleine d'à-propos.

Sombre, très sombre, le dernier acte ! Le corps de Robert est veillé par deux religieuses; et Claire lit le testament de son malheureux frère. Malgré quelques essais de ricanements imbéciles, la majesté funèbre de cette scène saisissante a eu raison des hostilités niaises qui n'avaient cessé de se manifester depuis le lever du rideau, parfois très vivement.

Une fois de plus, le mort avait saisi les vifs.

30 NOVEMBRE. — Le décor du premier acte du *Système Ribadier* est convenable, sans plus.

Il ne change pas au second acte. Au troisième non plus.

Si vous croyez que c'est gai pour un malheureux soiriste qui n'a rien à se mettre sous la plume !

Heureusement, je me console en lorgnant Marie Magnier — qu'elle est belle, mais qu'elle est imposante ! — plus imposante encore, sinon plus belle, qu'à l'époque où elle hantait mes rêves de collégien précoce. En quelle année ? Hé, hé... c'était avant la guerre, ou après... Mettons que c'était entre la guerre d'Italie et celle du Dahomey, et n'insistons pas.

La majestueuse actrice se donne beaucoup de mal pour faire rire dans le rôle d'Angèle, veuve tenace, « grappin » dirait Salandri, qui, après le décès du sieur Robineau, son époux, a convolé en secondes noces avec un nommé Ribadier, pour ne pas avoir besoin de démarquer les initiales de ses chemises de nuit, brodées d'un R.

Mais comme elle est jalouse, la puissante veuve ! Trompée à couche que veux-tu par feu Robineau, qui se ménageait de fréquents alibis, sous prétexte de fallacieuses réunions d'actionnaires, elle va relancer son Ribadier qui se trouve réellement en plein conseil d'administration du chemin de fer du Nord. Esclandre terrible. M. de Rothschild fait la moue et chuchote à l'infortuné : « Ribadier, vous rappellerez à votre femme que nos séances sont privées. » Mais rien ne dessille les yeux de cette mégère non apprivoisée.

— Une blague, ce conseil ! Pourquoi se réunit-il ?

— Mais dame, ma chère Angèle, pour causer de chemins de fer.

— Ah ! ah ! elle est bien bonne ! Comme s'il n'était pas terminé depuis longtemps, le chemin de fer du Nord !

Et pourtant, il n'y a pas à dire, Ribadier doit tromper sa conjointe. Pourquoi ? Mais parce que le plus chaud besoin d'un homme marié — tous les célibataires vous le diront — c'est de réussir à tromper sa femme. A chacun son truc. *Le Système Ribadier* réussit parfois, mais il exige une épouse dûment hypnotisable, telle l'irascible Angèle : quand le volage Ribadier désire une promenade dans le jardin (*in horto*, bien qu'il s'y donne du mouvement) dans le jardin de sa complice, petite bourgeoise adultère, à dessein d'y cueillir « la fleur des baisers défendus » cultivée par l'horticulteur Haraucourt, il plonge d'abord sa conjointe en un lourd sommeil. Simple occlusion des paupières. Pan! elle dort! Et Ribadier fornique sans alarmes. De retour, il la réveille et, quiet, s'endort.

Si vous n'avez pas deviné, depuis cinq minutes, que le sujet Angèle, un beau soir, feint de s'endormir et découvre les turpitudes conjugales, qu'elle veut se venger du monstrrrre, que le cornard légitime de la maîtresse à Ribadier intervient, qu'on se réconcilie à minuit pour le quart, — je vous plains.

Ces graves événements ne m'empêchent pas d'examiner avec soin les élégances qui scintillent au balcon. Voici, portée par la marquise de Portalègre, une adorable toilette rose; le corsage décolleté à la vierge (ce qui prouve qu'il a un certain toupet) est tout plissé, en gaze de soie rose pâle, sous un figaro froncé qui prend la gorge — ce coquin de barbier! — parti d'un étroit revers plat et descendant en longues franges jusqu'à la taille, pour rejoindre la ceinture en soie, rayée de très étroits velours noirs, qui remonte dans le dos en bretelles droites (plus de dos ronds!)

A la sortie, les gens experts aux choses du théâtre constatent que *le Système Ribadier* est construit sur le même sujet que *le Fluide,* un petit lever de rideau du Vaudeville. Ça m'est égal.

Personnellement, je constate que je me suis tordu comme un pas de vis.

4 DÉCEMBRE. — Les belles infidèles ont fait leur temps ; c'est les traductions que je veux dire : la littérature est en progrès sur la vie. En ce siècle photographe, le réalisme a gagné l'archéologie, même le doux songe virgilien (un peu fade et pâlot) des humanités : le traducteur est exact, il veut l'être, et maussade comme les lunettes d'un privat-docent, l'Alceste intellectuel, gavé de grec, a de plus rares occasions de crier à la prose française, frivole Célimène : « Ah ! traîtresse... »

Que Perrot d'Ablancourt soit mort sans postérité, on ne saurait le déplorer en lisant l'*Aristophane*, dont M. J. Denis, doyen de la Faculté de Caen, vient d'éditer une traduction posthume, confectionnée de grand ahan par Ch. Zévort.

Ouvrez ce bouquin ; comparer c'est comprendre ; choisissez donc un passage à votre goût : soit la *Lysistrata*, que l'on va gaiement défigurer au Grand-Théâtre, en cette année de pudeurs insolites où *la Fille Elisa* se fait interdire ; soit les *Grenouilles* et leur querelle si Femmes-Savantes des deux poésies Eschyle-Leconte de Lisle et Euripide-Coppée (le cri barbare φλαττοθρατ opposé au refrain faubourien λήκυθον ἀπώλεσεν « il a perdu sa fiole ») ; soit les chœurs des *Thesmophories*, ceux des *Oiseaux* surtout, qui vous édifieront sur l'atticisme, jugé la plus belle des choses humaines par Anatole France ; soit encore les *Nuées*, au bouffon débordant de lyrisme, Falstaff jouant Ariel : « Nuées immortelles, prenons notre essor sur cette humide et légère parure qui nous révèle aux regards... »

Votre choix fait, collationnez le passage lu dans les traductions précédentes : Artaud vous paraîtra douloureusement vieux jeu ; Poyard plus terne ; Fallex plus lâche (et fourmillant, d'ailleurs, d'extraordinaires strophes si pompier!). Ardant d'un fier courage, le valeureux Zévort a combattu le monstre ; précis, nerveux, érudit, philologue, archéologue, il n'a rien épargné pour nous donner une idée exacte de ce Rabelais antique, le charme de la canaille et le mets des Jules Lemaître.

J'ai dit « une idée exacte ? » parbleu, tout calque est un idéal ! Son portrait du Sophocle scurrile, ennemi forcené de toutes les décadences qui subtilisent, κομψευριπικῶς n'évoque pas, ne pouvait absolument évoquer l'Athénien du cinquième siècle, voisin de Phidias, dont les lèvres devinrent le sanctuaire favori des Kharites. Mais l'effort est louable, encore un coup.

Très utile, la préface, indispensable aux pères de famille qui pourront y puiser des renseignements faute desquels ils seraient exposés à demeurer quinauds devant leurs fils, bacheliers récents.

Il leur sera désormais loisible de lever des épaules méprisantes en lisant, dans les manuels, que ce réactionnaire enragé, propriétaire foncier à Egine, plus rétrograde que M. Sardou, plus artiste aussi, moins gêné par la loi des Trente que l'auteur de *Thermidor* par la Censure, causa la mort du grand novateur. Doctoralement, ils exposeront, entre le chester et le beurré gris, à leurs invités stupéfaits, un peu vexés peut-être de découvrir chez leur amphitryon tant de science, que vingt-quatre ans seulement après les *Nuées* — vingt-quatre ans, mon cher, ça compte ! — Socrate but gaiement la coupe empoisonnée, le matin où la blanche théorie revint de Délos à travers la bienveillante lumière.

Au pittoresque argotier de *Truandailles*, à l'helléniste arsouille dont on connaît la dissertation, honneur du largonji platonicien, sur ὅ τι ἂν τύχῃ; au licencié ès-lettres touranien des *Blasphèmes*, qui, dans sa « Réponse du Cyclope », manifesta clairement un état d'âme idoine à la compréhension du drame satyrique, pourquoi diable un éditeur intelligent ne demanderait-il pas une traduction d'Aristophane ? Commenté par les amusantes reconstitutions de Rochegrosse — au besoin, on appellerait à la rescousse, pour *Lysistrata*, Félicien Rops — l'ouvrage se vendrait comme du (Monté) pin.

Mais attendons la *Lysistrata* de Donnay.

8 DÉCEMBRE. — Il est bien doux de revoir la patrie après une longue absence, et les innombrables reportières — race bavarde — qui jettent tant de fleurs de rhétorique, depuis quelques jours, sous les pieds de M. le comédien Hittemans, fier de fouler enfin le sol français (comme ma période me semble un peu longue, je m'arrête ici ; Léon Cladel se serait contenté d'une seule phrase pour conter toute la pièce de MM. Blum et Toché, mais cette fâcheuse manie l'empêcha d'entrer à l'Académie, et je tiens à ne pas me fermer les portes de ce monument, où je pourrai voisiner avec M. Ferdinand de Lesseps).

Donc, les gazettes parisiennes s'accordent à rappeler que le triomphateur de ce soir, l'illustre Hittemans, « s'est fait » à l'étranger, où il a conquis gloire et billets de mille, comme son prédécesseur Jolly, — comme Bismarck, ajouterais-je, si ce dernier ne s'était plus spécialement distingué dans la tragédie.

La France lui augmentera-t-elle son pécule ? Faudra voir.

Les Paroles restent sont parties soit ; c'était pour les gens de goût : ils ne sont pas venus. Je crois qu'il n'y en a pas. Certes, *Monsieur Coulisset*, de littérature accessible, plaira davantage aux actionnaires du Vaudeville, aux dyspepsiques soucieux de la seule pièce-psine idoine à précipiter leurs bols alimentaires attardés. Pourtant, Sarcey déclare Hittemans pataud. Sale coup pour la fanfare !

Oncle, tu parles d'or ! Ce cabot russifié, illustre dans les steppes, Néva pas à la cheville du Jolly que nous pleurons. Il a gagné, chez les grands-ducs, des roubles qu'il cache, et des intonations qu'il devrait dissimuler, pétersbourgeoises tirant sur le belge, quelque chose comme un accent de l'Oural-aux-herbes-potagères. Les auteurs de la *Souricière* ont acheté chat en poche.

L'intrigue, vous y tenez ? — Coulisset, pique-assiette, égare en des poches dangereuses son carnet où il consigna des potins à faire battre des montagnes et même des clubmen. (les écrits restent). On finit par rattraper ce calepin explosif. M. Raoul Toché est un homme d'esprit. Son collaborateur est M. Blum. Que Mlle Caron est jolie ! Sa sœur itou. Pour Meyer, il reste le Président de la République des élégances. Quand, le soir de la première, il quitta son sifflet pour endosser un smoking bleu-mourant, quel religieux silence attendri ! On aurait entendu voler le baron de Reinach.

Au premier acte, on aperçoit M. Coulisset dans un bal, au milieu des couples de valseuses qui tournoient de façon à prouver que le vœu de Musset reste inexaucé, qui souhaitait :

... qu'un figurant, en France,
Pût valser aussi bien qu'un bouvier allemand.

A la fin de l'acte, dans un cotillon du genre le plus relevé (un cotillon relevé plaira toujours), on applaudit une figure où des demoiselles en peau et des habits noirs passent attelés à trois — symbole du mariage. Au fond, une serre, où un admirateur exclusif de Loti, bien grincheux, prétend que l'on doit cultiver des *Fleurs d'ennui.*

Joli petit hôtel, au second acte ; hall vitré à travers lequel on voit rougeoyer les becs de gaz du boulevard ; devant le vitrage, un escalier conduit à la chambre du comte, un escalier qui a des degrés « ainsi que la vertu et le crime » — plus que le thermomètre n'en avait hier soir. Quelques effets de lumière mettent en liesse un public bien disposé, hilare dès qu'un monsieur, pressé de fuir, saisit, au lieu du bouton de la porte, celui qui allume les lampes électriques. M. Monval, archiviste de la Comédie Française, fait observer avec quelque dédain que jamais Molière n'a employé l'électricité comme effet comique. M. Monval a raison.

9 DÉCEMBRE. — M. Alix Fournier est un grand jeune homme brun, très grand, très jeune, très brun, qui a manqué le prix de Rome cette année, comme l'année dernière, pour plusieurs motifs : d'abord parce que les siens (de motifs), d'allure trop wagnérienne, ont dérouté le jury, puis — hélas ! — parce que le compositeur de *Stratonice* est d'une franchise dangereuse, appelant un chat un chat, et Gounod un crétin, opinion qui me semble d'ailleurs excessive. Il y a des musiciens académiques indisposés par la verdeur de ces jugements, que colportent avec soin les bons petits camarades de Fournier. On le lui fit bien voir. Malgré d'excellentes parties, malgré le thème de Kundry, qu'il avait eu soin d'y insérer, parsifallacieusement, sa cantate de Rome, *Amadis*, ne réunit que peu de suffrages ; quant à *Stratonice*, si elle a été jouée hier soir, c'est contre le gré de plus d'un compositeur « arrivé », et parce qu'elle fut couronnée jadis, au concours Crescent. J'en conclus que le jeune maëstro fera bien, à l'avenir, de garder sur les croque-notes de l'Institut un silence à la Conrart, et de se rappeler l'adage promulgué par Talleyrand (autre mélomane qui tint à merveille sa partie dans le concert européen) : « Le premier mouvement est toujours le bon, il faut donc s'en défier. »

Mme Bosman, qui chante le rôle de l'amante d'Antiochus, a les bras nus, mais la voix un peu couverte ; elle va se marier et ne paraît pas à la noce. Mon Dieu, de semblables anomalies sont encore visibles à l'œil nu, au XIXe siècle.

Pendant qu'elle gazouille, lorgnons le décor. Il représente le Palais-Royal (on a oublié le canon qui part à midi). Dans le lointain, sous un ciel indigo, une ville très blanche; du soleil ; au fond, une portière... non, vous me comprenez mal, je ne vous parle pas de la pipelette, mais d'une sorte de tenture laissant voir les maisons marmoréennes, déjà indiquées, sous l'azur du ciel précité. A droite, une causeuse, meuble difficile à définir chastement, mais suggestif, tenant le milieu entre le lit et la chaise longue, et dont l'orientalisme un peu toc a ravi un des machinistes, poète auvergnat, qui s'est écrié, en voyant planter le décor :

Je gage che qu'on vent que che beau meuble-chi
Vient des grands magagins de la *Plache Clichy.*

Au chevet, une table de nuit, avec tout ce qu'il faut pour, hum ! disons : pour écrire. L'amphore au long col — ça ne devait pas être commode pour tout le monde, cet ustensile-là ! — est posée dessous. De notre temps, on préfère généralement placer ces récipients moins en évidence. Mais stratoni-soit qui mal y pense. A gauche, une large baie, à demi-couverte par ce que les Syriens appelaient un *velum.*

C'est par là que Stratonice lance des regards mélancoliques, attristée des rimes de M. Louis Gallet, et l'air morose, parce que les choristes chargés de proférer dans la coulisse des « chantons ! dansons ! » ne se privent pas de détonner. (Prière à messieurs les *typos* de composer ce mot avec deux N ; s'ils imprimaient « détoner », les lecteurs pourraient croire qu'il s'agit d'un chœur de pétomanes.)

Le roi Seleucus Nicator s'appelle, à la ville, Dubulle ; comme il a la voix plutôt savonneuse, ses camarades croiraient manquer à tous leurs devoirs en ne l'appelant pas « Dubulle... de savon ». C'est un monarque bien couvert ; complet blanc, grand manteau pourpre et or, bras chocolat. Je me hâte de dire que cette couleur, chère au cœur de la famille Ménier, est obtenue à l'aide d'un maillot ; l'épiderme « naturel » du chanteur est rouge ; voyez plutôt ses mains. Deux langoustes cuites !

Donc, ce monarque chérit Stratonice et le lui conte en phrases choisies ; mais il s'inquiète de son garçon, une tête faible, qui divague — en proie à quelque mal étrange — moins disciple de Bacchus que client de Charcot, plus déplacé dans la salle du festin nuptial qu'à la salle Pêtrière.

Cet Antiochus (M. Vaguet), on dirait un rhétoricien bouffi, qui, pour s'être inconsidérément bourré de farineux pendant les vacances, éclate dans sa courte tunique bleue : il s'entoure d'une ceinture (avec gros rubis central) embrassant à grand'peine sa rotondité abdominale. Mais c'est ses jambes qu'il faut admirer ! Prises dans un maillot rose, elles s'introduisent dans un extraordinaire pantalon bleu collant qui, clos au derrière, par pudeur, s'ouvre par devant, en quatre losanges que ferment des boutons blancs. A la répétition générale, pendant que ce prince ventripotent s'agitait, pâmait sur le lit de sa future belle-mère, embrassait ladite et, surpris, se sauvait tout pantois en criant : « Mon père ! »... un des boutons s'est détaché, et il a fallut que la musique d'Alix Fournier fût diantrement intéressante pour que le public ne songeât point à s'esclaffer.

Je serais impardonnable d'oublier le docteur Cratès, un joyeux drille, éventail japonais à la main, chapeau mexicain pendu dans le dos, collier à multiples rangs autour du cou, allure joyeuse de médecin Tant-Mieux, prompt à ordonner, comme remède à toutes les maladies, des festins somptueux. Robe vieil or à dessins, large ceinture avec nœud splendide sur le nombril, tête de Richepin compliquée de celles de Gailhard, de feu Damala et de quelques autres. Ce prince de la science s'appelle, sur l'affiche, Beyle, et dans l'histoire, Erasistrate. On n'aura pas besoin de lui pour donner des soins à la pièce de l'ami Fournier, qui mar-

chera gaillardement jusqu'à la centième, du moins ses amis l'espèrent, et il a beaucoup d'amis — en dehors de l'Institut.

10 DÉCEMBRE. — Heureuse la Porte Saint-Martin !

Au Dahomey, Behanzin-Taillade fait noir de son épée ; sombres projets, tête couleur d'encre, vinaigre. Il n'a que la voix d'blanche, c'lascar-là.

On se flanque des coups, c'est indiscutable ; mais nos couleurs finissent par triompher, c'est indiscutable aussi. Des coups et des couleurs non est disputandum.

Permettez-moi de vous présenter les auteurs d'*Au Dahomey* : M. Le Faure, spécialiste pour pièces militaires, est surnommé dans les cercles diplomatiques « Le Russe » depuis le gros succès que remporta jadis une *Sainte Russie* de sa façon. Quant à notre confrère Gugenheim, c'est un jeune littérateur brun, preste et leste, serviable, charmant, et rédacteur à l'*Autorité* par-dessus le marché. On n'est pas parfait.

Lorsque M. Rochard reçut, l'an dernier, la pièce de ce couple, elle portait le nom de *la Légion étrangère* ; pendant les deux mois de fermeture, des affiches posées à la porte de celle Saint-Martin nous la promettaient pour la rentrée. Vaines promesses, affiches fallacieuses ! On n'eut rien de plus chaud que de monter *Martyre*, puis *le Maître d'armes*. Les coups d'épée de celui-ci frappèrent dans l'eau ; les larmes de celle-là ne purent vaincre l'indifférence du public, si bien que l'oublieux directeur finit un beau matin par se rappeler l'existence de *la Légion* qu'il avait déjà restituée au « Russe ». Et pris pour ces cinq actes d'une passion violente, quoique tardive, il s'écria : *Va, « Russe », rends-moi ma « Légion »*

Seulement, — on est directeur ou on ne l'est pas, — il ne put résister au désir de triporelatouiller le manuscrit sauveur. L'action se passait au

Tonkin; il la transporta en Afrique, et comme les auteurs semblaient modérément enthousiastes du voyage, il leur adjoignit le Matinal Oswald, collaborateur de Boucheron pour *Mariage galant*, collaborateur de Rochard lui-même dans la perpétration d'une *Mam'zelle Quinquina*, touchante mais fugace, qui mourut jeune à l'Ambigu. *Et nunc erudimini, juvenes* qui assiégez les antichambres directoriales avec des manuscrits sous l'aisselle — *sub ala*.

Jamais, même aux grandes soirées de *Patrie* et du *Tour du Monde*, la poutraison du théâtre n'a eu tant de monde à supporter. Des centaines de charpentiers se sont enrichis à consolider les planchers qui n'auraient pas manquer de crouler sous le poids de l'importante cavalerie et de la multitude de bipèdes réunis par Rochard le Magnifique; de plus, on a pris soin d'écarter les gens obèses et de n'engager que des figurants d'une rassurante maigreur — c'est ainsi que le beau Romain, trop ventripotent, dut céder le rôle du sergent Jacques au fluet Camis — mais, malgré cette précaution, je ne saurais trop le répéter pour rassurer les personnes timides peu soucieuses d'assister à un écrabouillement pittoresque, la préfecture de police a exigé impérieusement que l'on étayât la scène où se massent des guerriers à trente sous par tête, dix fois plus nombreux que d'habitude. En effet, il n'a pas été possible de faire remplir par les mêmes citoyens, comme c'est l'usage, les rôles des deux armées, car le temps aurait manqué à ces malheureux marsouins-dahoméens pour se débarbouiller et se renoircir la figure six fois dans la soirée. Sans préjudice des maladies affectant le derme, qu'un maquillage aussi fréquemment renouvelé aurait occasionnées fatalement, maladies dont M. Rochard aurait été contraint de payer à beaux deniers comptants la guérison. Et dame, quand on est, comme lui, propriétaire, on n'aime pas payer le derme des autres.

Aussi, il y en a, des figurants! dans les dessous! dans les combles! partout! Si j'étais méchant, j'insinuerais qu'il y a plus de monde sur la scène que dans la salle, mais je ne suis pas méchant.

Le premier tableau est dû — les autres aussi, d'ailleurs — à M. Jambon, un décorateur très goûté, dont le nom appétissant s'étale souvent sur les affiches portées par les hommes-sandwich (je ne sais si je me fais bien comprendre). Il représente le *Pont du Tibet*, paquebot affecté au transport de l'infanterie de marine envoyée à Kotonou, — un pays où il y a du Koton ; le grand mât se perd dans les frises comme le vaisseau de l'*Africaine*, mais les passagers ne profitent pas de cette similitude pour chanter des airs de Meyerbeer. Je leur en saurai gré toute ma vie.

Deuxième tableau : *Les rives de l'Ouémé* ; une factorerie (ma voisine croyait qu'on allait nous montrer des facteurs dans une succursale de l'Hôtel des Postes), on y a bien installé des postes, mais militaires ; bananiers, arbres à pain, et palmiers presque aussi beaux que ceux dont s'enorgueillissait le jardin Mabille — ô ma jeunesse! — au temps où je faisais mon droit de travers.

Troisième tableau : *Les docks*, où nous revoyons encore le colonel... Docks ; enfilade de hangars, ballots apportés par des nègres que l'on voit aller et venir au fond de la scène, et qui ne sont pas, je vous le dis en confidence, les seuls points noirs de la pièce.

Quatrième tableau: *La surprise de Dogba*. Une vue de brousse (rien de l'odieux politicien socialiste). La colonne expéditionnaire sommeille sous la garde de Friquet-Pougaud, fusilier macrostome. Les noirs se jettent sur notre infanterie de marine qui recule ; le commandant Faurax tombe frappé à mort, on lui porte les armes ; la légion étrangère refoule les amazones, la victoire est à nous. Vive la France! Les patriotes du poulailler exultent.

Cinquième tableau : *L'assaut de Kana* ou, malgré ce nom, les nègres ne sont pas à la noce. Behanzin sur un trône bleu ciel, des faux dieux, des féticheurs, des amazones en maillots cachou qui hurlent comme des choristes de l'Opéra, Mme José Laurent, première danseuse, qui gigotte éperdument, un prisonnier français qu'on jugule en dansant, et une quantité de huttes toutes petites, véritable symphonie en huttes mineures.

Sixième tableau : *L'ambulance*, trois lits à droite, trois lits à gauche. Soins éclairés. Glorieux blessés. Odeurs de phénol. Le colonel reconnaît son fils Jacques qu'il décore entre tous après cette bataille, pour sa grande bravoure et pour sa haute taille.

Septième tableau : *Behanzin*. Le roitelet nègre est dans le marasme et dans une salle de son palais qui, avec sa décoration de têtes de mort et de tibias, ressemble à un cabinet de somnambule.

Huitième tableau : *L'incendie*. En sa fureur, le Rostopchine noir met le feu à sa capitale d'Abomey. Alors elle brûle, ce qui la distingue des londrès de la régie. Cette acte abomeynable n'empêche pas nos troupes de prendre possession de la ville. Le colonel les félicite et promet à chaque soldat un quart de vin. Comme ils le boiront sur les Ruines, je pense que ce sera du Volney.

15 DÉCEMBRE. — Un journal du soir prétend que le scénario de *la Souricière* fut élaboré à Aix-les-Bains. Je le croirais difficilement, ces eaux reconstituantes ne me semblent pas avoir fortifié la constitution du vaudeville anémique de M. Brisson. D'ailleurs, l'impeccable Auguste Germain établit irréfutablement que la pièce naquit à Pornichet, assertion dont la vérité est d'autant plus certaine qu'il se trouve un fort contingent de mots incompréhensibles, assurément bas-bretons, dans les répliques lancées par MM. Dupuis, Cooper et le souffleur. (Ce dernier a un rôle des plus impor-

tants et une diction parfaite. C'est lui qu'on entend le mieux.)

D'ailleurs, qu'importe la localité où se perpètrent les œuvres d'art. Le pétomane n'a-t-il pas un succès fou bien qu'il prépare ses effets à Paris, tout bonnement, et non comme on pourrait le croire, à Cuba?

La *Souricière* date de trois ans déjà; elle fut reçue par M. Bertrand qui depuis... mais alors il était directeur des Variétés, pas décoré, non, mais si heureux, si tranquille au milieu de sa bonne troupe, qu'il ne songeait guère à quitter pour aller, sous prétexte d'étudier la mise en scène des *Maîtres Chanteurs*, dormir de pénibles sommeils dans les stalles inconfortables du théâtre de Bayreuth. Ne dites pas non, cher monsieur, je vous ai vu. Je vous ai même entendu, car vous ronfliez comme un *contrabass-tuba*.

Si ces trois actes dentaires ont attendu longtemps dans les tiroirs directoriaux, ce n'est pas que M. Samuel, successeur aux Variétés du directeur actuel de l'Opéra, n'eût confiance en leur mérite — il n'a pas tant de flair — c'est tout bonnement parce que M. Bertrand, en lui passant la main (dans les cheveux), lui avait légué un stock bien fourni de rossignols à écouler, entre autres *la Bonne à tout faire*, longue et lourde odyssée d'un cordon bleu volcanique et aphrodisiaque, expert à allumer ses fourneaux et ses patrons, mais non la curiosité du public.

J'ai un petit neveu âgé de onze mois qui marche tout seul; les répétitions de *la Souricière* n'ont pas fait comme lui. D'âcres discussions s'élevèrent entre les auteurs irascibles et leurs irascibles interprètes; il y eut des pleurs et des grincements de dents (cette dernière manifestation ne saurait, du reste, étonner que les esprits irréfléchis, puisqu'une partie de la pièce se passe dans un cabinet de dentiste), et l'on affirme qu'un comédien grossier s'étant permis de répondre à l'un des auteurs, M. Albert Carré : « Je vous ai quelque part », reçut sans tarder au même endroit, quelque part, ce qu'en termes de vénerie on appelle les honneurs du pied.

Providence-Hôtel, de Londres, est une véritable « souricière ». L'honnête dentiste Boulistin, un peu trop lesté de coktails, pénètre sans s'en douter dans la chambre à coucher de Miss Stockson ; procès ; condamnation ; il épouse, le malheureux ! Et il la ramène piteusement (flanquée de Mistress sa belle-mère) à Auteuil, où il reconnaît que sa femme virtuelle est la fiancée de son ami et associé Poker. Dès lors, comme rien d'irréparable ne s'était passé, on rompt, Miss Stockson (c'est Lavigne) est conduite à l'autel par celui qu'elle aime, et Boulistin-Dupuis peut tomber dans les bras d'Henriette, la belle Lender, dont il est féru.

Tout le premier acte se déroule dans le local où le sieur Boulistin s'amuse à farfouiller les mâchoires de ses contemporains. J'eus la bonne fortune, d'avoir, hier soir, pour voisin de fauteuil, M. Crignier, président de l'Association odontotechnique, homme affable qui, voyant mon ignorance des diverses opérations auxquelles se livrait, sur la scène, le dentiste Dupuis, voulut bien m'en donner la clef (de Garengeot).

— Voyez-vous, me dit l'exquis stomatologiste, ce Dupuis agit comme un âne. Conçoit-on qu'au lieu de traiter avec une rapide énergie la charmante Henriette pour son abcès des sinus...

— ...? fis-je, en arrondissant les yeux.

— Oh ! des sinus maxillaires ; conçoit-on, dis-je, qu'il lui engouffre d'inutiles antiseptiques dans l'antre d'Hygmore ?

— C'est bien vrai, mon cher président. (Du diable, si je me doutais que Mlle Lender possédât un antre d'Hygmore !) Et ce client en chapeau gris, dont le rôle, destiné à Lassouche, est confié au cocasse Petit, le soigne-t-il plus rationnellement?

— C'est pis encore; il prend un amas gingival recouvrant une mauvaise racine pour des fongosités du bord libre du maxillaire...

Ces précieux renseignements furent interrompus par l'entrée de Lavigne, chaussée de souliers jaunes, vêtue d'une jupe burlesquement écossaise et d'un corsage vert absinthe pure. Elle joue de la clarinette en *mi bémol* et de la prunelle. Sa grosse maman, Mathilde, embouche un piston.

Si j'étais méchant, je dirais que c'est de la musique à faire danser les ours.

17 DÉCEMBRE. — Je me demande pourquoi M. Paul Ferrier a donné sa première samedi ! Pour une pièce mettant en scène Robinson, il semble que le Vendredi était indiqué...

Malgré cette anomalie, les dix tableaux de *Miss Robinson*, opérette sentimentale, (musique de Varney) ont enivré le public des Folies-Dramatiques. L'inimitable Guyon, ruisselant d'inouïsme dans le rôle d'un vieil armateur tranquille, qui, pour complaire aux caprices de sa fille, s'embarque, fait naufrage, échange des coups de fusil avec les Indiens et risque de noyer ses rosiers favoris, porte sur ses épaules tout le poids de la pièce, fort allègrement.

M. Vauthier a encore quelques belles notes, mais il ne les a pas retrouvées hier soir. C'est lui qui représente, péniblement, le héros de Daniel de Foë, moult édulcoré pour la circonstance, vêtu en seigneur Louis XIII, commandant l'épée en verrouil la manœuvre de sa caravelle, demeurant le dernier — esclave du devoir — sur le bâtiment qui s'engloutit, pris par un corsaire, barytonnant des romances pour charmer la cour japonaise — les grands d'Yeddo sveltes parmi les marbres — d'un éblouissant décor verlainien blanc et or, et, au dénouement, marié avec Mlle Simon-Girard.

Celle-ci, étoile popotte des Folies, a pour elle son bon vouloir, le soin qu'elle apporte à l'étude de ses rôles, une voix presque toujours juste et de jolies dents ; contre elle, ses minauderies dont elle n'a pu se défaire exactement, son manque de fantaisie, et son insupportable époux, trivial, empoté, à l'organe cotonneux rappellant douloureusement celui de Mlle Simonnet. Son rôle est bébête : une petite fille assoifée de voyages, subitement emballée pour Robinson qu'elle épouse entre deux couplets, enchantée des tempêtes, enthousiaste des îles désertes. N'insistons pas. Mais réellement elle chante trop. Et les chœurs donc! Ils aboient au départ de la caravelle ; comme dit le proverbe arabe : « Le chœur peut aboyer, la caravelle passe. »

On a surtout applaudi la Valse des ramiers, roucoulée par Miss Robinson, sur les bras de laquelle viennent se poser des pigeons ahuris; une petite barcarolle à *six-huit*, dont le motif ne peut être comparé au temps perdu, car il revient souvent; une gigue chantée et dansée sur le pont du *Roi Richard* par la gentille Tusini et quelques matelotes; enfin, les odorants coups de fusil du deuxième acte, après lesquels tous les spectateurs ont éternué pendant dix minutes.

J'ai noté entre divers incidents : le matelot Simon-Max godille comme une mazette, quel cafouilleur! le géant japonais du troisième acte s'est cogné la tête dans les frises (c'est un accident qui n'arriva jamais sur la scène des Menus-Plaisirs, au Boulevardier Benjamin); enfin, Mlle Julia de Cléry, toujours folâtre, s'est assise sur mon chapeau neuf.

Rien ne s'oppose donc à ce que ce tripatouillage aimable de Robinson se joue une centaine de foë.

18 DÉCEMBRE. — Maudit soit le jour où la Chine, avec un manque de procédés vil et lâche, bien

digne de ce pays bas, coula dans le Peï-Ho les
plénipotentiaires anglo français qui n'étaient pas
venus pour ça.

Un forfait n'est jamais perdu. Celui-ci ne tarda
pas à occasionner des représailles pittoresques :
l'envoi d'une colonne expéditionnaire,

> On était fier d'être Français
> En regardant cette colonne !

une bataille terrible à la suite de laquelle le titre
de duc Cousin-Montauban fut accordé au général Palikao, la flambaison du Palais d'Été, enfin
la pièce que le Châtelet reprenait dimanche soir,
— 31 ans après la première.

Dans son *Almanach des spectacles*, qui est mon
livre de Potel et Chabot (pourquoi faire toujours
de la réclame à Chevet?), notre érudit confrère
Albert Soubies raconte que *la Prise de Pékin* eut
pour auteur non seulement M. Dennery, mais un
dramaturge anonyme, M. Mocquard, secrétaire
particulier de l'empereur.

Ce Mocquard avait accoutumé d'affiner les conceptions un peu frustes de son collaborateur; les
grossières charpentes des *Deux Orphelines* ou des
Massacres de Syrie, il les équarrissait, ce qui
n'est pas d'ailleurs une raison suffisante pour le
confondre avec un autre équarrisseur, M. Macquard, bien connu dans le monde des chevaux qui
se cassent une jambe ou deux.

Un missionnaire qui a le martyre bien rasant,
de l'infanterie de marine douée de toutes les vertus civiques et militaires, un rêve de fumeur d'opium dont les réalisations ont quelque chose de
trop prévu : jets de lumière électrique, rideau de
gaze, danseuses étiques, obstinées à lever les
bras pour nous révéler l'état de leur système pileux
(procédé qui ne manque pas d'aisselles) dialogue,
oh ! dialogue torrentiel d'insenséisme, hurlements
patriotiques du public, acharné contre le traître,
et tout illuminé de bonheur quand crépite la fusillade ou retentit le gong — comme la lune.

Mais il n'y en a guère que pour les soldats de la perfide Albion, là dedans : ils meurent avec des mots d'auteur dans la bouche (moi, ce n'est pas là que j'ai la prose à Dennery), ils embrochent les fils du Céleste-Empire, ils raflent les bravos des petites couturières haletantes, tout là-haut, et si contentes — tu penses — de voir revenir les Anglais !

Je n'hésite pas à conseiller au marquis de la *Libre Parole* d'aller voir la *Prise de Pékin*. Il s'assurera que ce drame tapageur est, comme Clémenceau, hostile à l'alliance franco-russe. O tempora, ô Morès! (On l'a beaucoup répété, mais c'est moi qui l'ai dit le second. Le premier fut le Pois-Chiche.)

19 DÉCEMBRE. — Les deux Raphaël — Sisos et Duflos — ne pourront sauver la chose que les deux Gaspard — Alexis et Méténier — ont portée au Gymnase. Ce pauvre *Charles Demailly*, du haut du ciel, logis ultime, Jules de Goncourt n'a pas dû le reconnaître. Quant au frangin subsistant, il dit « Bono » pourvu qu'on le joue, fût-ce par dessous jambe.

Les Frères Zemganno de l'« écriture artiste » avaient, jadis, construit eux-mêmes sur ce sujet une pièce qu'ils jugèrent insuffisante et livrèrent aux flammes purificatrices. Avec une modestie que personne ne s'attendait à rencontrer chez lui, le survivant des Goncourt s'imagina que, où ils avaient échoué, les génies combinés de MM. Paul Alexis et Oscar Méténier pourraient réussir. Je ne sais pas si l'auteur de la *Faustin* a le doigt très petit ou l'œil très grand, mais je sais bien qu'on ne pouvait guère se fourrer l'un dans l'autre plus complètement qu'il ne l'a fait.

Les répétitions de *Charles Demailly* furent orageuses. La boudeuse Raphaële, agacée de jouer le personnage d'une coquine, demandait chaque jour aux auteurs de donner quelques coups de *sisos* dans les infamies de son rôle. « Si vous me rendiez un peu sympathique ! Si, au lieu de tromper mon mari, je lui prouvai qu'il a eu un pénible cauchemar et que je l'adore ! Si, au lieu de lui voler ses lettres pour les donner à Nachette, je glissais dans son tiroir quelques vers d'amour :

> O mon Charles
> Ça me fait
> Tant d'effet
> Quand tu parles... »

Paul Alexis aurait volontiers consenti, mais Méténier — un artiste, un vrai ! — opposait une résistance inébranlable aux assauts de la nerveuse comédienne, tel un énorme roc escarpé, situé près de la mer blanchissante, brave le choc des autans.

> ἠΰτε πέτρη
> Ἠλίβατος, μεγάλη, πολιῆς ἁλὸς ἐγγὺς ἐοῦσα,
> Ἥ τε μένει λιγέων ἀνέμων λαιψηρὰ κέλευθα,
> Κύματά τε τροφόεντα, τά τε προσερεύγεται αὐτήν.

Ouf ! on ne se figure pas comme ça soulage de rendre un peu de grec de temps en temps !

Au premier tableau, conjonction de Charles Demailly et de celle qui lui causera tant d'agrément ; ces deux êtres si mal faits l'un pour l'autre se rencontrent dans une fête que donne la Crécy, une fête somptueuse, messeigneurs. Elle ne doit pas être dans la purée Crécy !

Ameublement riche et criard ; trop d'or sur les meubles ; au fond, une serre ; trumeaux ; parmi les invitées... non, je ne dirai rien de désagréable pour ces dames.

Encore une serre, au deuxième tableau, soleil sur la campagne, fleurs, baisers colombins, plantes vertes, devis d'amour, chrysanthèmes et crises conjugales. J'en étais tout remué, surtout quand ces deux gentils époux becquetaient des raisins, et se becquetaient aussi. Hum !

Des amateurs de chahut s'attendaient à ce que la presse protestât contre l'exhibition des journalistes tératologiques du *Scandale*, « le journal le mieux renseigné, le plus sincère et le meilleur papier de tous les organes, même d'un prix plus élevé. » Point. Un chroniqueur qui chipe (oh! le vilain roux!) des lettres d'amour et de rosseries écrites par un confrère à sa fiancée; un directeur de journal qui les publie (et qui parle comme s'il mâchait du goudron), en quoi cela pourrait-il choquer les critiques? Quand j'entends crier « Au voleur! » dans la rue, je ne me retourne pas. Et vous?

On s'est amusé du dernier décor, un beuglant des Champs-Élysées, où la femme du pauvre Demailly — en crêpe de Chine bouton d'or, corsage lilas clair et jaune tendre, plutôt voyant — détaille avec un filet de voix, quelques couplets (musique de Varney) aussi décolletés qu'elle. Son mari tombe à la renverse en lui voyant lever la jambe selon les rites de Mariquita, et gesticule avec tant de frénésie que, le rideau relevé, il lui faut cinq minutes pour reprendre sa respiration et jeter au public les noms des auteurs, applaudis sans excès.

C'est lui seul, d'ailleurs, qui a raflé les bravos, hier soir. La salle, glacée jusqu'alors, s'est déligée au quatrième tableau, quand on l'a vu, après avoir formé le louable projet de secouer sa femme par la fenêtre, la poser à terre et reculer au fond de de la chambre, haletant, loin de la croisée tentatrice : « Duflos qui la porta recule épouvanté », comme il est dit dans la fable de Phèdre (Cf. Récit : *V'là ton fils que j'Theramène*).

Théâtre Moderne. — « *On commence à huit heures, très exactement.* » Malgré cette promesse, j'ai eu tout le temps, avant le rideau levé, de lorgner la salle où, sans parler des membres du cercle, accompagnés de leurs familles, j'ai remarqué M. Henri Lerolle, très emballé sur Ibsen; Chausson, dont la *Sainte-Cécile* — sur les vers de Maurice Bouchor — contenait des choses souvent exquises et jamais banales; Henri de Regnier, un monocle à l'œil, un alérion à sa cravate; Anatole

France, qui enferme son programme, illustré par Maurice Denis, dans un Étui de nacre, et d'autres, et d'autres.

Je demande à Mendès, car le titre m'impressionne, *la Dame de la mer*, si nous n'allons pas contempler des néréides dans le costume de l'emploi ; ce poète fallacieux berce mon espoir et me répond par des vers de son homonyme :

> Illaque haudque alia viderunt luce marinas
> Mortales oculi nudato corpore nymphas
> Nutricum tenus existentes e gurgite cano.

Marcel Schwob me traduit cette citation — il adore les deux Catulle — je m'allume, le rideau se lève. Déception !

Ellida, la dame de la mer, ne s'exhibe pas du tout *nudato corpore*, mais dans une robe grise flottante par devant et ajustée à la taille ; elle a épousé Wangel, un docteur qui a l'air d'un pasteur, resté veuf avec deux filles ; mariage de raison. C'est aussi par raison qu'elle habite non une grande ville, mais au bord d'un petit fiord (la raison du p'tit fiord est toujours la meilleure) ; tout le jour elle promène ses rêveries le long du flot retentissant (*polyphlosboïo*, comme nous disions, Sarcey et moi, à l'École normale), rêvant de la mer immense, infinie ; d'ailleurs, pas de tempérament pour un sou, bien qu'elle ait aimé un pilote mystérieux et fugace, disparu après avoir assassiné son capitaine, et nommé Freeman, Lara, Manfred ou le corsaire. Elle conte cette anecdote au docteur, l'épousée scandinave, sans trouble. Il l'écoute sans émoi.

— Leur conversation, chuchote Jules Lemaître, ressemble à celle d'une stalactite et d'une stalagmite dans une grotte de glace.

Nous apprenons que, dans le fond de leur passion, ces deux congelés (Ellida et le pilote fatal) ont lié ensemble leurs bagues pour les jeter dans la mer, témoin de leurs mystiques fiançailles. Et la dame de la mer, attend, anxieuse, le retour de l'Étranger...

— Elle a des vagues à l'âme, dit encore Jules Lemaître.

... de l'Étranger qui portait à sa cravate une épingle assez ressemblante à l'œil d'un poisson mort.

En phrases indécises, flottantes, soupirées, elle dit adorablement que son corps seul appartient à Wangel et que l'Étranger domine son âme frissonnante sur qui pèsent les longues nuits du Nord à peine éclairées par des soleils sans chaleur, envahie par l'amour de la mer libre, sans limites, de la mer qui est l'infini. J'ai l'air de bafouiller, mais je me comprends. C'est déjà quelque chose.

Dans la nuit tombante, il apparaît, l'Étranger, fantômal, digne, dans un grand ulster; il a des bottes. « Ellida, je viens te chercher. » Et dans ses yeux, elle voit la mer insondable, attirante, irrésistible. A son mari, qui est la réalité, le devoir, — la Terre — la pauvrette veut se cramponner, elle résiste; lui, très calme, adresse à l'Étranger des objections pleines de bon sens. Je vous jure que le ridicule de sa situation s'efface devant le rayonnement du rêve tentateur. « Demain, Ellida, à minuit, je viendrai te chercher, nous partirons ensemble. »

Alors, lutte effroyable dans le cœur des deux époux. « Pas d'équivoque, dit-elle; Wangel, tu m'as épousée sans me connaître, tu m'as achetée, je n'ai pas tenu dans ta maison la place de l'épouse, résilions le marché. Je ne puis choisir entre toi et lui, que rendue libre par toi; je suis invinciblement entraînée vers lui, vers l'horrible, qui m'attire et m'épouvante. Pardonne-moi, mais rends-moi la liberté ! »

Qu'auriez-vous fait ? Peut-être auriez-vous enfermé votre femme dans sa chambre à coucher, espérant qu'à l'aide d'un régime approprié, pas d'émotions, valérianate de Pierlot, douches quotidiennes, nourriture saine et abondante, elle reviendrait à des sentiments plus normaux. Wangel en décide autrement. Comme le *Jacques* français, ce Scandinave se sacrifie, découvrant en sa femme l'étendue d'un amour insoupçonné, lui donnant la plus haute preuve de sa tendresse, cette liberté qu'elle implore. « Choisis entre lui et moi, tu es libre désormais, libre et responsable. »

Ah! ça ne traîne pas! Vous pensiez qu'avec un pleur de reconnaissance aux cils, elle allait se jeter dans les bras de l'Étranger. Non, non! A peine Wangel a-t-il prononcé ces généreuses paroles que le charme est rompu. L'horrible vision s'efface dans l'esprit d'Ellida. Elle contemple sans trouble les yeux, changeant comme les flots, de celui qui la fascinait, et leur préfère, pour jamais, les bons regards confiants du docteur son mari. Elle restera sous le toit conjugal, attachée aux humbles devoirs joyeusement consentis.

Ce qui prouve que la liberté d'une âme plus forte que toute loi, toute convention sociale, incline naturellement, dès qu'elle s'est ressaisie, vers la simple loi morale, à condition de n'y être pas contrainte.

Autour de ces trois protagonistes, des personnages infiniment plus concrets intéressent : les deux belles filles d'Ellida, dont l'une, en robe mauve, dit juste ; l'autre a un joli rôle de fillette ardente et mélancolique, un peu « canard sauvage » ; c'est Mlle Meuris qui le joue : voix aigrelette, figure fine, cheveux blonds flottant sur le dos. C'est joli, les cheveux : sur la tête, dans le dos, partout, sauf sur la soupe.

Un sculpteur poitrinaire, aux pommettes rouges, répond au nom farouche de Lyngstrant. C'est beaucoup de consonnes pour un seul homme.

Théâtre d'application. — MM. Albert Faure et Michel Nour ont fait chuter une pièce en trois tableaux, *l'Élève*, de tendances naturalistes, visant à être cruelle, aussi ratée que possible, et même un peu plus. Cruel, c'est le public qui l'a été ; il a ri tout le temps. Fit-il pas mieux que de se plaindre ?

M. et M⁽ᵐᵉ⁾ de Catiny, ainsi que leur fille Fernande — l'élève — viennent d'arriver à la campagne, près de Paris. Ils s'installent seulement, on enlève les housses qui laissent voir des meubles convenables, sans plus ; sur une table, un petit panier d'Aix-les-Bains, avec des fleurs aussi anémiques que le talent des auteurs de *l'Élève*.

Le sportman Gontran (que diable ! on ne s'appelle plus Gontran, voyons !) manque étrangement de chic, mais il a tout de même séduit la Catiny, une assez belle femme en rose, aux yeux inviteurs, qui aurait tous les droits du monde à supprimer de son nom cet Y surérogatoire. Pendant qu'il embrasse frénétiquement cette adultère personne, il se laisse bêtement pincer par la fille d'icelle. Qu'est-ce que vous auriez fait, vous, à la place de Fernande ? Elle fait *oh* ! et, comme la situation devient très difficile à traiter, la toile tombe.

Nous revoyons l'élève Fernande, plus entichée de romans passionnels que de la chimie organique à laquelle veut l'initier son professeur Maunier (favoris, vilain crâne où se plaquent des mèches longues et rares). Dans le salon chêne et vert, ce vieux paillard détaille ses bonnes fortunes — des grandes dames, de très grandes dames, et aussi leurs filles — à Fernande qu'il agace sans l'indigner.

Mais voici revenir Gontran, dont le chic devient de plus en plus extraordinaire. Il conte qu'il a pris la forte culotte, vingt-cinq louis ! (Sans doute on jouait les consommations.) Ces récits de la grande vie achèvent de séduire Fernande ; elle s'offre, il l'accepte. Le rideau tombe encore. Je n'ai jamais vu un rideau plus insupportable.

Faute de la grive qu'il convoitait, Maunier se rabat sur un oiseau de moindre vol, la bonne. Elle refuse. On met à la porte ce cuistre, qui, avant de filer, lâche des tirades énormes : « Vos vices, je ne fais que les copier; la société, c'est ceci, c'est cela, etc. » Gontran n'ose pas se rebiffer, sous prétexte que le vieux drôle est au courant de ses amours en partie double; à mon sens, c'était une raison de plus pour le flanquer par la fenêtre; mais chacun son goût.

Sganarelle-Catiny revient, la bouche, la moustache, le nez et les yeux relevés, tout guilleret d'avoir débauché une petite ouvrière. « Vous n'avez pas éprouvé une impression pénible? » lui demande Gontran. On s'est beaucoup amusé de la question; le fait est que l'impression a dû surtout être pénible pour l'ouvrière novice, du moins je me le figure. Et là finit ou pour mieux dire, ne finit pas, la pièce de MM. Naur et Four.

Concert-Parisien. — Il faut y aller. Les petites femmes y sont un peu maigres, mais les auteurs — imbus des solides principes d'Azaïs — ont risqué des plaisanteries grasses. Ça fait compensation.

Elle a galamment réussi, cette aimable revue perpétrée par le camarade Alévy — un sapeur qui ne porte pas d'H — avec un jeune Meilhac, inconnu de moi, qui répond au nom de Vély, sans doute le père de ce garçon qui a beaucoup fait parler de lui, dans l'ancien répertoire.

(Vous n'y êtes pas? Un garçon de chez Vély, quoi!)

On y voit beaucoup de choses, des petites femmes qui demandent un engagement et que, régisseur, j'engagerais presque toutes... à se livrer aux métiers les plus honnêtes, attendu qu'elles sont laides comme le péché, et même beaucoup plus; une savoureuse bicycliste dont Recordman avait l'air chaussé : d'Antin qui roucoule avec Luciany un duetto d'un raide, oh! mais d'un raide à faire crever des pneumatiques; des figurantes un peu cagneuses brandissant des plumes, mal taillées, oui, mal taillées, ces pauvres petites figurantes ; un lot de plaisanteries scatologiques — le théâtre représente un *chalet* dit « de nécessité » pour le distinguer de celui d'Adam qu'il n'est jamais nécessaire de reprendre ; — j'allais oublier des couplets sur les fêtes de Christophe Colomb, chantés et mimés avec une verve fougueuse et drolatique par Reschal, inimitable dans ces vers (si j'ose m'exprimer ainsi) : « Un jour, c'est en l'an 1492, je me dis, Colomb, il faut quitter ton épouse... » poésie dont vous apprécierez mieux la saveur en la fredonnant sur l'air des *Gardes municipaux* :

> Un jour, c'est en l'an mil
> Quat'cent quatre-vingt-douze,
> Je me dis : «Colomb, il
> Faut quitter ton épouse,
> Le bon roi Ferdinand
> Et la reine Isabelle,
> Pour chercher au ponant
> Une terre nouvelle. »

« Au ponant » a son charme, et l'interprète aussi, qui a gagné là son bâton de ma-Reschal.

Si vous menez une jeune fille entendre *Cligne en haut !* je ne saurais trop vous conseiller de la confier à la caissière pendant la grande scène sportive de Mlle d'Antin, déjà nommée, habillée avec un chic catapultueux, mais boutonnée jusqu'au col, hélas ! ce qui nous prive d'admirer des épaules que je me plais à croire neigeuses :

> Mais où sont tes neiges, d'Antin ?

Sous prétexte de courses, il y est question de chevauchées inquiétantes, de bidets, de cote qu'on ne baisse point, au contraire, de prix à réclamer... Ah ! la ! la ! la ! la !

Nouveau triomphe pour Reschal, paysan futé, venu à Paris pour assister au grand Valmygondis révolutionnaire du 22 septembre et qui, fatigué de l'encombrement des boulevards, cède aux sollicitations qui lui sourient d'une fenêtre hospitalière, monte...

> Quittant ma conquête,
> Le soir, un peu las,
> J'ai pas vu la fête,
> Je n'le regrette pas.
> Si vous voulez faire
> La mêm' chose que moi
> Au prochain cent'naire,
> J'vous dirai l'endroit.

Quoi encore ? un couple de jeunes mariés qui passent leur nuit de noces en ballon et s'élèvent très haut, très haut, histoire de voir la lune à moins d'un mètre.

Et enfin, Mlle Guilbert, la divette du lieu, féconde en chansonnettes d'inégale valeur, amusante en demoiselle vernale (id. est employée du *Printemps*), sans voix, diseuse précise, minaudière, intéressante, et surtout à la mode.

22 DÉCEMBRE 1892. — Il y a plusieurs manières de comprendre l'antiquité grecque ; la meilleure, sans conteste, est de lire le texte des poètes, seul moyen de goûter leur verve originelle et l'éblouissante splendeur de leur fantaisie ; mais le procédé n'est pas à la portée de toutes les bourses, en ces jours d'ignorance où les bacheliers ès lettres estampillés par la Sorbonne ont déjà tant de peine à s'assimiler les auteurs français qu'on leur mâche dans les « fours à bachot » !

Certains Jules Lacroix, éperdus de bonne volonté, donnent de ces purs modèles d'attristantes copies ; versificateurs indigents, ils campistronnent, ils cravatent d'ennui le cou délicat de Cypris; la nudité chaste des éphèbes, ils la soulignent de feuilles de vigne obscènes, et sur ce passé lumineux, sur cette terre bénie où l'Olympe « vivait et respirait dans un peuple de dieux, » ils répandent la pluie monotone de leurs alexandrins crevants. C'est les tragiques. Réaction prévue, les parodistes sont arrivés, avec quel fracas, de la Courtille, et quelles gueulées! Ohé! ohé! les autres ! Des héros semblables aux dieux ils ont fait les Plis de vaillance, les Rois barbus qui s'avancent, la troupe carnavalesque des fantoches qui braillent et font le grand écart et lâchent des inepties fangeuses dans le Temple, — des andouilles de Troie. D'ailleurs, aussi rasants que les tragiques, ces bobèches entrent tout comme eux à l'Académie.

Dans sa *Lysistrata*, Maurice Donnay n'a point voulu faire une tragédie, « moins encore une parodie », assure son prologue. Entre ces deux extrémités, il a voulu nous montrer des Grecs de belle humeur, amusés, amusants, peut-être un peu *Chat-Noir*, anachroniques avec modération, ni des héros ni des pitres. A l'immortelle satire attique il n'a guère emprunté que le titre, et sa causticité polissonne ressemble peu à l'emportement ordurier d'Aristophane, bien que son Prologue (une lanterne à la main pour éclairer la situation) vienne jeter dans l'âme des spectateurs un peu de crainte ou d'espoir avec cet avertissement :

<blockquote>
Je crois que les oreilles prudes
Subiront des épreuves rudes
</blockquote>

. . . .

Joli décor au premier acte ; l'Acropole au fond, la maison de Lysistrata à gauche, ta lumière, divin soleil (ô phôs !) par-dessus, et des souvenirs classiques dans tous les coins.

Les Athéniennes se lamentent, privées de leurs époux qui combattent Lacédémone interminablement, assoiffées de plaisirs conjugaux, nerveuses, indifférentes à la gloire et aux combats — où leurs sots de maris, là-bas, vont se faire casser la tête — irritables de n'avoir rien, depuis de si longs mois, à se mettre sous la dent. Encore un peu, et, pour ne pas recourir au blâmable expédient de deux d'entre elles, unies dans une coupable et consolatrice intimité, les pauvrettes vont abaisser leurs regards ardents sur les seuls mâles restés dans la ville, des barbares chargés de maintenir l'ordre dans les rues, des Scythes, d'ailleurs râblés, des Scythes pittoresques.

Lysistrata, épouse de Lycon, amante du général Agathos (bon, brave à la guerre, si j'en crois Lancelot), veut frapper.— je dis frapper — un grand coup. Elle réunit les Athéniennes éplorées et leur tient à peu près ce langage : « Le militarisme, voilà l'ennemi ! Nous voulons la paix définitive à tout prix. Prenons nos maris et nos amants par la famine ; refusons leur *tout* ce qu'ils nous demanderont pendant la prochaine trêve. Ils en passeront par où nous voudrons, et, pour sortir de cette situation... tendue, ils accepteront de signer la paix. Jusque-là, ne leur accordons pas ça. Soyons l'obstacle qui recule pour être mieux sauté. »

Toutes jurent l'abstention, sauf une mignonne fillette, épousée de nom seulement, dont le mari est parti guerroyer le soir même de ses noces. On enferme la pauvre petite récalcitrante dans l'ex-temple de Cypris délaissée, consacré présentement à la chaste Artemis.

A peine le serment est-il prêté que les maris reviennent en bonnes dispositions, en excellentes dispositions ; ô surprise, ô terreur, les malheureux sont repoussés avec perte par leurs épouses, et, maris marris, courent chercher des consolations chez Salabacca-Tessandier, belle brune aux mœurs hospitalières, qui rassemble dans une fête à tout casser les étalées d'Athènes.

On ne s'ennuie pas dans cet immeuble ! Malgré les interdictions de Platon — cet empêcheur de danser du ventre — une Russe, spécialement engagée par M. Porel, s'exhibe en cadence, pile, face, aussi décolletée par en haut et par en bas que la censure l'a toléré, trop pour que ce spectacle puisse satisfaire les délicats. Le sceptique Eironès, auteur d'une tapageuse *Vie de Zeus*, agite le cliquetis stérile des sophismes et préconise cet épuisant exercice, mortel pour les jeunes gens, le Renanisme. Même il blague l'oracle de Delphes et l'Inspirée montant sur son trépied divin la bouche pleine de gâteaux au miel — la Pythie vient en mangeant. Parmi les hommes couronnés de roses, parmi les courtisanes vautrées demi-nues sur des peaux de tigres, circulent les cratères emplis du vin parfumé de Chio, dont j'aurais bien voulu tâter. *(An Chio son buvore!)* On acclame la frêle Myrtale, désintéressée, puisqu'elle soupire des strophes — à l'œil.

> Ainsi que les flots que l'écume argente,
> Qu'ils soient noirs ou bleus, gris ou violets,
> Ou bien verts avec de pervers reflets,
> Les yeux sont pareils à la mer changeante.

Cependant, Salabacca, sinistrement belle sous la rouge chlamyde moins pourpre que ses lèvres, s'agite et se retourne sur sa couche, ainsi qu'un boudin sur le gril, comme disait l'aveugle Homéros. Cette « toute à tous » qui change de soupirant comme de chlamyde, n'aime qu'Agathos dont l'absence l'enrage. Elle devine où se cache le beau guerrier, les railleries de ses compagnes la poussent à bout, elle éclate, et, splendide en sa fureur, elle crie à Lycon : « Allons, viens surprendre ta femme aux bras de ce militaire qui te monte une trirème, ivrogne, butor, cocu définitif ! »

Elle ne se trompait pas, la colère clairvoyante de Salabacca. Entre Lysistrata, sur la terrasse de sa maison, et le bel Agathos, désireux de monter, un dialogue s'échangeait, coupé de silences expressifs, sous le regard clignotant des ironiques étoiles.

— Descends, mignonne, j'ai quelque chose à te dire.

— Est-ce long?

— Assez long comme ça!

Vous pensez si elle descendait. Et les amants se réunissaient dans le temple d'Artémis, foulant aux pieds serments, lois conjugales, respect des dieux, excités par leur double sacrilège, insoucieux de la symphonie menaçante des cors qui disent en sons bouchés l'ire de la déesse chaste — comme la Lune. Quant à la petite vierge enfermée dans la sacristie, elle avait fui, impatiente et légère...

C'est de nos jours seulement, que l'indiscutable pureté de nos mœurs exige, au dénouement des comédies, le châtiment du vice. Imbu de l'esprit antique, l'auteur de *Lysistrata* n'a pas Donnay dans ce travers. Les courtisanes arrivent trop tard pour surprendre le flagrant délit. Lycon, railleusement bousculé par l'infidèle épouse, va se coucher, solitaire et piteux. Dans le temple désaffecté, rendu à ses splendeurs premières, l'hymne cythéréen retentit (musique de Dutacq) et Agathos signe la paix, un peu fatigué.

On ne peut dire que ce soit là une pièce lysistratée.

22 DÉCEMBRE. — Bien, bien Théâtre-Libre, les 3 actes que donne en matinée l'audacieux Vaudeville !

Les Dubreuil sont de *Braves gens*, pieux, raseurs, adonnés aux œuvres réparatrices, « les Mariages du neuvième mois », etc. Ils vivent retirés. Leur fils Adrien, lui, ne se retire pas assez. De ses relations vitupérables avec une bobonne, un gosse naît. Dubreuil, d'abord, s'indigne :

> Adrien
> T'as pas d'frein

et enjoint au prolifique jobard (en collaboration avec Guinon) d'épouser la gigolette. Le petit renâcle. Et il faut voir, au milieu de ce pieux appartement (canapé morose, pendule édifiante réglée sur l'heure de l'église et qui, par conséquent, retarde, lithographies encadrées, odeur de Thureau-Dangin) il faut voir arriver la famille de la jeune séduite, les Surot, un père chauffeur, une mère à hure de pipelette, un gamin que l'on récompense d'une croix obtenue au catéchisme, en le conduisant entendre Yvette Guilbert.

La vue de ces blousards impressionne les Dubreuil, Adrien se défend avec éloquence, et, sous la pluie de ces arguments, le rigorisme du vieux se détrempe. Il donnera cent sous à sa bru morganatique.

En matinée, la pauvre se périssait. Sur les instances de la critique que l'Afrique centrale nous envie, M. Denier modifia son dénouement à l'usage des sensiblardes du Vaudeville et sauva les jours de la bonne fautive. Alors tous les journaleux lui tombent sur le poil.

★

Au Cirque d'Hiver, il n'y en a que pour la main plate. « Poète, prends ta lutte et me donne un baiser ! »

Si j'en crois un programme bien alléchant, en vérité, l'athlète Pons (dont je suppose que le prénom est Pierre) « offre deux cents francs à tout amateur qui lui fera toucher les deux épaules. » Pas plus tard que demain, j'irai trouver ce lutteur fastueux, je le prierai de me toucher l'épaule droite, puis l'épaule gauche, et il me remettra dix louis. Ou le programme a bafouillé, alors...

FIN

INDEX
DES PRINCIPAUX NOMS CITÉS

About (Edmond). 163.
Aciana (Mme), 160, 300.
Adam (Adolphe), 41.
Adiny (Mme), 65, 66.
Affre, 62.
Ajalbert, 70.
Alcanter de Brahm, 210, 214, 215, 216, 217.
Alençon (Emilienne d'), 165, 166.
Alévy, 341.
Alexis (Paul), 52, 60, 73, 153, 334, 335.
Allard, 268.
Amic (Henri), 202.
Anastay, 199.
Ancey (Georges), 17.
Andrée (Ellen), 90.
Andrés (Camille, 108.
Antin (Mlle d'), 35, 341.
Antoine, 53, 145, 163, 250.
Arago (Etienne), 247.
Arnould, 198.
Arquillière, 109.
Artus (Louis), 95.
Auber, 41, 256.
Aubernon (Mme), 43.
Aubry (Irma), 22.
Audran, 203, 218.
Auguez, 24.
Auguez (Mlle), 147.
Aymard (Aimée), 138.
Axa (Zo d'), 145, 214, 250.
Bach, 17.
Balthy (Mlle), 166.
Balzac, 145, 192.
Banville (Th. de), 7.
Barbedette, 95.
Barenco (Amélia), 19.

Baron, 157.
Barré, 121, 170.
Barrès, 46, 67, 171, 233.
Barrière (Théodore, 9, 293.
Barrot (Odilon), 46.
Bartet (Mlle), 84.
Bataille, 10, 11.
Battu (Léon), 136.
Bauer (Henry), 89.
Baudelaire, 234.
Bazalgette, 211.
Becque (Henri), 303.
Bellaigue (Camille), 43, 44, 59, 285.
Bénédite, 82.
Benjamin (Edmond), 165, 332.
Benoist (René), 226.
Benoit (Camille), 17.
Ben-Tayoux, 16.
Béranger (Mme), 307.
Bergerat, 139, 229, 208, 308.
Berlioz, 32, 219, 255, 270.
Bernède, 253.
Bernhardt (Sarah), 42, 175.
Bernheim, 97.
Berr de Turique, 86, 115.
Bertal, 148, 149, 151, 303.
Bertall, 145.
Berton, 307.
Bertrand, 153, 232, 261, 276, 284, 287, 329.
Beyle, 324.
Bismarck, 320.
Bisson, 130.
Bizet, 107, 123.
Blanche (Jacques), 282.

Blavet (Emile), 153.
Bloch, 115.
Blowitz, 274.
Blum, 114, 296, 320, 321.
Bob Walter, 11.
Bodinier, 78.
Boïeldieu, 51.
Bois-Glavy, 211.
Boisselot, 141.
Bompard (Gabrielle), 7.
Bondon, 108.
Bonnaire (Mme), 139.
Bonnet (Mme), 182.
Bonnier (Charles), 32, 50, 74, 95, 276, 278.
Bonnières (Robert de), 50.
Bordes, 17, 18.
Boscher, 89, 91.
Bosman (Mme), 322.
Boucheron (Maxime), 128, 129, 151, 176, 203, 326.
Bouchor (Maurice), 20, 113, 184, 185, 187, 193, 218, 336.
Boudeau, 120.
Bouhouresque, 24.
Boufar (Zulma), 223.
Boullard, 41.
Bourgeois (Eugène), 109.
Bourget (Paul), 305.
Bourrelier, 195.
Brandès (Mlle), 52, 122.
Brasseur (Albert), 305.
Braud (Paul), 17, 75.
Brébion (Paula), 10.
Brécourt (Mlle), 91.
Breitkopf, 252.
Bréville (Pierre de), 18, 23, 33.
Brieux, 295.
Brisson (Adolphe), 60, 90, 215, 328.
Broglie (duc de) 91.
Bruneau, 99, 105, 106, 108, 303.

Burty (Mlle), 38.
Busnach, 151.
Byl (Arthur), 127.
Cabel, 118.
Calix (Mlle), 22, 213.
Calmettes, 76, 82.
Camée (Mlle), 21, 42, 68, 70, 170, 192.
Camis, 326.
Cantelaus (Pierre de), 13.
Capelle, 211.
Caraguel (Joseph), 70.
Carcenac, 47.
Carissan (Mlle C. de), 18.
Carjat, 117, 121, 126, 128, 138, 140.
Carnot (Sadi), 45, 66, 134.
Caron (Mlle Marguerite), 321.
Caron (Rose), 24, 232.
Carré (Albert), 123, 139, 153, 213, 251, 260, 330.
Carvalho, 66, 99, 229.
Cassagnac (Paul de), 120.
Cassive (Mlle), 130, 178.
Castillon, 5.
Cazal, 70.
Cerny (Mlle Berthe), 222, 223.
Chabrier, 24, 47, 257.
Champfleury, 256.
Champsaur (Félicien), 52, 78.
Chaperon, 151.
Charassé, 39.
Charcot, 36.
Chardin-Hadancourt, 168.
Charpentier (Alph), 40.
Charpentier (Gustave), 262.
Chartier (Albert), 10.
Chassin (Mlle), 156.
Chausson, 17, 185, 336.
Chelles, 307.
Chevet, 333.

INDEX DES NOMS CITÉS

Chevillard, 33, 203, 262, 265.
Chincholle, 298.
Chirac, 71, 198.
Chivot-Duru, 131.
Choudens, 128.
Christophe (Jules), 139.
Cladel (Léon), 229, 320.
Clairin (G.), 167.
Clairville, 25, 82, 301, 305.
Claretie, 229, 297.
Clémenceau, 289.
Clément, 108.
Clerc, 175, 176.
Cléry (Mlle J. de), 82, 332.
Cocheris, 212.
Cogé (Mlle), 10.
Cohl (Emile), 41.
Colas (Henri), 209.
Colas (Mlle Luce), 109, 160.
Collin (Paul), 34.
Colonne, 4, 5, 15, 21, 33, 34, 88, 152, 252, 261, 282.
Commettant, 49, 51, 95.
Cooper, 157, 198, 213, 328.
Coppée, 41, 70, 209, 318.
Coquelin, 27, 159.
Cornaglia, 234.
Cornil, 71.
Courbaud, 310.
Courcy, 43.
Courteline (Georges), 91, 214.
Couturat, 61, 115.
Couturier, 250.
Crémieux, 85.
Cressonnois, 117, 307.
Crignier, 330.
Crisafulli, 22, 47.
Crosnier (Mme), 9.
Curel (F. de), 191, 314.
Dailly, 206, 271.
Daubé, 73, 108.
Darlaud (Mlle), 212.

Darzens (Rodolphe), 229.
Daubray, 10, 158.
Daudet, 116, 123, 134, 135, 254.
Daudet (Ernest), 297.
Dauville (Mme), 136, 297.
Debay (Mlle), 76.
Debussy (Achille-Claude), 18.
Decourcelle (Pierre), 52.
Decori, 7.
Decroza (Mlle F.), 82.
Deibler, 128.
Delagrave, 60, 218.
Delahaye (Léon), 120.
Delaquerrière, 282.
Delair (Paul) 122, 123, 139, 158.
Delibes, 33.
Delcourt (Pierre), 18.
Delilia (Alfred), 165, 178.
Delmas, 137.
Delpit, 59, 60.
Delsat, 32.
Denier, 318.
Denis (J), 318.
Denis (Maurice), 167, 213, 337.
Dennery, 222, 237, 294, 333, 334.
Depas, 306.
Depoix (Mlle), 304.
Depré, 146, 211.
Derame, 49.
Desembourg, 47, 53, 90, 121, 146.
Deschamps (Mlle), 34, 88.
Desclauzas (Mme), 117, 211, 212, 293.
Desjardins (Paul), 181, 279.
Desvignes (Maurice), 136.
Desvallières (Maurice), 83, 119, 309, 310.
Détroyat (Léonce) 300.
Deville 111.

Diémer, 292.
Dierx, 70.
Dietsch, 277.
Dieudonné (Déa), 9, 10, 60, 140.
Dionys, 36.
Docquois (G), 250.
Dolmetsch, 15, 16.
Donnay (Maurice), 6, 111, 320, 313, 317.
Dorel, 5, 15.
Dorgat, 36, 177.
Dorian (Princesse Tola) 70, 148.
Doucet, 59, 89.
Doumic (René) 59.
Dornay (Jules), 306.
Doux (Mlle) 221.
Drumont, 243.
Deroulède (Paul), 216.
Dreyfus (Abraham) 211.
Dubarry (Armand), 253.
Dubois (Th.) 24.
Dubulle, 108, 323.
Dubus (Édouard), 71.
Dubut de Laforest, 197, 303.
Duflos, 297, 331, 336.
Duhamel (Biana), 4, 176, 308
Dujardin (Édouard) 49, 77, 78, 248, 249, 269.
Dulac (Mlle), 314.
Dumaine, 11, 274.
Dumanoir, 247.
Dumas, 3, 4, 60, 76, 90, 137, 294, 306.
Duményl, 9, 59, 76, 82.
Dupanloup, 39.
Duperré (command^t), 227.
Dupont-Vernon, 20.
Dupuis, 147, 328, 330.
Duquesnel, 49, 85.
Durand-Ruel, 211.
Durand et Schœnewerk, 278.

Durand-Ulbach (Mme), 34
Durier, 35.
Dutacq, 317.
Dux (Mlle), 118.
Dwelshauvers, 252.
Engel, 103.
Esparbès (Georges d'), 6.
Estoc (d'), 41.
Ernst (Alfred), 5, 50, 100, 101, 157, 220, 258, 265, 271, 278.
Eudel (Paul), 256.
Ermieu, 34.
Fabre (Gabriel), 208.
Fabre (Joseph), 39.
Fallex, 318.
Fanzy (Mlle), 166.
Faraud, 36.
Fau (Fernand), 6.
Faugère, 80.
Faurax (command^t), 327.
Faure (Albert), 339.
Fauré (Gabriel), 3, 4, 17, 95.
Favre, 192.
Fehl (Odette de), 177.
Fénéon (Félix), 179, 191.
Féraudy (de), 235.
Ferrier (Paul), 49, 114, 146, 148, 212, 331.
Feuillet, 79.
Feustel, 272.
Fèvre (Henry), 42, 43.
Feydeau (Georges), 223, 309.
Finot (baron), 206.
Fischbach, 252.
Fischof, 16.
Flamen de Labrély, 168.
Flammarion, 64.
Flat, 278.
Flaubert, 155, 209.
Floury, 39, 121, 297.
Fontenay, 151.
Fort (Paul), 21.
Fourcaud, 101.

Fournier (Alix), 107, 278, 322, 324.
Fournier (Paul), 75.
Foyot, 131.
France (Anatole), 47, 318, 336.
France (Mme), 87, 92.
Franck, 17, 18, 23, 99.
Freder (Mlle), 49.
Frédérick-Lemaitre, 130.
Freycinet (de), 216.
Gabillaud, 67.
Gadobert, 221.
Gailhard, 32, 153, 324.
Galipaux, 95.
Gallet (Louis), 323.
Galli, 65.
Galliffet (de), 60.
Gallois (Germaine), 87, 295.
Gambetta, 52.
Gandillot, 156, 182, 184, 290, 299.
Ganne (Louis), 32, 189.
Gassier, 8.
Gaudray, 95.
Gauthier-Villars (Henry), 101, 258.
Gay (Mme S.), 102.
Gayda (Joseph), 70.
Gedalge, 18.
Gelabert, 178.
Geoffroy-Saint-Hilaire, 141.
Gérard (Hélène), 203.
Géraudel, 126, 166.
Germain (Auguste), 199, 328.
Germain, 38, 309.
Gervex, 266.
Gilberte (Mlle), 38, 126.
Gille (Ph.), 46, 148.
Ginisty (Paul), 291.
Girardin (Mme de), 236.
Gobin, 25, 71, 87, 130, 238, 296.

Godard (Benjamin), 16, 39, 41, 61, 102.
Goncourt (Jules de), 331.
Gontard (Mlle), 210.
Gordon Bennett, 88.
Gouffé, 7.
Gounod, 32, 83, 112, 113, 322.
Gourdier, 89.
Gourmont (Rémy de), 167.
Gramont (Louis de), 225.
Grand, 93, 242.
Gradmougin, 51.
Granier (Jeanne), 85, 207.
Gravina (Ctesse), 275.
Gray, 41.
Greffulhe (Mme de), 87.
Grenet-Dancourt, 53, 97, 98, 148, 290.
Grésac (Mme F.), 236.
Grévy (Jules), 162.
Grillet (Laurent), 196, 197, 202.
Grisel (Henri), 217.
Grisier, 87, 90.
Grisier-Montbazon (Mme), 130.
Groselaude, 77.
Gross (Von), 260, 261, 271.
Grousset (Paschal), 15.
Guérin (Jules), 291.
Gugenheim, 41, 177, 325.
Guilbert (Yvette), 19, 39, 42, 251, 313, 317.
Guillaume (Albert), 78.
Guillaume de Hesse (Prince), 276.
Guillaume II, 42.
Guillemaud, 195, 196.
Guiraud, 24, 107.
Guitry, 138.
Guittard, 18.
Guitty (Madeleine), 87, 115.
Guy, 38.

Guyon, 25, 71, 87, 114, 129, 130, 152, 226, 238, 331.
Hadamard, (Mlle), 114, 210.
Hading (Mme), 140.
Haendel, 280.
Halévy, 235.
Halévy (Ludovic), 99.
Haraucourt, 175, 317.
Harel, 126.
Hartmann (Mlle), 199.
Hartmann, 198.
Havet, 80.
Hébrard, 256.
Heine (Henri), 21.
Heintz, 265.
Hennebains, 17.
Hennequin, 35.
Henriot (Mlle), 171.
Henry (Charles), 168.
Heredia, 70.
Hérold (Ferdinand), 71.
Hervé, 85, 301.
Hervieu (Paul), 310.
Hengel, 112.
Hicks (Mlle), 38.
Hittemans, 320.
Holda (Mlle) 172.
Houfflack, 15.
Hüe (Georges) 17, 35, 112, 278, 280.
Hugounet (Paul) 251, 253.
Hugues (Clovis), 47.
Huret (Jules), 99.
Huysmans, 254.
Hyacinthe, 207.
Ibsen, 336.
Imbard de la Tour, 18.
d'Indy (Vincent), 5, 17, 23, 33, 74, 88, 95, 100, 275, 276.
Inès (Mlle) 170.
Invernizzi (Mlle), 256.
Jaëll (Mme), 15.
Jaime, 85, 218.
Jambon, 327.
Janssen, 221.
Janvier (Mlle), 31.
Janvier, 109.
Jassaud (de) 177.
Job, 90.
Jollivet (Gaston), 276.
Jolly, 320.
Joly (Ch.) 280.
Joncières (Victorin), 255.
José Laurent (Mme), 328.
Jouassain (Mme), 275.
Jourdain, 221.
Jouy (Jules), 128, 165.
Joze, 78.
Judic (Mme), 296, 297.
Jullien (Adolphe), 29, 30, 278.
Jullien (Jean), 45, 123, 137, 229, 237.
Jullien (Louis) 131.
Kam-Hill, 35, 38, 43, 139.
Kesly (Mlle), 59.
Kerst (Léon), 78, 138.
Khnopff, 209.
Kistemaeckers, 253.
Kléeberg (Mlle), 15.
Koning, 115, 116, 135, 212, 293, 297.
Krauss (Mme), 88.
Labiche, 36, 182, 303.
Lacour (Léopold) 52.
Lacressonnière, 295.
Lacroix, 46.
Lacroix (Jules), 313.
Lafarge, 88.
Laforgue (Jules), 46, 165, 216.
Lagoanère (de), 47, 48, 203.
Lagrange (R.), 191.
Lalo, 72, 106.
Lalo (Mme), 72.
Lamarche (Pierre), 203.
Lambert (Albert), 59, 84, 118, 176, 292, 313.

INDEX DES NOMS CITÉS

Lambert (Lucien), 14, 32.
Lambert-Thiboust, 293, 304.
Lambrecht (Mlle), 302.
Lamotte (Mlle), 131.
Lamoureux, 8, 14, 15, 22, 23, 29, 32, 33, 61, 198, 261, 271, 275.
Lamy, 49.
Landi (Mlle), 15, 32.
Landolf, 181.
Lanier (Mme), 6.
Langlois (Mlle), 25.
Lapommeraye, 125.
Laroche, 251.
Larroumet, 86, 115, 217.
Lassalle, 276.
Lasserre, 303.
Lassouche, 295, 330.
Laur, 120.
Laurent (Marie), 295.
Laurent-Ruault (Mme), 307.
Lavallière (Mlle), 295.
Lavedan (Henri), 47, 236, 241, 242.
Lavigne (Mme), 158, 330, 331.
Lazare (Bernard), 46, 71.
Lazzari (Silvio), 75.
Leblanc (Léonide), 166.
Le Blant (Julien), 145.
Lecocq, 303.
Lecomte (Georges), 31, 53, 218.
Leconte (Mlle), 295.
Leconte de Lisle, 198, 216, 318.
Le Corbeiller, 4, 93, 217.
Le Faure, 41, 325.
Le Gallo, 292.
Legat (Mme), 94.
Legendre, 311.
Lehmann-Kalisch, 61.
Lemaire (Gaston), 259.

Lemaître (Jules), 6, 41, 73, 78, 79, 91, 153, 156, 208, 229, 248, 296, 319, 337, 338.
Lémery, 168.
Lemice-Térieux, 216.
Lemonnier (Camille), 68, 70.
Lender (Mlle), 156, 295, 305, 330.
Lenepveu (Achille), 113.
Léopold II, 10.
Lerolle (Henri), 336.
Lerou (Mme), 117, 118, 175, 176, 292.
Leroux (Xavier), 72.
Lerville, 300.
Lesseps (F. de), 320.
Le Tourneux, 168.
Lévy (Hermann), 265, 267, 276.
Lévy (Mlle), 108.
Liégeois, 40, 74.
Libert, 10.
Lintilhac, 47.
Liorati, 151.
Locle (C. du), 29.
Lody (Mlle), 163.
Loiseau (G.), 251.
Lorin (Georges), 21.
Lorrain (Jean), 43, 78, 217.
Loti, 179, 321.
Lozé, 268.
Luciany, 341.
Lucien, 7.
Lugné-Poë, 77, 170, 249.
Lureau, 122, 207, 217.
Lutz, 107.
Lynnès (Mlle), 84.
Mac-Mahon, 109.
Mac-Nab, 268.
Maeterlinck (Maurice), 11, 153, 168.
Magnard (Albéric), 5.
Magnier (Mme Marie), 156, 316.

Magnier (E.), 32.
Mailhac (Mme), 266, 282.
Maizeroy, 198.
Mallarmé (Stéphane), 46, 70, 136.
Malherbe (Charles), 51, 257.
Mallet (Félicia), 11.
Malquin (Ludovic), 170.
Malvau (Mlle), 35.
Mangeot, 33.
Mangin (Mlle), 61.
Manoury, 88.
Manuel (Eugène), 20.
Marais, 27.
Marcelin, 305.
Marguery, 131.
Marie (Gabriel), 88.
Marinoni, 199.
Marlowe, 191.
Marquet, 176.
Mars (Antony), 83, 119, 128, 225, 226, 227, 298.
Marsolleau (Louis), 127.
Marsy (Mlle), 73, 159, 236.
Martel (Charles), 89.
Martens (Eva), 196.
Martin (Gilbert), 202.
Martinet (André), 129.
Marty, 276.
Marx, 36, 121, 177, 238, 297, 299.
Massenet, 32, 62, 64, 99, 101, 107, 112, 137, 198, 254, 257, 263, 270, 271, 293.
Massiac (Th.), 196.
Masson (Paul), 171.
Mathilde (Mme), 213, 306, 331.
Maubant, 293.
Maupassant, 131, 146.
Maurel, 10.
Maurens, 299.
Maury, 177.
Mayer (Henry), 200, 242, 321.

Mazel (Henry), 69.
Méaly (Mlle), 148, 204.
Médina, 89.
Meilhac, 157, 158, 212, 213, 235, 310, 311.
Melba (Mme), 165, 170.
Meley (Mme), 59, 60.
Mellot (Mlle), 170, 248.
Mesnotte (Victor), 207.
Mendelsohnn, 281.
Mendès (Catulle), 48, 51, 69, 112, 191, 214, 256, 337.
Menier, 323.
Méranie, 9.
Mercieux, 278.
Mermeix, 8, 17.
Méry (Jules), 207, 208.
Messager (André), 17, 123, 278, 300.
Méténier (Oscar), 303, 331, 335.
Meuris (Mlle), 339.
Meusy (Victor), 18, 19.
Mevisto, 127, 171.
Meyer (Arthur), 101.
Meyerbeer, 107.
Micheau, 298.
Michel (Louise), 42.
Milher, 159.
Millanvoye (Bertrand), 117, 118.
Millaud (Albert), 156, 276, 305.
Milliet (Paul), 72, 126.
Millœcker, 289.
Mily-Meyer, 83, 120, 125, 169, 207, 299.
Mirbeau, 11, 132.
Moch, 24.
Mockel (Albert), 71, 215.
Modot, 165.
Mohrenheim (de), 315.
Molier, 246.
Montalant (Berthe de), 15.

INDEX DES NOMS CITÉS

Montalant (Céline), 111.
Montépin (Xavier de), 101, 234, 306, 320.
Montet (Joseph), 52.
Montigny-Remaury (Mme), 16.
Monval, 322.
Moore (Georges), 21.
Morand (Eugène), 84, 169.
Moréas (Jean), 8, 46, 99, 153, 216.
Moreau (Emile), 162.
Moreau-Vauthier, 13.
Moreno (Mlle), 84, 239.
Morès (de), 234.
Morice (Charles), 47, 115, 187, 237.
Morlet, 48.
Morphy, 120.
Morris, 175.
Mottl, 261, 276.
Mounet (Paul), 293.
Mounet-Sully, 239, 240, 248, 306.
Mourey (Gabriel), 163.
Mullem (Louis), 109, 110.
Müller (Mlle), 159.
Munkacsy, 33.
Nau (Mme), 229.
Nerval (Gérard de), 107, 245.
Nicot, 51.
Noblet, 117, 305.
Noël (Edouard), 108, 141.
Noir (Louis), 306.
Norac, 218.
Normand (Jacques), 233, 234, 280.
Noté, 221.
Nour (Michel), 339.
Numa, 122.
Numès, 155, 159.
Offenbach, 207.
Ohnet, 58, 116.
Ollendorff, 60, 218.

Ordonneau (Maurice), 87, 169.
Oswald (François), 89, 143, 326.
Ouvreuse du Cirque d'Eté, 71, 90, 131, 202, 257, 261, 267, 271, 276.
Pacary (Mlle), 262.
Paladilhe, 16.
Paravey, 147.
Paris (Cte de), 171.
Pasdeloup, 23.
Patti (Mme), 295.
Paulin, 34.
Paulin-Ménier, 49, 207.
Paulus (et sa fille), 5, 38, 120, 294.
Péan (D^r), 228.
Peladan (sâr Joséphin), 211, 255.
Perrin, 250.
Perry (Mlle), 124.
Pessard (Emile), 73.
Pessard (Hector), 97.
Petit, 331.
Petomane (le), 232, 303.
Peutat, 141.
Peyral (Denise), 48, 160.
Pfeiffer, 14.
Pfohl, 262, 281.
Pierné (Gabriel), 34, 256.
Pierny (Mlle), 25, 148.
Pille, 6.
Pillet, 177.
Pissaro (Camille), 109, 200.
Pistorino, 76.
Pixérécourt, 59.
Planquette, 218.
Plessis (du), 47, 71.
Poictevin (Francis), 46.
Poncet, 220.
Pont-Jest (René de), 202.
Porel, 4, 8, 9, 60, 126, 137, 175, 176, 177, 209, 233, 315.

Porto-Riche, 75, 78, 79, 81.
Potel et Chabot, 223, 333.
Poujaud, 17, 33.
Prad, 192.
Pradels, 91.
Pregi (Mlle), 34.
Prével (Jules), 49.
Prévost (Marcel), 161.
Privas, 307.
Pugno (Raoul), 155, 187, 188.
Puvis de Chavannes, 248.
Quillard (Pierre), 69.
Raabe (F.), 19, 20, 21.
Rablet, 196.
Rachilde (Mme), 41, 42, 67.
Ramazetta (Mlle), 143.
Rameau (Jean), 48, 217.
Ravel, 235.
Raymond (Hippolyte), 247, 298, 299.
Raymond, 155, 158, 223.
Raynaud (Ernest), 36.
Recordman, 341.
Redon, 46, 68, 209.
Regnard, 301.
Régnier (Henri de), 46, 69, 210, 336.
Reichenberg (Mlle), 240, 297.
Reinach (baron de), 321.
Réjane, 8, 76, 81, 199, 213.
Remacle, 69.
Rena'd (les frères), 115.
Renard (Jules), 226, 255.
Renaud (Albert), 93.
Reney (Paul), 60.
Reschal, 312.
Retté (Adolphe), 67, 89, 243, 244, 245.
Reyer, 29, 30, 31, 32, 106, 233, 270.
Richard (Marius), 10.
Richepin, 62, 175, 192, 193, 194, 195, 204, 310, 324.
Richter (Hans), 261, 280.
Ricord, 268.
Rimbaud (Arthur), 166, 192.
Ristori (Mme), 176.
Rivière (Henri), 7, 160.
Rivière (Léonard), 166.
Robida, 98.
Robineau (Dr A.), 149.
Rochard, 91, 294, 325, 326.
Rochegrosse (G.), 320.
Rochefort (Henri), 120.
Rode (Jean de), 228.
Rodenbach, 209.
Roger (Victor), 148, 225, 227.
Roinard (Paul), 168.
Rolle (Georges), 228.
Rolly, 196.
Romain (Louis de), 276.
Romain, 326.
Romani (M$^{ll.}$), 236.
Ropartz (Guy), 14, 49, 91.
Rops (Félicien), 46, 320.
Roques (Jules), 117, 188.
Rosa-Josépha (Mlles), 97, 127, 131, 215.
Rosenthal, 297.
Rothschild, 8, 152, 213, 316.
Roussel (Georges), 169.
Rubé, 151.
Rubinstein, 15.
Rute (Mme de) 179.
Rzewuski, 223.
Sabatier, 32.
Saint-Albin, 157.
Saint-Auban. 252, 271.
Saint-Cère, 297.
Saint-Germain, 223.
Saint-Jean, 214, 215, 216, 217.

INDEX DES NOMS CITÉS

Saint-Saëns, 15, 65, 101, 107, 113, 152, 156, 256, 257, 270.
Sainte-Croix (Camille de) 229.
Salandri (Gaston) 161, 170, 308, 316.
Sammet, 283.
Samson, 307.
Samuel, 197, 213.
Sand (Georges), 81.
Sanderson (Mlle), 137.
Sarazin (Gabriel), 20.
Sarcey (Francisque) 20, 60, 72, 77, 90, 91, 110, 163, 191, 217, 239, 291, 320, 337.
Sardou, 22, 26, 27, 139, 140, 217, 319.
Savine, 20.
Schiller, 95.
Schneklud, 75.
Schœnewerk, 113.
Scholl, 85, 89, 116, 188, 216.
Schubert, 101.
Schumann, 17, 23, 24, 33, 75, 281.
Schuré, 51, 209, 229, 265, 267, 278.
Schwob (Marcel), 262, 337.
Scipion, 58.
Segond, 39.
Sermet, 10.
Serpette, 120, 218, 225, 255, 299.
Servais, 26.
Shelley, 19.
Shoomard (Raphaël), 208.
Signoret, 184.
Silberberg (Mlle), 15.
Simon (Maurice), 98.
Simon-Girard (Mme), 130, 214, 331.
Simon-Max, 332.

Simonnet (Mlle), 332.
Silver, 107.
Sylvestre (Armand), 84, 169, 212, 240.
Sisos (Mme Raphaële), 116, 331.
Soubies (Albert), 51.
Soulaine (Pierre), 217.
Stefani (Mlle Camille), 116, 247.
Steiner (Camille), 41.
Stewart-Chamberlain, 29, 220, 261, 268, 275, 278, 289.
Stojowski (de), 18.
Stoullig, 196, 278.
Stoumon, 25.
Stuart Merrill, 210.
Sucher (Mme), 271, 272, 276.
Sulbac, 85, 138.
Sutter-Laumann, 109.
Sylvain, 84, 240, 241.
Sylviac (Mlle), 146.
Tabarant, 70, 113, 144, 145.
Taffanel, 75, 152.
Taillade, 325.
Tarride, 35, 38, 83.
Tessandier (Mme), 315.
Théo (Mme), 35, 300, 301.
Thérésa (Mme), 295.
Théven (Mlle), 161.
Thibaud (Anna), 11.
Thivrier, 312.
Thomas (Ambroise), 107, 112, 232, 291, 306.
Thomé (Francis), 91.
Thuillier Leloir (Mme), 151.
Tiersot (Julien), 15, 35, 103.
Tignol (Bernard), 241.
Tillet (J. du), 169, 236.
Toché (Raoul), 60, 114, 206, 320, 321.
Tresse et Stock, 90.

Truchet (Abel), 41.
Truchet (Abel),
Uchard (Mario), 153, 205.
Ugalde (Marguerite), 71, 154, 226.
Vacquerie, 113, 149, 151.
Vaguet, 324,
Valabrègue, 90, 97, 98, 99, 231.
Vallette (Alfred), 47.
Valti, 11.
Vandenne, 204.
Vanderem (Fernand), 135, 248.
Van Dyck, 261, 264, 266, 268, 271, 276, 288, 296.
Vanor, 46, 47, 78, 89, 131.
Van Serberghe (Ch.) 192.
Varet (Maurice), 239.
Varney, 48, 151, 152, 301, 331, 336.
Vasseur, 82, 181.
Vaucaire (Maurice), 160.
Vauthier, 331.
Veber (Pierre), 304.
Vély, 24, 311.
Verdi, 63.
Véret, 36, 160, 207.
Verhaeren, 70, 209.
Verlaine, 46, 331.
Vibert, 203.
Vidal (Paul), 4, 34, 218, 219, 257.
Vielé Griffin, 47, 153.
Villers (Mlle), 38.
Vizentini, 87, 114, 129, 225.
Vogl, 251, 273.
Wailly (de), 18.
Wagner, 96, 97, 100, 103, 104, 105, 113, 121, 96, 28, 29, 30, 31, 49, 50, 51, 61, 70, 252, 255, 259, 261, 262, 264, 267, 269, 270, 271, 276, 283, 285, 287, 289, 290.
Wagner (Mme Cosima), 261, 264, 273, 274, 275, 281.
Weber (Johannès), 3, 103, 256, 258.
Weber, 256.
Weckerlin, 24.
Widmer, 16.
Widor, 3, 15, 16.
Wienawski, 35.
Wilde, 252.
Wilder, 28, 29, 30, 31, 32, 51, 229, 251, 252, 261, 267, 276, 278, 285, 289.
Willy (Louise), 300.
Wolff (Albert), 52, 60, 304.
Wolff (Pierre), 91, 303.
Wolzogen (Hans de), 262, 265, 273.
Worms, 312, 313.
Yahne, 158.
Zelo-Durand, 71, 152.
Zevort (Ch.), 318.
Zola, 101, 223, 267, 303.
Zucchi (Mlle), 279, 282.

Paris. — Imp. Championnet, 231, rue Championnet

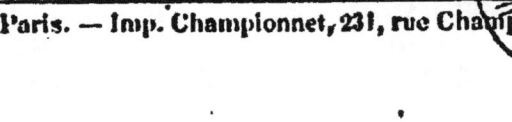

www.ingramcontent.com/pod-product-compliance
Lightning Source LLC
Chambersburg PA
CBHW050549170426
43201CB00011B/1631